KiWi
Paperback

687

**Über das Buch:**

Jeden 16. August marschieren Tausende von Menschen in Memphis den Elvis Presley Boulevard entlang nach Graceland, um den Todestag des King zu zelebrieren. Sie tragen Kerzen und singen seine traurigen Lieder. Jedes Mal wieder müssen sie feststellen, dass Elvis tot ist. Und dennoch ist ihr Glaube an seine Legende ungebrochen. Sie handelt von einem Jungen aus ärmlichen Verhältnissen, der Amerika veränderte, reich und berühmt wurde und ein Weltstar. Die tragische Kehrseite, seine Drogenexzesse und Fresseskapaden, sein Elend und Unglück verdrängen die Fans. Elvis' Legende lebt. Genauso wie der amerikanische Traum, den der King verkörperte wie kein anderer. Amerika, das Land der unbegrenzten Möglichkeiten? Sicher, stets gewesen. So sind die USA zum Modell für die moderne Welt geworden, zur wirtschaftlichen, politischen Supermacht und zum Weltpolizisten. Doch hinter diesen Parolen, den Klischees von Hollywood bis Wall Street verbirgt sich ein anderes Bild, jenes eines Amerika, das geprägt ist von Absonderlichkeiten und Depression, einer Gesellschaft, die Wunschdenken aus Prinzip über Realitäten stellt und ihre Widersprüche konsequent verleugnet. Diese Sammlung von Reportagen, Porträts und Berichten ist der Versuch einer Bestandsaufnahme hinter den Kulissen. Was bleibt übrig vom Mythos dieses Landes, wenn man einen Streifzug durch die Hinterhöfe, Abgründe und Provinzen macht, seine Schattenseiten erkundet? Immer auch das Gefühl, dass mit Amerika irgendwas schrecklich schief gelaufen ist.

**Über den Autor:**

Gerhard Waldherr, Jahrgang 1960, war Sportredakteur bei der »Süddeutschen Zeitung« und Reporter beim »Stern«. Seit 1996 lebt er als freier Autor in New York und hat von dort aus für namhafte Zeitungen und Zeitschriften gearbeitet, u. a. »GEO«, »Spiegel«, »Stern«, »Die Zeit«, »Süddeutsche Zeitung« und »Merian«. Buchveröffentlichungen: »Drive-By Shootings« (zusammen mit dem Fotografen David Bradford), 2000; »Amerika, du hast es besser«, 2001.

Gerhard Waldherr

# Elvis ist tot

## Auf der Schattenseite des amerikanischen Traums

Kiepenheuer & Witsch

1. Auflage 2002


Umschlaggestaltung: Barbara Thoben, Köln
Umschlagfoto: © photonica, Melissa Hayden
Gesetzt aus der Times, Frutiger condensed bold
Satz: Pinkuin Satz und Datentechnik, Berlin
Druck und Bindearbeiten: Clausen & Bosse, Leck
ISBN 3-462-03109-0

# Inhalt

## Vorwort

»It was wonderful to find America, but it would have been more wonderful to miss it.«
MARK TWAIN

Diese Sammlung von Reportagen, Porträts und Berichten ist keine lückenlose und schon gar nicht ausgewogene Bestandsaufnahme der amerikanischen Gesellschaft. Sie beinhaltet keine Analysen der politischen Schaltzentrale Washington, nichts über die Wall Street und seine Funktion als Schwungrad des Kapitalismus oder gar Eliteuniversitäten wie Harvard und ihre akademischen Errungenschaften. Die Lebensweisheiten von Hollywoodstars, Models und Sporthelden ignoriert sie ebenso wie die Ansichten des im Zusammenhang mit Amerika für deutsche Medien offenbar unvermeidlichen Mr. Trump. Im Folgenden geht es nicht um Glanz und Glorie, Pomp und Prominenz, und schon gar nicht um die kalifornische Sonne, Disneyworld oder die erhabene Monstranz des Grand Canyon.
Dieses Buch ist ein Streifzug durch das Amerika, das übersehen oder ignoriert wird. Wie sagte doch ein von mir hoch geschätzter Kollege einmal: »Du magst Amerika nicht, stimmt's?« Es war sein Kommentar zu einem meiner Texte über Las Vegas. Der begann mit einer Beschreibung, wie ich mich nach fünftägigem Aufenthalt in diesem bimmelnden, flimmernden Wahnsinn in eine Kirche geflüchtet hatte; dort war es nämlich angenehm still und erfreulicherweise überhaupt nicht bunt. Nein, ich habe nichts gegen Amerika. Ich kann nur Las Vegas nicht ausstehen, sehe in dieser Stadt die krankhafte Wucherung einer verödeten Kultur – und ich halte das für genauso legitim wie Las Vegas toll zu finden.

Es gibt gute Gründe, an Amerika zu glauben. Das Land der unbegrenzten Möglichkeiten. Immer gewesen. Und auch deshalb sind die USA unumstrittene Supermacht des Planeten, Weltpolizist und Modell für das moderne Leben geworden. Aber es gibt genug Gründe, Amerika und seinen Mythos in Frage zu stellen. Mal ganz nebenbei: Ist Washington nicht letztlich eine Seifenoper in Fortsetzung; die Wall Street ein psychotisches System, das zwischen Gier und Angst pendelt; und Harvard ein Paradebeispiel für das diskriminierende US-Bildungssystem? Und was Stars und Sternchen oder ein moralisch fragwürdiger New Yorker Immobilientycoon denken, bringt uns diesbezüglich ganz sicher nicht weiter; dass diese Menschen in ihrer Popularität nur von Walt Disneys Comicfiguren übertroffen werden, ist ein umso irritierenderes Phänomen.
Großes Amerika, Land der Träume? Kommt darauf an, wie man es sieht. Die Metapher vom Tellerwäscher, der es zum Millionär bringt, hat sicherlich immer noch ihre Berechtigung; ihre Wahrscheinlichkeit hingegen war nie Gegenstand tief schürfender Analysen – wenngleich das auch nicht typisch wäre für das amerikanische Bewusstsein. Demzufolge ist selber schuld, wer über den Job des Tellerwäschers nicht hinauskommt, und das gilt im Übrigen auch für jemanden, der zum Tode verurteilt wird – schuldig oder nicht. So werden bittere Wahrheiten konsequent verleugnet, Wunschdenken aus Prinzip über Realitäten gestellt. Amerika ist und bleibt ein zutiefst widersprüchliches Gebilde, voller Abgründe und Absurditäten, die einen mitunter sprachlos und angewidert zurücklassen. Das Musterbeispiel für Demokratie, Freiheit, Gerechtigkeit? Vieles spricht dagegen; und bestimmt nicht nur seit den skandalösen Präsidentschaftswahlen 2000 oder der US-Außenpolitik nach den Terroranschlägen im September 2001. Doch auch diese These kann und will das vorliegende Buch nicht umfassend belegen.

Man belässt es am besten bei einem Hinweis auf den Mann, der diese Sammlung von trostlosen bis tragischen Geschichten inspirierte. Man kann in ihm schließlich auch sehen, was man will: den phantastischen King of Rock 'n' Roll oder eine an Ruhm, Langeweile und Fresssucht laborierende Marionette. Selbst, ob er noch auftaucht in diversen Imbissbuden in der Provinz, ist Gegenstand hitziger Debatten. Ich glaube, Elvis ist tot; und in gewisser Hinsicht, sagt mir nicht nur mein Gefühl, gilt das auch für den amerikanischen Traum, den er verkörperte wie kein anderer.

# TROSTLOSE ORTE

## Thank you, I'm fine

Ein amerikanischer Albtraum

*Man erwacht, geht auf die Straße und überlebt. Das macht fröhlich, fast übermütig. Es braucht nichts Besonderes vorzufallen; es genügt die Tatsache, daß man überlebt von Alltag zu Alltag. Irgendwo wird gemordet, und wir stehen in einer Galerie, begeistert oder nicht, aber gegenwärtig, und es ist nicht gelogen, wenn ich antworte: THANK YOU, I'M FINE.*

Das ist ein Tagebucheintrag von Max Frisch über New York. Er stammt aus dem Jahr 1971, und er traf immer mein Gefühl für die Stadt. Leichthin schrieb ich kürzlich noch den Satz: »Warum wohl sehen New Yorker in Filmen von Woody Allen stets aus, als litten sie unter einer menschlichen Form des Rinderwahns?« Keine Sirene, die einen nachts aus dem Schlaf fahren ließe, kein Hubschrauberlärm, bei dem man weiter nachdenken würde. Jeder New Yorker ist vor allem stolz, New Yorker zu sein. If you can make it there, you'll make it anywhere. Keiner, der auf die Idee käme zurückzufragen: »Was, wenn man scheitert?«

*

Von den Fenstern meiner Wohnung aus, 325 West 45$^{th}$ Street, kann ich das Worldwide Plaza sehen. Es ist ein massives Bauwerk, 47 Stockwerke, doch schön anzusehen, wenn es in der Abenddämmerung glutrot leuchtet; im Winter umgeben die illuminierte Pyramide an der Spitze milchige Dampfschwaden. Das Worldwide Plaza steht in Midtown Manhattan, einem Viertel, das Hell's Kitchen genannt wird. Es heißt, zwei Polizisten hätten sich dort einmal nach einer Schießerei unterhalten. Der eine sagte: »Mann, hier geht es so heiß zu wie in der Hölle.« Der andere: »Nein, in der Hölle ist es kalt dagegen. Das hier ist ihre Küche.« New York, Hell's Kitchen ist mein Zuhause, wie es früher ein Bauerndorf in Bayern, die Berge waren, der mysteriöse Walchensee, gesäumt von Marterln für Ertrunkene. Auf einem steht: »Gottes Will' kennt kein Warum.«

Am 11. September war ich auf dem Weg zur Hochzeit meines alten Freundes P. aus Bad Tölz. Strahlend blauer Morgen. Der Termin war um 10.30 Uhr in Number 1 Centre Street, Zimmer 212. Die Subwaystation der A-Linie, die zum World Trade Center führt, liegt vor meiner Haustür. Und vom World Trade Center aus wäre es ein kleiner Spaziergang zum Standesamt gewesen. Ich war schon lange nicht mehr im Financial District gewesen, wo ich mal ein Büro hatte mit Blick auf das Woolworth Building. Ich liebte die Türme dahinter sehr, mehr als alle anderen Gebäude der Stadt; ich bewunderte ihre in Stahl und Glas gegossene kühne Schlichtheit, ihre majestätische Potenz, das Schwindel erregende Gefühl, entlang der Lamellen der Konstruktion den Blick 110 Etagen hoch zum Himmel schweifen zu lassen. Jedem New Yorker ging es wohl so.

*

Kurz nach halb zehn blieb der Zug in der Haltestelle 34th Street/Penn Station stehen. Keiner wusste, warum. Auf der Eight Avenue angekommen, sah ich die gewaltigen Rauchfontänen, und ein Mann sagte: »Zwei Flugzeuge sind in das World Trade Center geflogen, ohne Scherz.« Im Deli an der Ecke lief ein Radio, der erste Reporter, der interviewt wurde, sagte: »Nie war ich so froh, deine Stimme zu hören. Es ist grauenhaft … Oh, mein Gott …« Dann brach die Verbindung ab.

*Um 0.30 Uhr erwacht wegen einer Detonation. Doppelknall durch Echo. Wenige Minuten später die Polizei in der anderen Straße; ich bin zu müde, um lang am Fenster zu stehen; auch sieht man ja nichts, nur an den Fassaden diesen Widerschein des blauen Kreisellichts.* (Max Frisch)

Ich weiß nicht mehr, wie ich auf die Fifth Avenue gelangte. Die Gehsteige dort waren übervölkert, kaum noch Autos, nur einige Taxis zwischen stehenden Bussen. Die Menschen stöhnten mit entsetzten, ungläubigen Gesichtern, viele fotografierten. Ich taumelte dem qualmenden Inferno entgegen. Je näher ich kam, umso lauter wurden die Klagen. Ein Mann schrie: »Das Blut, der Schleim, der Schlamm! Nein, nein, nein! Ich halte das nicht aus!« Er sagte, er sei in Vietnam gewesen. Vor einem Computerladen stand ein Jude und betete, seine Finger streichelten den Talmud. Ein Passant rief: »Seht, womit Israel täglich leben muss!« Vor einem Lieferwagen, auf dessen Dach ein kleiner Fernseher stand, eine Menschentraube. Dann stürzten sie nacheinander ein. In der Ferne und auf acht mal zwölf Zentimeter flimmerndem Bildschirm. Simultan. Man kann es nicht beschreiben.

*

Wohin? Ich wusste es nicht und ging nach Hause. 40 Blocks, mitten auf der verwaisten Straße. Überall Transistorradios in voller Lautstärke, in den Shops Pulks vor Fernsehschirmen, kurz vor dem Times Square ein grölender Prediger: »Gott, schau herunter auf uns! Gott, schau auf Amerika!« Man konnte die Angst spüren. Ich dachte an meine Eltern, an A., die gerade in Deutschland war. Wir hatten uns vor einiger Zeit unter fürchterlichen Schmerzen getrennt. Auf meinem Anrufbeantworter waren 17 Meldungen, dazu 22 E-Mails

und mehrere Faxe. Wie gerne hätte ich die Umarmungen nachgeholt, die Fehler und Verletzungen rückgängig gemacht, die Liebe gesehen und sie nicht erkalten lassen.
Ich machte den Fernseher an und spülte das Geschirr vom Frühstück – in meinem besten Anzug, Krawatte, das Hochzeitsgeschenk in der Tasche. Während des Abtrocknens immer und immer und immer wieder die Bilder der Flugzeuge, wie sie auf die Türme zusteuern, die Detonationen, die Stichflammen, Schutt, Trümmer, Staub, Menschen, die um ihr Leben rennen. Als die ersten Meldungen von getöteten Feuerwehrleuten und Schätzungen der Opfer eintrafen, putzte ich gerade die Toilette. Danach beantwortete ich A.s E-Mail mit der Frage: »Bist du o. k.?« Es führte zu einer weiteren E-Mail, einem Missverständnis, Vorwürfen, Wut. Ich fühlte mich unverstanden, überfordert, die Nerven lagen blank. Mutter rief an, weinte. Der Vater saß in Alaska fest. Das unerwartete Ende eines Angeltrips. Nicht weiter schlimm, sagte ich, er käme schon heim. Mir ginge es gut.
»Hoffentlich dreht Bush nicht durch!«, las ich in den E-Mails aus Deutschland; »Das kommt davon, wenn man Krieg führt, nur damit das Benzin in Indiana nicht teurer wird«; »Der Architekt des World Trade Centers ist ein Japaner, ich glaube er lebt noch, in Michigan.« Woran die Leute denken. »Gib mir ein Lebenszeichen, BITTE!« Die Kollegin K., mit der ich den Schreibtisch teilte damals in Downtown, ein paar Schritte entfernt vom Zentrum des Anschlags, schrieb aus Holland: »Ich habe noch so viele Gesichter vor Augen, den ergrauten schwarzen Security-Mann, der bei Border's rund um die Rolltreppe Wache schob, einen total netten Verkäufer in der Belletristikabteilung dort, die beiden libanesischen Brüder, die im Untergeschoss Zigaretten verkauften. Ich wünsche mir so sehr, dass sie es rechtzeitig nach draußen geschafft haben …« Das Gesicht von George W. Bush erschien auf der Mattscheibe,

er sagte: »Wir werden die Täter jagen und all jene bestrafen, die für diese feigen Attacken verantwortlich sind.«

*

Der Tag danach. Manhattan ist Fußgängerzone. Ich wandere Richtung Downtown, komme nur bis zur Houston Street. Polizeisperren, Einsatzfahrzeuge der Rettungstruppen, Schaulustige. Rauch, Qualm, Staub über den Dächern. Das Grauen dahinter bleibt nur eine Ahnung. Doch man weiß, New York ist zu einer Stadt ohne Unterleib geworden. Alle Anfragen von Zeitungen und Magazinen, Reportagen zu schreiben, habe ich am Dienstag und Mittwochmorgen abgesagt. Ein Kollege meinte: »Das ist für einen Journalisten eine Chance, die nur einmal kommt.« Ich weiß nicht. A. schreibt nochmal, sie leidet. New York ist auch ihre Heimat. Ich verstehe ihren Schmerz nicht, habe nicht geschlafen, die Morgennachrichten waren eine Mischung aus Gräuel, Entsetzen, Rufen nach Vergeltung, Meldungen über die Höhe des Versicherungsschadens und ein Ausblick auf eine Baisse an der Börse, was nur bedeuten kann, dass sich meine in Aktien angelegten Ersparnisse demnächst auflösen werden. Momentaufnahmen des Desasters und menschlichen Leids sammeln? Kann nicht.
Jeder hat seine Geschichte, während das Telefon nicht stillsteht. S. erzählt, dass sie auf dem Weg zur Arbeit ein Flugzeug gesehen habe, das fast die Antenne des Crysler-Hochhauses gestreift hätte. »Ich dachte noch, was zum Teufel macht der Pilot?« G. ist fünf Minuten vor dem ersten Anschlag mit dem Bus am World Trade Center vorbeigefahren. E. wollte gegenüber im Kaufhaus Century 21 einen Pullover umtauschen, um neun Uhr. Sie hat es nicht gemacht; warum, weiß sie nicht. Aus dem Capitol wird eine Trauerveranstaltung übertragen. Jemand sagt: »Jeder wird sich an diesen

Tag erinnern, wie sich jeder erinnert an den Tag, an dem John F. Kennedy ermordet wurde.« Und an den Tag, an dem Elvis starb, denke ich. Ein Polizist tritt ans Mikrofon und singt »Amazing Grace«. Es war eines von Elvis' Lieblingsliedern. Umschalten. Auf dem anderen Kanal sagt ein Sicherheitsoffizier: »Wir haben eine Exekutionsliste von Terroristen, daran werden nun die letzten Korrekturen vorgenommen.« E. ruft an, fragt, ob ich nächste Woche mitkommen möchte zu einer modernen Interpretation von »Carmen«. Sie habe zwei Karten. Ich sage: »Gerne.«
Ich schalte den Fernseher ab, gehe einkaufen. Man funktioniert. Was bleibt einem übrig? Im Shehab Deli, wo ich Zigaretten hole, Marke »American Spirit« mit einem rauchenden Indianer auf der Packung, zeigt mir der Verkäufer ungefragt die Einstichwunde an seinem Unterarm. Er heißt Wadhah, kommt aus Taiz im Jemen. Er war Blut spenden, sagt: »Ich wollte auch beim Aufräumen helfen mit meinem pakistanischen Freund, aber sie haben uns weggeschickt. Wir sind doch auch New Yorker, es ist doch auch unsere Stadt.« Die Metro Baptist Church hinter dem abgeriegelten Busbahnhof Port Authority nimmt Gestrandete auf, Matratzen werden ausgelegt. Die Assistentin des Priesters fragt: »Warum stellen wir alle Hass über Liebe?«
Wir? »Wir sind alle schuldig, wir benutzen in unserem Leben nur kleinere Spielzeuge.« Die Kirche liegt am Lincoln Tunnel. »Plötzlich vibrierte das Gebäude nicht mehr«, sagt die junge Frau, die auf einer Farm in Kentucky aufgewachsen ist, »die Stadt, die niemals schläft, kam zu einem Halt.«

*

Am Donnerstag erinnere ich mich an Frischs Buch »In Amerika«. Ich finde es sofort, trotz des Chaos im Regal, schlage auf, Seite 80.

*Wir haben gemietet: Wohnung einer Kinder-Psychiaterin, die ich nicht kenne; ihre Diplome an der Wand. Ein Psychiater-Sessel: man sitzt nicht und liegt nicht, man entspannt mit Ergebnis – ich habe also verdrängt: a) meinen Vater. b) Generalstreik 1918. c) meine erste Zeitungslektüre. d) Armut. e) Kriegskinder aus Wien. f) Gottesfurcht. g) Menschenfurcht. h) Lenin … und einiges mehr.*

Einige Stunden später meint meine Therapeutin: »Manchmal wird das Leben zu einem überdimensionalen Sinnbild unseres eigenen Zustands, unsere eigene Destruktion wird uns vor Augen geführt.« Sie sitzt mir gegenüber, eine schöne Frau in einem schönen, aufgeräumten Raum in einem schönen Apartmenthaus an der Upper West Side, direkt gegenüber von dem Gebäude, in dem A. eine Weile gewohnt hat. Man schämt sich für die Wichtigkeit seiner Probleme, den großen Schmerz eines kleinen Lebens. Wo man doch noch eines hat. Aber es stimmt schon. Ich bin einsam, entwurzelt, mental und körperlich erschöpft, finanziell am Ende. Der Dollarkurs, die horrenden Mieten, 60, 70 Arbeitsstunden pro Woche, die große Liebe zerbrochen, nur zweimal zehn Tage Urlaub in fünf Jahren. »Dies ist ein narzisstischer, egomaner, selbstsüchtiger Ort«, sagt die Psychologin, »man kann sich in New York radikal zerstören.«

Ich habe NICHT verdrängt:
a) die Filme und Berichte über Vietnam, die Bilder aus Afghanistan 1979, den Golfkrieg 1991 und die Tatsache, dass auch dort jeder jemanden kannte, der starb;
b) das Erlebnis der Hinrichtung eines laut »New York Times« wahrscheinlich unschuldigen Mannes in Texas, abgesegnet von Gouverneur Bush;
c) das Gespräch mit einem nervenkranken Kriegsveteran in St. Paul, Minnesota, der bei Desert Storm angeblich

biologischen und chemischen Kampfstoffen durch eigene Truppen ausgesetzt war;

d) die Gespräche mit Müttern, deren unbewaffnete Söhne von New Yorker Polizisten erschossen wurden;
e) die kleine, biedere Welt von Midland, Texas, wo Bush herkommt und sein Weltbild, wie er sagt, geprägt worden ist und die Ölindustrie Grundwasser und Luft verseucht;
f) den Gedanken, dass die Realität des 11. September einer Fiktion von Hollywood entsprungen sein könnte;
g) die Zeitungsmeldung, nach der die USA laut Vereinte Nationen unter den Industrieländern in Bildungsniveau und Gesundheitsversorgung am Ende rangieren;
h) Menschenrechtsverletzungen in US-Gefängnissen, in denen zwei Millionen Gefangene sitzen;
i) Sheriff Gerald K. Hege aus North Carolina, der sich damit brüstet, den Vietcong Ohren und Genitalien abgeschnitten zu haben, und der sagt: »JFK? Was hat er für die Menschen getan? Ein Hurenbock, der uns an den Rand eines Atomkrieges brachte«;
j) dass zu den Tugenden des Landes auch gehören: Konsumwahn, Patriotismus, Rassismus, Militarismus, Heldenverehrung, Waffenkult, Energieverschwendung;
k) die Begegnung mit dem ehemaligen Obdachlosen Lee Stringer, dessen Buch über seine Erlebnisse auf der Straße ein Bestseller wurde, und der meint: »Amerika glaubt unerschütterlich an seinen Mythos, trotz des Beweises jeden Gegenteils«;

... und einiges mehr.

Wieder in meiner Wohnung, finde ich eine neue E-Mail von K. aus Holland: »Was ist das bloß für eine Zeit, in der wir leben? Wir verdrängen den Tod und glorifizieren das Sterben.« Im Fernsehen heißt es unaufhörlich, jetzt ginge es um

Freiheit und Demokratie. Der ehemalige Außenminister George Shultz wird in der Zeitung zitiert: »Wir werden unsere Art zu leben nicht ändern, ich lehne das komplett ab.« Die Stadt füllt sich mit Flaggen, Fähnchen, Stars 'n Stripes. Auf den Banderolen oft: »These Colors don't run.«

*Wir werden siegen, denn die Vereinigten Staaten haben nie einen Krieg verloren. Wehe den Friedensrufern, die nicht mehr an Gott glauben und an den Auftrag, den Gott der amerikanischen Nation erteilt hat!, sagt ein Pfarrer mit Doppelkinn und mit der Bibel in der Hand. … Feinde muß man töten, sagt der Pfarrer, … der die Ausrottung der indianischen Bevölkerung nicht erwähnt, nicht irre machen; das waren Siege, Gottes Wille.* (Max Frisch)

*

Freitag. Die Post kommt wieder. Zwei Kreditkartenabrechnungen, die Fernsehgebühren, der neue Katalog des Nobelkaufhauses Saks on Fifth Avenue mit der aktuellen Mode für Herbst und Winter, ein Reiseprospekt und das verspätete Abo von »Newsweek« vom Montag. Deren Titelgeschichte handelt von der Abstimmung des Supreme Court, die 2000 die Präsidentschaftswahl entschied. Es ist ein irritierendes Stück über das Demokratieverständnis Amerikas. Der Mann, der aus diesem Fiasko als Sieger hervorging, hat den heutigen Tag zum Day of Remembrance erklärt. Tag der Erinnerung. Es gibt wieder einen Gottesdienst in Washington. Al Gore ist auch da. Al wer? Die Kameras schwenken zum Kongressabgeordneten Gary Condit, dessen ehemalige Praktikantin und Geliebte seit Monaten spurlos verschwunden ist. Es war Washingtons Medienthema Nummer eins in diesem Sommer.
Zwischen den Seiten des Prospekts mit verlockenden An-

geboten zu Trips auf die Bahamas, nach Disneyworld und Las Vegas steckt eine Postkarte meines Freundes mit einem Foto des Paars. Auf der Rückseite: »Just married! 11. 09. 01.« Auf CNN die jüngsten Meldungen vom Unglücksort: 152 Tote, 92 davon identifiziert, Leichenteile werden mit orangen Plastikbändchen markiert, 4972 Vermisste, 1 Liberty Plaza war gestern schon eingestürzt, andere Gebäude drohen zu zerbersten, wenn es, wie angekündigt, abends regnen sollte. Es ist auch ein Tag der Klarheit. Internetbubble zerplatzt, Wirtschaftskrise in Sicht, das Mekka der zivilisierten Welt gedemütigt, ins Elend gestürzt von einer Bande religiöser Fanatiker aus der Dritten Welt. »Wenn sie Afghanistan nun in die Steinzeit bomben wollen«, schreibt der in den USA lebende afghanische Intellektuelle Mir Tamim Ansary, »viel müssen sie nicht tun: Es ist längst schon da.«
Die Begegnungen dieses Tages: Leanore Anastasio, Verhaltenstherapeutin des Roten Kreuzes an der Blutspendestation neben der Metropolitan Opera, die warnt: »Noch hat uns der posttraumatische Schock nicht erreicht, der Stress wird später einsetzen, in manchen Fällen dauert es Wochen, Monate. Hier ist das Erlebnis so gewaltig, dass die Psyche entweder alles komplett verdrängt oder dass die Leute zusammenbrechen«; Tony Reeves, Schwarzer, momentan ohne Wohnsitz, der ein verschmutztes, altes T-Shirt trägt mit der Aufschrift »Ich unterstütze unsere Truppen im Golf«, seine Habseligkeiten stecken in einer Plastiktüte, und der zornig ruft: »Dieses Schwein muss sterben!« (Tony weiß nicht, wie das Schwein heißt, er kennt nur sein Gesicht aus den Zeitungen); drei Freiwillige, die im Schwartz Health Care Center beim Identifizieren der Leichen helfen und meine Frage, ob sie darüber sprechen wollen, beantworten mit: »Wühl' woanders im Dreck!« Ich geniere mich, an meine Kollegen verschwende ich keinen Gedanken.

Auf dem Weg durch das East Village dann noch: ein Saxofonspieler, flanierende Pärchen und ein Yogi, der mir zwei Dollar abnimmt für ein Büchlein, in dem auf Seite drei etwas über Arjuna steht, der sich als großen Dämon bezeichnet und der Krishna warnt: »Mein Geist ist rastlos, turbulent und starrsinnig und sehr stark, ihn zu unterdrücken, erscheint mir schwieriger als den Wind zu kontrollieren.« Alles wird surreal.

*Wanderung nach der Tagesarbeit durch das Dickicht der Städte, »von denen bleiben wird, der durch sie hindurchging: der Wind –« … er fegt … durch die Straßenzüge, die aussehen wie nach einer Schlacht. Trotz der Öde dieser Straßen hat man keine Angst; ab und zu eine Limousine.* (Max Frisch)

Irgendwann bin ich an der Canal Street, Ecke Broadway. Die Unglücksstelle raucht immer noch, ich kann es keine zwei Minuten mit ansehen, drehe um und beschließe, W. zu besuchen. Er sitzt in seinem Laden in der Essex Street und liest auf seinem Computer »SPIEGEL online«. Als ich klopfe, denkt er, ich sei ein Penner, der um Geld betteln will. In New York macht man keine unangemeldeten Besuche, private Treffen werden manchmal Wochen im Voraus abgesprochen. W. war am Morgen des Anschlags im Duane Tower, in Sichtweite. »Als das zweite Flugzeug einschlug«, sagt er, »bin ich in die Toilette und habe gekotzt.« Die eigene Geschichte kommt einem plötzlich lächerlich vor. W. trinkt Gin aus einem Pappbecher. Er habe seit Monaten keinen klaren Gedanken gefasst. Zwei Frauen, er dazwischen. Schuldgefühle, Frustration, Schock. »Ich weiß nicht mehr, was das Leben noch soll.« Er will anrufen, später.
Auf dem Weg nach Hause komme ich an der Bowery vorbei, wo illegale Chinesen zu Hunderten in in die Häuser gezimmerten Sperrholzcontainern leben, gekommen auf

Frachtern und Seelenverkäufern, den Mythos Amerika im Kopf. »Sie riskieren ihr Leben«, sagte der Münchner Schriftsteller Maxim Biller einmal, »für bessere Jeans.« Ich bin kaum durch die Tür bei mir, als Blitz, Donner, Gewitter losbrechen. W. ruft nicht an. Dafür ein Fotograf, der mir erzählt, eine deutsche Gesellschaftspostille wollte ihn losschicken mit dem Auftrag, Models und Prominente in diesen schweren Zeiten zu porträtieren. Eine Kollegin, die seit Dienstagnachmittag beinahe ununterbrochen unterwegs ist, mailt: »Ich hasse meinen Beruf.«

*

Ich habe am Mittwoch begonnen, alle Zeitungen zu sammeln. Am Samstag bilden sie einen ungelesenen Stapel. Beim oberflächlichen Blättern wieder und wieder Szenen des Leids, die Toten, ihre gramgebeugten Angehörigen, Bilder der Zerstörung, aber vor allem Aufschreie des Zorns. Dazwischen Berichte, wie die New Yorker die Solidarität zu ihren Mitmenschen entdecken, wie Passanten Feuerwehrleuten und Räumkommandos zujubeln, wenn sie auf dem Weg zu den Trümmerhaufen sind. Die Blutspendezentren sind überlaufen, die Kirchen voll. Im Fernsehen geben sich die Leute bereits wieder gefasst, auch diejenigen, die im Viertel TriBeCa wohnen, im Schatten der Katastrophe. Sie müssen bis zu 14 Blocks für Lebensmittel laufen. »Wir kaufen Katzenfutter und Kekse auf Vorrat«, sagt M., »doch es herrscht keine Panik.« Was mir auffällt in den Zeitungen, sind die ganzseitigen Traueranzeigen von Büroausstattern, Möbelfirmen, Mobiltelefonvertreibern und Versicherungsunternehmen. Warum nicht von McDonald's oder Chevrolet? Im Radio höre ich, man suche nach robuster Kleidung und Arbeitshandschuhen für die Feuerwehrleute.

Nachmittag. Auf ABC spricht Benjamin Netanyahu. Er schäumt. Netanyahu vergleicht Afghanistan mit Nazideutschland und Osama Bin Laden mit Hitler. Sein Vorschlag: gnadenlose, brutale Zerschlagung des Terrorismus; die Befürchtung, es könne dann zu einem nuklearen Konflikt und einer Serie von weiteren Attentaten kommen, schreckt ihn nicht. Der Reporter kommt kaum zu Wort, ist froh, als er umschalten kann zur Beerdigung von Barbara Olson. Die bekannte Juristin und Buchautorin saß im Flugzeug, das über Pennsylvania abstürzte. Die Laudatio hält Clarence Thomas, Mitglied des Supreme Court. Thomas ehrt Barbaras Andenken mit den Worten: »Sie hat alle Torpedos ignoriert und stets mit Volldampf angegriffen.« Olsons Mann Ted war Bushs Anwalt nach dem Wahlchaos in Florida. Thomas hat Barbara Olson zu Lebzeiten nicht getroffen; er hat für Bush gestimmt.
Am Abend treffe ich eine Frau aus dem Verlagsgewerbe. Die Stadt ist voll mit deutschen Lektoren, die vor der Frankfurter Buchmesse nach Manuskripten amerikanischer Autoren suchen und nun wegen der geschlossenen Flughäfen festsitzen. Wir gehen zu Chez Josephine, bestellen Lobster und Boudin, die gratinierten Blue Point-Austern auf Fenchel sind vorzüglich. Man mutmaßt, wie der Kampf gegen den Terrorismus aussehen könnte und ob die Ära des Popliteratentums in Deutschland mit ihrer Verherrlichung von Hedonismus, Designerklamotten und Ergüssen, wie sich jemand durchs Alphabet vögelt, zu Ende ist. Die Lektorin glaubt: »Die Geschichten werden künftig wieder mehr von tieferen Erfahrungen der Menschen handeln müssen.« Der Besitzer des Lokals, Jean-Claude, kommt an den Tisch, erzählt, dass er vor vielen Jahren in Berlin gelebt, dort in Cabarets gesungen habe und der Schlagersänger Christian Anders sein Produzent gewesen sei. »Äss feehrt ein Ssug nasch Nirschendwo«, hebt er an. Und wir stimmen ein: »Mit

mir *allein* als Passagier.« Draußen wird bereits die Sonntagsausgabe der »New York Post« gelesen. »WAR« schreit es von der Titelseite.

*

Sonntag. Die nachgeholte Hochzeit in Great Neck auf Long Island. Ein schönes Paar, eine einfühlsame Bürgermeisterin, die an die Opfer vom Dienstag erinnert, eine Kerze anzündet. Danach ein Mittagessen. Keineswegs ausgelassene Fröhlichkeit, aber man freut sich für die beiden, aufrichtig. Zwei Drittel der 17 Gäste sind Amerikaner. Alles freundliche, gebildete, herzliche Leute, dazu die Eiskunstläuferin Sarah Hughes, eine künftige Olympiasiegerin, wie die Experten glauben. Man versteht sich hier und da nicht, ist gegensätzlicher Meinung, doch man gibt sich Mühe, die Meinung eines Europäers zu verstehen. Mein Versuch, die komplexen Verhältnisse im Nahen Osten zu erläutern, wird zur Kenntnis genommen.

Ich habe ebenfalls NICHT verdrängt:
a) die Gastfreundschaft des Landes;
b) die Offenheit und Toleranz seiner Menschen;
c) ihre Fähigkeit, in allen Lebenslagen positiv zu denken und auch in Rückschlägen eine Chance zu sehen;
d) die mitunter an Naivität grenzende Unerschütterlichkeit ihres Glaubens, in der besten Demokratie der Welt zu leben;
e) dass wir alle nicht perfekt sind;
f) wie sehr ich New York liebe, das Panorama jedes Mal, wenn ich vom Flughafen zurück in die Stadt fahre, den Central Park, die Ausflüge nach Long Island, die Reisen durch Amerika und seine grandiosen Landschaften;
g) dass ich nie wirklich zurück wollte nach Deutschland;

h) wie mich die amerikanische Nationalhymne immer bewegt;
... und das ist erst der Anfang.

Mein Freund P. macht zum Abschied ein Foto von mir. »Damit in der Heimat alle sehen, dass es dir gut geht.«
Die Bilder auf Fox News spätabends, eine Zusammenfassung der Ereignisse der Woche, immer noch die Flugzeuge, der Crash, weinende Menschen, Trauerfeierlichkeiten – alles endlos wiederholt. Es stürzt mich in schwere Depressionen. In der »New York Times« vom Sonntag steht ein Aufsatz von Stringer. Eine Passage daraus: »Ich sah Horden von verletzten, geschüttelten, rußverschmierten New Yorkern ... sie sahen alle aus wie Obdachlose, ihres persönlichen Apparats beraubt, der unseren Status den Nächsten gegenüber definiert. Jeder gehörte zur selben Rasse, alle waren gebrandmarkt in einem neutralen Grau.« Stringers letzter Satz: »Ich finde auch mich schluchzend wieder, aber nur zur Hälfte vor Gram.« M. mailt: »Wo gehst du hin, wenn hier alles explodiert?« Und: »Hast du schon eine Gasmaske?«
Draußen das Geheul von Sirenen, Hubschrauberlärm. Wie konnte man das so lange überhören? Ich blicke auf das Worldwide Plaza im Abendlicht, es ist einfach nur schön, traumhaft schön. Was ist Heimat? Geht es mir gut? Ich sehne mich nach A., wünsche mir, dass sie an mich denkt und erinnere mich wieder an den professionellen Spieler in Las Vegas, der noch Anfang Juli sagte: »Wenn du dein Glück in Geld und beruflichem Erfolg misst, dann bedauere ich dich. Glück ist, seine Träume zu verwirklichen, und zu verstehen, dass sie sich ändern können. Was einmal ein Traum war, kann plötzlich zur Falle werden.«

*

Das Leben wird weitergehen, nichts macht das deutlicher als der Besuch an der Wall Street am Montag. Der Dow Jones fällt 684 Punkte, der Nasdaq sackt ebenfalls ab. Aber die Analysten nennen es einen guten Tag. In den Straßen riecht es immer noch nach verschmortem Plastik und verbranntem Beton, die Häuser verkrustet von Staub. Ein junger Broker sagt, er sei »bullish«, was den Aktienmarkt angehe, werde morgen nach Seattle fliegen, keine Angst haben, und er denke darüber nach, sich eine Wohnung in Manhattan zu kaufen, »gerade jetzt«. Aus einem Lautsprecher am Gebäude der Federal Reserve Bank, die den Leitzins um ein halbes Prozent gesenkt hat, dröhnt Marschmusik. Überall knipsende Touristen. Die Menschen geben ihre Eindrücke per Handy weiter, als seien sie auf einem Volksfest. Im Hintergrund sieht man kümmerliche Reste vom Betongerippe eines der beiden Türme.
Kann wohl niemand verstehen, dass alleine dieser Anblick einen zum Weinen bringt angesichts der menschlichen Tragödien, die darunter begraben sind. Doch ich habe keinen New Yorker getroffen in den letzten Tagen, der das nicht gesagt hätte. Und alle sagten, sie würden ihr Leben ändern wollen und mehr Zeit mit ihren Familien, Partnern und Freunden verbringen. »We gotta hook up soon.« Wir müssen uns bald sehen. Es klang stets wie eine Beschwörung, jetzt, wo New York nie wieder so sein wird, wie es war, und es manche Begegnungen nicht mehr geben kann.

*Es kommt vor, dass man sich auf der Straße trifft, also unter Millionen, wie in einem Dorf; aber es ist kein Dorf: jedermann weiß, dass die anderen auch ohne ihn auskommen, und dies ohne Gekränktheit. Das macht beide Teile herzlich … Trifft man sich nach Wochen zufällig in einem Partygedränge, so begrüßt man sich wie beim Durchstich eines Tunnels: HOW WONDERFUL TO SEE YOU! und es ist wahr.* (Max Frisch)

Nein, ich weiß nicht, wo ich hingehen soll. Nein, ich habe keine Gasmaske. Ja, ich bin immer noch gerne in dieser faszinierenden, verrückten, zermürbenden Stadt. Mehr als jemals zuvor. Die Verkäuferin von Saks on Fifth Avenue sagt ehrlich und ohne Scham auf die Frage, warum sie heute schon um 16 Uhr schließen: »Nebenan in der St. Patrick's Cathedral ist ein Trauergottesdienst, bei dem Gedränge vor dem Laden würden wir ohnehin nichts verkaufen.« »Carmen« ist am Mittwoch. E. hat sich nicht mehr gemeldet, aber das tut sie sowieso erst in letzter Minute. »I'm extremly busy.« Sie ist immer wahnsinnig beschäftigt. Vieles an New York und New Yorkern kann und wird sich nicht ändern. Fragen Sie ruhig. Es ist tatsächlich nicht gelogen, wenn ich antworte: THANK YOU, I'M FINE.

## In der Mitte von Irgendwo

Die Heimat des Präsidenten

Sonntagmorgen in Midland, Texas. Auf KTXC, 104.7 FM, ist Plauderstunde zum Morgenkaffee. Der Moderator ist schrecklich aufgeregt, weil sein Interviewpartner ein berühmter Rodeoreiter ist. Er nennt ihn einen »Horseman Deluxe«. Pferdemann der Extraklasse. »Männer wie ihn lieben wir hier in West Texas«, sagt der Moderator, von dem man zwischendurch auch erfahren darf, wen man nicht liebt in West Texas.

Es sind die gottverdammten Libs, Liberale, die vorzugsweise in Kalifornien und New York leben, gleichgeschlechtliche Liebe und Umweltschutz propagieren und Al Gore gewählt haben. Die nennt er »Wackos«. Verrückte. Als der Horseman Deluxe nach der Werbung wieder zu Wort kommt, sagt er: »Ein Mann und sein Pferd, das ist wie eine Ehe. Ich würde meine Tiere ebenso wenig verlassen wie meine Frau.« Die Frau weiß das sicher zu schätzen.

George W. Bush hat einmal gesagt: »Ich weiß nicht, wie viel Anteil Midland an meiner Persönlichkeit hat, aber um mich zu verstehen, muss man Midland verstehen und die Einstellung der Menschen dort.«

Draußen geht gerade die Sonne auf hinter klotzigen Betonkästen, die zwischen großen, leeren Parkplätzen stehen und wirken, als seien sie versehentlich vom Himmel gefallen. Scheinbar konzeptionslos erheben sie sich in diesem Landstrich, der von einer faszinierenden Langeweile ist. Der Boden flach wie ein Brett, kein Baum verstellt den endlosen Blick bis zum Horizont. Unter einem weiten Himmel Bohrtürme und rotierende Pumpen zwischen hüfthohen Büschen und staubigen Kakteen.

Als 1862 die Texas & Pacific Railway gebaut wurde, entstanden alle zehn Meilen Wasserstationen. Eine davon nannte man Midway, weil sie auf halber Strecke zwischen Fort Worth und El Paso lag. Da es aber in Texas bereits ein Midway gab, taufte man sie kurzerhand um auf Midland. Angesichts der charakterlosen Umgebung bot sich kein anderer Name an. Die Handelskammer von Midland wirbt immer noch mit dem Spruch: »In the Middle of Somewhere«.

11.30 Uhr. In der First Methodist Church ist Gottesdienst. Ministranten in weißen Roben mit goldenem Kragen stehen erfurchtsvoll neben einem schlichten Altar, während die Kirchengemeinde intoniert: »There's a sweet, sweet Spirit in this place/and I know that it's the Spirit of the Lord«. Die First Methodist ist eines der größten von über 150 Gotteshäusern in Midland, wo einem nachts sogar auf Bürohäusern riesige, illuminierte Kreuze den Weg weisen. »Es sind gute, freundliche, hilfsbereite Menschen, die hier leben«, sagt Pastor Lane Boyd. Und dann ruft er zu Gebeten für die Krebskranken auf, die nicht kommen konnten und deren Namen aufgeführt sind im Hirtenbrief.

In Midland glaubt man an die Macht des Herrn. Hat ER nicht auch geholfen, als nach der Präsidentschaftswahl im November 2000 in Florida die Stimmen nochmal ausgezählt werden mussten? Boyd glaubt: »Unsere Vaterunser sind erhört worden.« Auf Seite 92 ihrer gebundenen Historie findet sich ein Schwarzweißbild des berühmtesten Glaubensbruders der Methodistengemeinde von Midland. Neben einem jungen George W. Bush, Vorsitzender des Spendenkomitees, lächeln seine Frau Laura und die Zwillinge Barbara und Jenna.

George Herbert Walker Bush kam 1948 nach West Texas, um dort nach Öl zu bohren. Es war der Beginn einer imposanten Karriere, die im Weißen Haus endete. Sein ältester

Sohn George Walker, kurz W., war damals zwei. Nun ist er der 43. Präsident der Vereinigten Staaten von Amerika. Er ging in Midland zur Schule, verbrachte hier seine Kindheit, bevor die Familie nach Houston zog. Nach sehr bescheidenen Leistungen in diversen Eliteschulen und an der Wirtschaftsakademie von Harvard kam er zurück, stieg ins Ölbusiness ein und traf Laura Welch, eine Bibliothekarin und Lehrerin. Die Welchs sind alteingesessene Midlander. Boyd sagt: »Wunderbare Familie«. Lauras Mutter lässt sich von ihm bis heute regelmäßig die Beichte abnehmen.

Fast jeder in Midland kann eine Geschichte von sich und den Bushs erzählen. Man wohnte einen Block die Straße runter, war Schulkamerad von W., spielte gemeinsam Baseball oder machte Geschäfte miteinander. So findet man sich wieder in der großen Aula der First Methodist Church bei Nudeln mit Tomatensoße und sitzt am Tisch von James Dodson und dessen Frau Gayle, deren toupiertes Haar an Zuckerwatte erinnert. James sagt: »George W. ist ein guter Christ. Er wird Washington wieder Würde verleihen.« Was dieser Clinton dort veranstaltet habe, sagt James, darüber wolle er lieber nicht sprechen, wo doch Gott alles höre. Und Gayle, die bei Bibelstunden die süßen Bush-Girls betreute, ergänzt: »Sie haben Midland nicht vergessen, und Midland wird sie auch nicht vergessen.« Boyd lächelt verträumt. Amen.

Midland, Texas also. Eine Stadt in der Mitte von Irgendwo. 95 000 Einwohner, wenig Verkehr, kaum Kriminalität, ein Theater, ein Symphonieorchester. Das Petroleum Museum mit einer Hall of Fame, in der die Porträts von 104 Ölbaronen gerahmt an der Wand hängen, ist die größte Attraktion weit und breit. Schließlich sind es bis nach Austin, Waco oder San Antonio mindestens vier Autostunden. Berühmt geworden ist Midland außer durch die Bushs nur, als vor Jahren ein 18 Monate altes Mädchen in einen Brunnenschacht fiel und erst 58 Stunden später gerettet wurde. Die Spiele der Lee High School Rebels, dreimal in Folge texanischer Footballmeister, sind das gesellschaftliche Highlight der Stadt.

Das erklärt zunächst nicht viel, erst recht keinen Präsidenten. Bleibt die Einstellung dieser guten, freundlichen, hilfsbereiten Menschen. Man trifft sie auf der Shooting Range, wo mitsamt Kind und Kegel auf Tontauben geballert wird, und das Klubmitglied D. E. Radtke sagt: »Natürlich habe ich einen Revolver im Handschuhfach. Ich sage, Hitler wäre gestürzt worden, wenn er nicht alle Waffen hätte registrieren lassen.« Oder man begegnet ihnen im besten Lokal am Platz, Wall Street Bar & Grill, wo korpulente Damen Rotwein mit Eiswürfeln bestellen: »Was soll's, schließlich bin ich ein Redneck.« So nennen die gottverdammten Libs Rassisten in den Südstaaten. Aber vielleicht hat sich Bush doch mehr auf Leute wie den Trainer der Footballtruppe berufen. John Parchman, dessen Kids ihm im Anschluss an einen Hindernisparcours immer die Schwielen und Blutblasen an ihren Händen präsentieren müssen, sagt: »Bei uns gilt das Motto: Ohne Fleiß kein Preis. Wir sind eine Stadt, in der immer hart gearbeitet wurde und die immer stolz darauf war.«

Midland liegt im Zentrum des Permian Basin, einer 350 Quadratkilometer umfassenden Plattform aus Sedimenten und Salzkristallen, die von einer gewaltigen Felsplatte bedeckt ist. Früher war darunter einmal Meeresboden, und dazwischen befinden sich immer noch 25 Prozent der Rohölreserven der USA, Erdgas auch, weshalb man das Basin gerne das Saudi-Arabien Amerikas nennt. Anfang des 20. Jahrhunderts entdeckte man die ersten Vorkommen, und spätestens als der Spindletop Gusher sprudelte und 100 000 Barrel täglich gefördert wurden, begann der Ölrausch in West Texas. In den zwanziger Jahren kamen die ersten großen Firmen, in den fünfziger Jahren explodierte die Bevölkerung, Ende der siebziger Jahre wurden in Midland mehr Rolls Royces verkauft als sonstwo im Land, und der lokale Airpark hatte eine Warteliste für private Düsenjets.

»Seit 1986 ist alles nicht mehr ganz so glamourös«, sagt Mike Conaway. 1986 ließ die Opec die Ölpreise kolabieren, Conaway arbeitete damals für George W. als Buchhalter. Er freut sich, dass sich jemand für ihn interessiert. »Wir leben mit einem Gefühl von Isolation hier draußen«, meint er, »man verlässt sich in West Texas am besten auf sich und seine Freunde, das hat George neben guten Unternehmertugenden hier gelernt.« Für Conaway ist Midland immer geblieben, was es war: ein Platz, an dem Männer Abenteurer, Selfmademen oder ausgebuffte Manager sind und Frauen noch wissen, wo sie hingehören; wo Deals auf Papierservietten gekritzelt werden und man sich ein Flugzeug, ein Motorboot und eine Geliebte zulegt, wenn man auf das flüssige Gold stößt. In Krisenzeiten wird man das alles genauso schnell wieder los. Bush meinte mal: »Ich habe gelernt, dass die Risiken im Ölgeschäft für das Leben allgemein gelten. Das hat mich bescheiden und menschlicher gemacht.«

Einige Monate nach seinem Amtsantritt stand eine Story in der »New York Times«, in welcher der neue Präsident gelobt wurde für seinen unprätentiösen Arbeitsstil. Dass sein Cowboyhut auf dem Schreibtisch liege, dass er nicht viele Worte mache, war zu lesen, Pomp und Paraden eher anstrengend finde und sich gerne mal verabschiede bei offiziellen Terminen mit den Worten: »Ich lege mich jetzt aufs Ohr.« Als er die Kennedys zum Essen einlud, gab es Hot Dogs. Und es sah tatsächlich überzeugend aus, als der Präsident nach den Terrorattacken mit Blouson und offenem Hemdkragen auf den Trümmern von Ground Zero stand, einen heulenden Feuerwehrmann im Arm.

George W. Bush ist für einen Politiker quasi so hemdsärmelig wie Midland, wo das Branchentelefonbuch noch immer 13 Seiten mit Ölfirmen umfasst und die örtliche Zeitung »Reporter-Telegramm« eine wöchentliche Beilage zum Thema Erdöl und -gas herausgibt. Deren Redakteur, John Paul Pitts, sagt: »Es gibt keine Aristokratie in dieser Branche, vom Geld hängt dein Status in dieser Kommune nicht ab.« Bush, so Pitts, »hat sich nie für etwas Besseres gehalten, selbst normale Menschen wie ich können in Midland mit Multimillionären befreundet sein«. Ob im exklusiven Petroleum Club oder beim Barbecue auf einer luxuriösen Ranch, Pitts ist immer dabei und trifft dabei stets auf »großartige Persönlichkeiten«.

Man begegnet einem Vertreter der Spezies Cowboykapitalist im ersten Stock des ClayDesta Building. Dort sitzt Clayton Williams jr., der das imposante Verwaltungsgebäude erbaut und nach sich und seiner Frau Modesta benannt hat. Williams ist der Prototyp der amerikanischen Karriere texanischer Prägung. Sein Vater war Rancher, er lernte reiten mit drei und verkaufte später Versicherungen für Schürfrechte. Irgendwann kam er zu einer kleinen Beteiligung, investierte den Profit in eine größere, wurde zum Tycoon. Man begegnet einem kantigen, für seine 69 Jahre äußerst energiegeladenen Herrn, breites Grinsen, kräftiger Händedruck, dröhnendes Lachen. Denkt man da an J. R. Ewing? Man tut es. Da sagt Williams auch schon: »Wir sind keine Klischeefiguren, wir sind von hochkomplizierter Technologie und smarten Entscheidungen abhängig. Wer nicht clever und fleißig ist, hat hier draußen keine Chance.«

Williams besaß einmal 20 Firmen, darunter eine Bank und die erste private Telefongesellschaft von Texas. Nach 1986 musste er ein Unternehmen nach dem anderen abstoßen. 496 Millionen Dollar Schulden. Er zuckt mit den Achseln, als er es erzählt. Was sind schon ein paar hundert Millionen? »Man fängt halt wieder von vorne an. Ich denke positiv.« Über Rückschläge zu lamentieren, sei etwas für Krämerseelen. Und auch wenn acht von zehn Bohrungen danebengehen, die Ressourcen im Permian Basin knapp geworden sind und in 50 Jahren erschöpft sein könnten, sei Initiative gefragt. Williams' Firma CWI Energy Inc. drillt nun verstärkt horizontal. Eine der längsten Leitungen dieser Art, die jemals gelegt wurden, beginnt an der Interstate 20 und endet 4000 Meter unter dem Kmart-Einkaufszentrum von Midland. Williams' Frau Modesta sagt: »Ich liebe ihn, weil es mit ihm nie langweilig wird.«

Ein anderer Slogan, mit dem die Stadt Midland mal warb, lautet: »The Sky is the Limit«. Doch John Nute sagt, man dürfe sich von Midland und seinen Machern nicht täuschen lassen. Den Charakter der Stadt und der Menschen, so Nute, erkenne man am besten am Straßensystem. Das ist ein schönes Bild. Denn Highways und Nebenstraßen verbinden sich in und um Midland zu einem verwirrenden Geflecht, in dem man sich leicht verliert oder in Sackgassen endet. Nute, ein ehemaliger Marinesoldat, betreibt ein Café in der Innenstadt, und meint: »Midland ist insofern ein Synonym für Bush, weil es genauso funktioniert wie die große Politik. Die Wahrheit erkennt man erst, wenn man genauer hinsieht.«

Wenn das so einfach wäre. Der Polizeisprecher ist freundlich, aber verliert sich in Floskeln. Drogentransfer aus Mexiko? Ja. Vielleicht. Wer weiß. Und kaum jemand von Bushs alten Kumpeln und Geschäftspartnern ruft einen zurück. Das »Reporter-Telegramm« warnte seine Leser sogar: »Niemand sollte sich daran beteiligen, unsere anständige Stadt in Misskredit zu bringen.« Pitts maulte: »Es kamen in letzter Zeit eine Menge Journalisten, die Bushs Exfreundinnen und Unfallstatistiken von 1963 ausgegraben haben. Die suchten nur zynische Storys.« Man kann das auch anders sehen. Es wäre schon interessant zu wissen, wieso der Air-

park 24 Stunden beleuchtet ist und nicht kontrolliert wird. Wer, so Nute, legt Wert darauf, unregistriert in Midland ein- und auszufliegen? Und was ist mit dem Altöl, das überall verkappt wird?
Nute hat seinen Gnu Coffee Shop 1997 eröffnet. Er bot belegte Baguettes, Cappuccino, Dichterlesungen und kostenlose Internetnutzung an und wurde zur Anlaufstelle der jungen Außenseiter Midlands. Jenen mit Tätowierungen und Nasenringen, die sich mit Rollerblades im gegenüberliegenden Park vergnügten. Bis die Polizei einschritt und das verbot. »Fremde Kulturen wurden hier nie umarmt«, sagt Nute, der wenig übrig hat für George W. »Man darf nicht vergessen, dass die Bushs keine Abenteurer waren, als sie hier ankamen, sondern längst reich und einflussreich.« Prescott Bush, der Großvater des jetzigen Präsidenten, war Banker in Connecticut, hat im Dritten Reich Nazigelder verwaltet und ging als Senator nach Washington. George Senior war wie sein Filius in Yale Mitglied im Studentenbund Skull & Bones. Die Bruderschaft besteht überwiegend aus Kindern einflussreicher Familien und hoch begabten Studenten. »Die Bushs waren nie Midland«, sagt Nute, »sie haben es nur benutzt, um Kohle zu machen und ihre politischen Karrieren aufzubauen.«
Vom Irgendwo ins Weiße Haus, das verbindet beide. Dass George W. wie sein Vater mal in der Hall of Fame des Petroleum Museum landet, ist jedoch mehr als fraglich. Einer seiner ehemaligen Partner sagte mal: »Es hieß, wir hätten eine Bohrfirma, in Wirklichkeit war es eine Trockenlochfirma.« Als Selbständiger hat Bush jr. 4,67 Millionen Dollar private Investitionen wortwörtlich in den Sand gesetzt; die Bush Exploration Company wurde schließlich aufgekauft. Für die Erwerber gab es lukrative Aufträge im Persischen Golf, angeblich auf Vermittlung der Regierung, deren Präsident damals George H. W. Bush hieß. Dass George W. später als

Anteilseigner des Baseballteams Texas Rangers reich wurde, ist laut Nute, »ein weiteres Exempel dafür, wie sich Kapitalismus und Politik in die Hände spielen«. Der Profit beim Wiederverkauf des Vereins resultierte aus einem mit Steuergeldern finanzierten Stadionneubau. Ein Teilhaber der Rangers sagte: »W. hatte einen Namen, der uns populär machte, und Verbindungen, die den Geschäftswert steigerten.«
In Midland wird darüber nur selten gesprochen. Man lässt gegenüber der Immobilienmaklerin, die einen zu den ehemaligen Häusern der Bushs chauffiert, bloß fallen, ohne Beziehungen hätte es George W. niemals so weit gebracht. Schon sagt die: »Sie wollen doch nicht etwa aussteigen, oder?« Und natürlich erzählt man sich beim Lunch in der First Methodist Church auch nichts über Bushs Alkoholprobleme und seine peinlichen Auftritte in den abendlichen Bibelkursen, wo er durch abfällige Tiraden auffiel. Alle loben nur seine Wandlung zum liebevollen, treusorgenden Vater, zum gottgefälligen Christen. Dabei heißt es, Laura habe ihn vor die Wahl gestellt: »Jack Daniels oder ich«.
Conaway meint: »Ach, das ist dummes Gerede. Er hatte seine wilde Zeit, wie jeder andere auch. In diesem Land wählt man Präsidenten nicht aufgrund der Dinge, die vor 20 Jahren passiert sind.« Und dass die Hälfte des Landes gar nicht glaubt, dass er gewählt wurde, dass die Vorfälle in Florida, wo sein Bruder Gouverneur ist, skandalös waren, und dass Al Gore landesweit mehr Stimmen bekam? »Wenn schon«, sagt Conaway, »George hat den Job.« Er hat ihn bekommen, obwohl er zwei Jahre vor der Wahl nicht wusste, wer Tony Blair ist, und auf die Frage eines Reporters nach den Taliban sagte: »Oh, ich dachte das ist eine Popband.«

Es ist Sonntagnachmittag, als einen das Gefühl der Isolation, das Midland prägt, erneut erreicht. Bloß anders als am Anfang. Im Midland Country Club treffen sich Ed und Sue

Brannon, er im Ölgeschäft, sie Chairman der Republican Party in Midland County, mit Juandelle Lacy, Witwe eines Ölingenieurs und Präsidentin der Republican Women im County. Die Damen sprechen von Gott, Ed von Börsenkursen und Konjunktur. Nette Leute, durchaus. Und irgendwann sprechen alle von Clayton Williams, Claytie, wie man ihn hier nennt. »Claytie hat auf der ganzen Welt getötet«, erzählt Juandelle. Sie meint Williams' opulente Trophäensammlung in seiner Villa am nördlichen Stadtrand, in der es vor Bärenfellen, Elefantenfüßen und ausgestopften afghanischen Bergschafen wimmelt. »Claytie ist schon ein toller Typ«, sagt Sue, die es immer noch bedauert, dass er damals nicht Gouverneur von Texas wurde. 14 Prozent lag er vor seiner demokratischen Mitbewerberin, als ihm vor Reportern ein Witz rausrutschte. »Warum jammern Frauen bloß über Vergewaltigung«, soll er gesagt haben, »anstatt sich zurückzulehnen und es zu genießen?« Am Ende fehlten Claytie 1,5 Prozent.

Vor der Terrasse werden die Grüns des Golfplatzes gewässert. Das Büfett ist vorzüglich und die Fabrikschlote der Nachbarstadt Odessa sind weit. Wer hier sitzt, kann sich nicht vorstellen, dass deren Einwohner tagsüber manchmal mit aufgeblendeten Autoscheinwerfern durch die von Emissionen getrübte Luft kutschieren und sich nicht wehren können, weil sie Angst um ihre Arbeitsplätze haben. Wer hier sitzt, kann sich wohl fühlen. Er gehört zum idyllischen Midland, in dem auch George W. lebte. Es ist das Midland von Cowboyromantik, Ölkapitalismus und der Gewissheit, dass Geld und Beziehungen jede Krise überstehen. Es ist das Midland, in dem Father Tom Kelly von der Gemeinde Our Lady of San Juan eine Parabel für Amerika sieht: »Wenige leben auf Kosten des großen Rests.«

Kelly predigt im Süden der Stadt, in den Slums jenseits der Bahngleise. Dort hausen überwiegend Latinos, die zwölf

Stunden auf Bohrtürmen schuften für 2500 Dollar monatlich. Kelly wundert sich, dass Schulen nur im Nordteil der Stadt gebaut würden, wo die Wohlhabenden wohnen, und niemand die hohen Selbstmord- und Schwangerschaftsraten unter Jugendlichen sowie zahlreiche Fälle von sexuellem Missbrauch an Kindern ernst nehme. »Mitfühlender Konservatismus«, wie ihn Bush propagiert? Dessen Umweltpolitik als Gouverneur, so Kelly, habe dazu geführt, dass in Odessa ungestraft Chemikalien abgefackelt würden, das Wasser untrinkbar sei und Leberkrebs grassiere. Odessa ist der schmutzige Hinterhof Midlands, dort stehen die meisten Fabriken und Raffinerien. Kelly: »Meint er mit ›mitfühlend‹ vielleicht: ›Ich schaue weg, wenn ihr leidet‹?«
Wenn das Midland und die Einstellung seiner Bewohner ist, dann versteht man ihn schon, den Mann, der nun im Oval Office regiert. Man wundert sich auch nicht mehr, dass Bush seinen Kumpel Don Evans zum Wirtschaftsminister gemacht hat und in Naturschutzgebieten Alaskas nach Öl bohren lassen will. Dass er einen Generalstaatsanwalt nominierte, der sich öffentlich gegen Homosexuelle ausgesprochen hat und das Büro für Rassenprobleme im Weißen Haus schließen ließ. Rassenprobleme? Hat der Präsident in Midland nie erlebt. Schwarze sind nicht Mitglied im Country Club. »George W. ist einer von uns«, sagt Sue stolz, eine dralle blonde Frau mit Brillanten an Fingern und Ohren. Sue: »Er weiß, was gut ist für uns.«

George W. Bush hat gesagt, er möchte in Midland begraben werden. Es wäre zweifelsohne eine ehrenvolle Angelegenheit für diese anständige Stadt, aber auch ein hartes Stück Arbeit. Unter der porösen Oberfläche des Permian Basin liegt eine Kalziumschicht, die hart ist wie Granit und durch die nur erhitzte, speziell beschichtete Bohrköpfe dringen.

## Schwarzes Requiem
### Blues im Mississippi-Delta

> »Well, some people tell me that the
> worried blues ain't bad
> Worst old feelin' I most ever had«
> ROBERT JOHNSON, *»Walkin' Blues«*

Der Blues ist, wenn Kinderlähmung deine Finger eingefroren und deine Beine zu nutzlosen Stumpen gemacht hat, und du sitzt in einem Rollstuhl und presst ein Buttermesser gegen die Saiten einer taubenblauen Epiphone-Gitarre. CeDell Davis, den Polio im Alter von zehn Jahren verbogen hat zu einer kümmerlichen Figur, ist gefangen im Blues.

Der Blues ist, wenn du weder schreiben noch lesen kannst, ein Kran hat deine Hüfte zerschmettert und nach fünf gescheiterten Ehen begegnest du der Frau deiner Träume, doch die erleidet im Morgengrauen einen Herzinfarkt und stirbt in deinen Armen. James Ford, genannt T-Model, der sein Sugarbaby nicht vergessen kann, ist verheiratet mit dem Blues.

Der Blues ist, wenn deine Mutter dich als Säugling bei Fremden zurücklässt und 17 Jahre nicht wieder auftaucht und dein berühmter Vater, der Muddy Waters inspiriert hat, betrügt dich später um dein Geld und nennt dich hinter deinem Rücken einen Stümper am Schlagzeug. Sam Carr, unehelicher Sohn von Robert Nighthawk, hat den Blues geerbt.

»Der Blues handelt von Menschen«, sagt CeDell Davis mit tiefer, schnarrender Stimme, die seinen Liedern eine Aura von Trübsal und Trotzigkeit verleiht, »der Blues erzählt eine Geschichte von Frauen, Männern, Zügen, Bussen, Autos,

Straßen und harter Arbeit. Aber am meisten erzählt er von etwas, das du nie gehabt oder verloren hast.«

Es ist Ende August, und die Luft in Pine Bluff, Arkansas, ist geschwängert von den Emissionen der Papierfabriken. Davis' Pflegerin war seit zwei Tagen nicht mehr da, die Air Condition funktioniert schon länger nicht mehr. Jedes von Davis' Manövern in seinem elektrischen Rollstuhl ist ein mühsamer Balanceakt. Gezwängt in zehn Quadratmeter Wohnzimmer: eine braune Polstergarnitur, ein Regal, ein Kühlschrank, darauf ein Mikrowellenherd, die Kommode wird geschmückt von zwei Porzellan-Elefanten, an der Wand ein Spiegel, eine Uhr. Schweiß rinnt über Davis' müdes Gesicht, tropft auf die schmale Brust, im Aschenbecher qualmt eine Zigarette. »Ich lebe in meiner eigenen Welt«, sagt er, »ich vermisse das Gefühl, Gebrauch von mir machen zu können, jagen, fischen, herumlaufen, das sind alles Mysterien für mich.«
Davis' Haus liegt am Ende einer schmalen Straße hinter den Bahngleisen; vor einigen Monaten hat ein Tornado das Dach abgedeckt, doch er zahlt nur 250 Dollar Miete im Monat und hier muss er keine Angst haben vor Einbrüchen wie im Stadtzentrum, wo er zuvor wohnte. Auf dem Bildschirm eines tonlosen Fernsehers wirbeln Steptänzer, und Davis müht sich vergebens, zwischen Plastikblumen und Stapeln von Papier und Post einen Brief seines Plattenproduzenten zu finden. Davis ist 73, und das wenige, das er noch unter Kontrolle hat, entgleitet ihm in letzter Zeit immer mehr. Wie diese treulose Frau, 30 Jahre jünger, die sich hat scheiden lassen, als seine Ersparnisse verbraucht waren, und die ihm »nichts gegeben hat, keine Befriedigung, Sie verstehen, was ich meine?« Und dann jammert wieder die Gitarre, und Davis' Refrain dröhnt hinaus auf die einsame Straße.

*If you like fat women*
*Come to Pine Bluff, Arkansas*
*You know they got more fat women*
*Than any place you ever saw*

Pine Bluff liegt am westlichen Rand des Mississippi Delta, einem unförmigen geographischen Dreieck, 200 Meilen lang, das sich zu beiden Seiten des Ol' Man River, von Memphis bis Vicksburg, erstreckt. Der Mississippi hat diese Gegend von jeher geprägt und mit seinen Überschwemmungen in einen der fruchtbarsten Böden der Welt verwandelt. Abgerungen wurde er der Natur jedoch unter unmenschlichem Einsatz. Das Delta ist ein Synonym für Not und Elend, Blut, Schweiß und Tränen. Schon der spanische Eroberer Hernando de Soto wurde mit seinen Männern von der grünen, dampfenden Vegetation um den Mississippi herum verschluckt, verdaut und ausgespuckt. Erst Hunderttausende schwarzer Sklaven haben unter den Schlägen ihrer berittenen Aufseher das Dickicht Schritt für Schritt gerodet und so in der sengenden Hitze des Südens die grandiose Monotonie der Baumwollfelder geschaffen. Und dieses Land hassen gelernt.
Das Delta und vor allem der Bundesstaat Mississippi sind für viele Amerikaner immer noch eine schwärende Wunde; einst Schauplatz von bestialischer Ausbeutung, Rassismus und Lynchjustiz. Es ist bis heute der ärmste Landstrich der USA. Nirgendwo sonst findet man mehr Menschen, die in sozialer Verelendung und materieller Entbehrung leben wie Davis; die sich als Hilfsarbeiter zum Invaliden malochten und dabei dem Alkohol verfielen wie Ford, der sagt: »Wenn ich trinke, bin ich ein böser Mann. Wer immer ungerecht behandelt wird, kann kein guter Mensch werden.« Und wo sonst trifft man auf Schicksale wie das Carrs, der bei mittellosen Farmern groß wurde, so genannten Sharecroppern,

die für drei Dollar Tageslohn von frühmorgens bis zum Sonnenuntergang schufteten? »15 Stunden hinter einem Maultier hergehen, Prügel, Demütigungen – es war die Hölle.« Als Kind hat Carr bei anderen Jungs betteln müssen, um an ihrer Bonbonstange lutschen zu dürfen, mit 75 sitzt er immer noch täglich auf dem Traktor, trotz eines Schlaganfalls, der Kopfschmerzen und Lähmungserscheinungen zurückgelassen hat. »Ein Teil des Gehirns«, sagt er lapidar, »ist komisch geworden.« Gegen seinen geblähten Bauch hat kein Arzt ein Rezept.

»Das meiste, worüber man singt, ist Leid«, murmelt Paul Jones, 55, der in Belzoni, einer der vielen Kleinstädte, die wie Inseln zwischen den endlosen Feldern des Mississippi Delta liegen, gedankenverloren vor einem heruntergekommenen Gemischtwarenladen sitzt und auf seiner Gitarre zupft. Jones ist auf einer Baumwollplantage aufgewachsen und hat später Schweißer gelernt. 30 Jahre Funkenregen und gleißendes Licht haben seine Augen ruiniert, doch wenn er sich abends auf den Weg macht für eine Flasche Wild Irish Rose, Fusel zu zwei Dollar die Pulle, wird ihm das nicht zum Verhängnis. Er kennt jeden Winkel von Belzoni von Kindesbeinen an, wie sich auch die Lieder seiner Eltern und Verwandten unauslöschlich ins Gedächtnis gegraben haben.

Wie überall im Delta wurde der Blues auch in Belzoni früher gespielt und gesungen auf morschen Verandas, in primitiven Hütten und Juke Joints, den armseligen Musikklubs der Schwarzen im vergessenen Herzen des amerikanischen Südens. So wurde die Musik von Generation zu Generation weitergegeben; Noten lesen hat Jones nie gelernt. Der Blues ist das einzige Erbe der Schwarzen in einer Gegend, deren Gewalttätigkeit und Düsternis einen mitunter fassungslos zurücklassen. Der Musiker Frank Frost etwa, dessen Namen man in jeder Enzyklopädie des Blues findet, endete als Säufer und Hausmeister in einer Schule in Lula, Mississippi. Auf Jones wurde in einem Juke Joint namens Sylvester's geschossen, während er auf der Bühne spielte; seine Schwester starb im selben Lokal, als eine eifersüchtige Frau versehentlich auf sie feuerte. »Ich glaube an Gott«, sagt Jones, »aber der Teufel hat auch große Macht.«

*I thought I heard them say*
*There were lions in the way*
*Run to Jesus – shun the danger*
*I don't expect to stay*

74 Meilen südlich von Memphis treffen sich die Highways 61 und 49. Die legendären Crossroads. Dort, in Clarksdale, Mississippi, heißt es, hat Robert Johnson während der Depression der zwanziger Jahre dem Teufel seine Seele verkauft. Johnson gilt seither als Vater des Blues, Clarksdale als seine Wiege. Son House kam von hier, wie auch Big Jack Johnson, Sam Cooke und Ike Turner, dessen »Rocket 88« den Rhythm & Blues kreierte. John Lee Hooker hat sich wie viele andere von der Greyhound Station an der Third Street, Ecke Issaquena Avenue auf die Reise nach Cincinnati, Detroit und Chicago gemacht, die Staples Singers wohnten und Bessie Smith, Empress of the Blues, starb in der Nähe der Crossroads.
Zurückgeblieben ist nicht viel von Clarksdales großer Zeit außer einigen Dokumenten und Devotionalien. Sie sind im Delta Blues Museum zu besichtigen, einem ehemaligen Depot der Illinois Central Railroad, dessen Besuch sich nicht lohnen würde, gäbe es da nicht die Sklavenhütte, in der Muddy Waters aufwuchs. Und wer kommt, um die Wurzeln jener Musik zu ergründen, auf der Rock 'n' Roll, Soul und Pop basieren, landet eher zufällig an den beiden Grabstätten Johnsons, der 1938 im Alter von 27 Jahren starb. Wo er

bestattet wurde und ob er von einem betrogenen Ehemann vergiftet wurde oder doch von der Syphilis dahingerafft, bleibt strittig.

Mitte des 20. Jahrhunderts war Clarksdale bedeutender Verkehrsknotenpunkt und pulsierender Umschlagplatz für Baumwolle und Zedernholz. Man nannte es »Little New York« wegen seiner zahlreichen Millionäre, seines bunten Nachtlebens und der exquisiten Shops, in denen das ganze County einkaufte. Tennessee Williams, der hier Kindheit und Jugend verbrachte, hat einige der schillernden Charaktere der Stadt in seinen Romanen verewigt; die trinksüchtige, exzentrische Tochter eines Sägewerksbesitzers diente ihm als Vorbild für seine Blanche im Theaterstück »Endstation Sehnsucht«. Doch wer es nicht weiß, dem wird es niemand erzählen. Clarksdale hat seine Vergangenheit vergessen und kapituliert vor dem Wandel der Zeit. Die Fassaden der Häuser abgenutzt, viele Läden geschlossen, der Busbahnhof eine Ruine.

Mit der Mechanisierung der Baumwollernte sind die Schwarzen in die Werften von Memphis, die Fabriken von St. Louis und die Schlachthöfe Chicagos abgewandert, und an der Ansiedlung von neuen Betrieben hatten die zurückgebliebenen Farmer nie großes Interesse. 30 Prozent der 20 000 Einwohner Clarksdales leben unter der Armutsgrenze, die öffentlichen Schulen sind in einem bejammernswerten Zustand, wahrscheinlich um die verbleibenden Jugendlichen nicht an Universitäten zu verlieren, wie James »Super Chikan« Johnson, Neffe von Big Jack, vermutet. Jobs außerhalb der Landwirtschaft und bessere Ausbildung, meint er, würden bloß das Lohnniveau in die Höhe treiben.

»Als ich kam, erwartete ich eine vibrierende Bluesszene«, sagt Tony Czeck, Kurator des Delta Blues Museums, »was ich fand, war erschütternd.« In der so genannten New World, dem schwarzen Viertel hinter dem Bahnhof, wo sich früher

ein Juke Joint an den anderen reihte, dominieren rostiges Wellblech, vernagelte Türen und Fenster, Schutt von abgerissenen Gebäuden, verwilderte Baulücken. In der schummrigen Red Top Lounge trinkt ein einsamer Gast nachmittags ein Dosenbier, und die Besitzerin sagt, Bluesmusiker zu engagieren, lohne sich schon lange nicht mehr: »Den Schwarzen ist es egal, andere verirren sich nicht hierher.« Und die wenigen Weißen, die den Blues vermarkten wollen, sind ratlos. Wie Kinchen O'Keefe, der im historischen Stadtkern ein Gebäude erwarb, in dem sich einst die erste schwarze Radiostation Amerikas befand. Bei WROX sind alle live aufgetreten, die später berühmt wurden. Nur der junge Elvis Presley durfte nicht singen bei Discjockey Early »The Soul Man« Wright, obwohl er Geld geboten hatte. O'Keefe würde die Räume gerne restaurieren, doch die Stadtverwaltung lässt ihn hängen: »Subventionen für die Renovierung? WROX als Touristenattraktion? Vorher friert die Hölle zu.«
Von WROX bis zur Nummer 615 Sunflower Avenue sind es nur ein paar Blocks. Im Riverside Hotel hat vor langer Zeit jeder gewohnt, der im Blues Rang und Namen hatte oder hat. Doch wenn man in das windschiefe Haus stolpert, dessen Mobiliar seit 50 Jahren unverändert ist, kann es passieren, dass man auf einen drahtigen, zornigen Mann trifft. Frank »Rat« Hill will nicht »als Zitatgeber missbraucht werden«. Immer wieder kommen Journalisten und fragen ihm ein Loch in den Bauch über Bessie Smith, die 1937 in einem der 26 Zimmer nach einem Autounfall verblutet ist, oder über John F. Kennedy jr., der vor Jahren ein paar Nächte blieb während des King Biscuit Blues Festivals in Helena, Arkansas. Dass Ike Turner von Hills Mutter quasi adoptiert wurde, dass Robert Nighthawk hier geprobt hat? Seit selbst die Handelskammer von Clarksdale in ihrem Touristenführer von einem Aufenthalt im Riverside abgeraten hat, ist Hill so gut wie erledigt. »Die Weißen wollen nur profitieren

von uns, unsere Musik ausschlachten. Sie wollen aus allem ein Holiday Inn machen.« Dass das Riverside eine Gemeinschaftsdusche hat und es in den Zimmern nach Moder und Urin riecht, nimmt Hill nicht wahr. Es war nie anders.

Man müsse verstehen, woher seine Verbitterung komme, sagt Hill. Er sei während der Integration auf die Straße gegangen, er habe demonstriert dafür, dass Schwarze nicht mehr den Gehsteig wechseln müssen, wenn ihnen ein Weißer entgegenkommt. Und er kennt die Geschichte von Ike Turners Vater, den der Ku Klux Klan eines Tages verschleppte und als blutiges Bündel zurückbrachte. Der alte Mann sei nie wieder auf die Beine gekommen. »Wissen Sie, was wir erdulden mussten?«, fragt Hill, in dessen Büro ein gerahmtes Porträt von Martin Luther King jr. hängt. »Ich werde nicht aufgeben, ich werde niemals T-Shirts und Buttons verkaufen, mich kriegen sie nicht klein.« Er hält auch nichts vom kostenlosen Unterricht, den Czeck im Delta Blues Museum für Kids anbietet: »Der Typ kommt aus Missouri und hat keine Ahnung. Die Weißen können die Idee stehlen, aber nicht das Gefühl für den Blues.«

Es war gegen Mittag, als wir im Delta Blues Museum nach Czeck fragten. Er war nicht da, lag noch im Bett, und als er aufgestanden war, palaverte er von Led Zeppelin, den Rolling Stones und Johnny Cash. Als John Lee Hooker unlängst starb, klingelte tagelang das Telefon, und Czeck räumt ein, er habe nicht gewusst, was er den Journalisten hätte erzählen sollen. »Der rettet den Blues nicht«, sagt Hill, die jungen Schwarzen, glaubt er, tun es noch weniger: »Drogen, zu bequemes Leben, die kapieren unser Leid nicht mehr.« Ground Zero, das Blueslokal, das der schwarze Schauspieler Morgan Freeman, der auch aus Clarksdale kommt, vor kurzem eröffnet hat, ist ein Flop, weil es nur noch eine Hand voll Bluesbands gibt in der Gegend. Und in der Red Top Lounge legt am Wochenende ein DJ HipHop auf. »HipHop erzählt keine Geschichte«, sagt CeDell Davis, »er erzählt vielleicht, dass wir immer noch zornig sind, aber er hat kein Feeling.«

*If I feel tomorrow like I feel today*
*If I feel tomorrow like I feel today*
*I'll stand right here, look a thousand miles away*

Hinter der Leichenhalle von Greenville, eineinhalb Stunden Autofahrt südwestlich von Clarksdale gelegen, sitzt ein alter Mann auf einem wackeligen Metallstuhl und grinst in eine Flasche Bourbon. T-Model Ford hat schon gewartet. Er sitzt oft unter dem Baum vor seinem Haus. Hat sonst nichts zu tun. Und ab und an kommt ein Reisebus mit japanischen Touristen vorbei und dann fotografieren ihn diese lustigen, kleinen Menschen, als sei er eine aussterbende Spezies. Seit Ford mit seinen CDs für ein lokales Label namens Fat Possom Records zu spätem Ruhm gekommen ist, zählt er zu den berühmteren der letzten Bluesmusiker des Mississippi Delta, nicht zuletzt weil er ein großer Unterhalter ist. Weiß doch jeder, dass der verrückte Ford trotz seiner 79 Jahre immer noch vier, fünf Stunden lang seine schwarze Pervey Razor malträtiert und dazu inbrünstig und lautstark singt über Unzucht, Schlägereien, kleine Ganoven und den großen Schmerz gescheiterter Liebe. »Wenn ich singe, fühle ich mich wie 25«, sagt er, »und wenn ich mich wie 25 fühle, lieben mich die Frauen.«
T-Model Ford hat seine Seele nicht verkauft. Der Teufel würde vor Ford davonlaufen. Als Teenager hat er einem Mann, der ihm ein Messer in den Rücken rammte, die Gurgel durchgeschnitten und wurde dafür zu zehn Jahren Gefängnis in Tennessee verurteilt. »Mama hat einen Anwalt besorgt«, raunt er, »und mich nach zwei Jahren rausgeholt.«

Die Eisenketten des Straflagers haben tiefe Narben an seinen Fußgelenken hinterlassen, und der Schnaps hat sein Gesicht zerfurcht, so wie die Sonne den Boden des Deltas zerplatzen lässt in der Hitze des Sommers. »Mein Leben war eine Geisterbahn«, sagt Ford, lacht und lacht und lacht. Der Vater, der ihn halb tot schlug, weil er als Kind eine Wassermelone gestohlen hatte. Die Frau, die versuchte, ihn mit einem Schlachtermesser umzubringen. Er hat Bäume gefällt, Straßengräben ausgehoben, 26 Kinder gezeugt und geht schon lange am Stock. Und wenn man ihn fragt, wie viele Menschen er umgebracht hat, fragt er zurück: »Muss ich den, der vor meinen Pontiac gelaufen ist, mitzählen?« Ford zwinkert, steckt das Kabel in seinen tragbaren Lautsprecher, hämmert in die Saiten.

*I've been crazy and a fool*
*I've been crazy all my life*
*I've fallen in love with a man and a wife*

Originale wie Ford sind rar geworden. Sie sterben, einer nach dem anderen, und wachsen nicht mehr nach. Was also wird übrig bleiben, wenn sie eines Tages alle verschwunden sind? Die »New York Times« hat im April diesen Jahres in einem Artikel über den dahinsiechenden Blues im Delta die Antwort bereits vorweggenommen: »Die Musik wird überleben in den Plattensammlungen von Yuppies, in College-Seminaren über Folkkultur, auf Festivals und in Restaurantketten wie House of Blues und B. B. Kings Lokalen.« House of Blues? Eines davon befindet sich neben klimpernden Automaten in einem Spielcasino in Las Vegas. B. B. Kings Lokale? Das vorerst letzte wurde am New Yorker Times Square eröffnet zwischen Neonreklamen, Megakinos, einer Wachsfigurensammlung und den gigantischen Shops von Disney und Warner Brothers.

Der Blues wird bloß als Markenartikel der amerikanischen Konsumkultur überleben und als Reminiszenz aus der Konserve, stromlinienförmig vermarktet für den Massengeschmack. Doch die Seele der Musik werden Figuren wie T-Model Ford und CeDell Davis, der eine Traurigkeit verkörpert, die selbst der Blues nicht beschreiben kann, mit ins Grab nehmen. Sie können nur hoffen, noch einmal auf Tournee zu gehen, vielleicht noch einmal in Europa, Asien oder Australien, »wo man uns behandelt wie Könige, während wir zu Hause missachtet und verhöhnt werden«, wie James Johnson sagt. »Super Chikan« wurden heuer beim Festival des Delta Blues Museum in Clarksdale 100 Dollar Gage angeboten. Fords und Davis' letzte Konzertreise führte durch die USA. Sie traten ausnahmslos in kleinen Lokalen auf, 21 Städte in 24 Tagen, dazwischen tausende von Meilen im Bus von Chicago über New Jersey bis New Orleans. Dafür bekamen sie 2500 Dollar pro Mann. »Das sind sechs Dollar Stundenlohn«, sagt Ford, »aber ich würde es auch umsonst machen.« Oder für einen halben Liter Kentucky Straight Bourbon Whiskey.

Sam Carr spielt schon lange nicht mehr. Die Abenddämmerung zieht über das Delta, während er mit seiner Frau Doris auf der Veranda sitzt und auf die weiten Äcker und den Deich des Mississippi blickt. Sam und Doris haben sich kennen gelernt, als sie 15 und 13 Jahre alt waren. Sie haben zwei Kinder großgezogen und jeden Sommer wieder das Knattern der Feldheuschreckenschwärme in den Eichen bestaunt, von denen einige Arten sieben Jahre im Erdreich brüten, um dann mit unersättlicher Gefräßigkeit über das üppige Land herzufallen. »Wie die Weißen«, sagt Carr, doch er sagt es mehr gleichgültig denn verbittert. »Ich habe jeden Abend, an dem ich den Blues gespielt habe, genossen, ich würde alles wieder so machen. Man wird sich noch lange an mich erinnern, wenn ich einmal tot bin.« Und dann tappt er in seinen Lackschuhen mit offenen Schnürsenkeln hinters Haus zum Friedhof seiner verschrotteten Autos. Sie werden seinen Ruhm überdauern.

## Am kalten Arsch

Green Bay und sein Footballteam

Am Ufer des Fox River steht eine Fabrik, deren Schornsteine wie monströse Tentakel in den düsteren Himmel ragen. Das ist Fort James, der größte Klopapierhersteller der Welt. Früher, als Fuzzy auf der gegenüberliegenden Seite eine Kneipe namens Shenanigan's betrieb, blickte er vom Tresen direkt auf den Klotz am Fluss. »An Green Bay wischt sich die Welt den Hintern ab«, krächzte er dann augenzwinkernd, und die Stammgäste lachten. Lachten immer über Fuzzy, ihren Helden, bestellten noch eine Runde Dosenbier und Chicken Wings und grummelten vor sich hin in der rauchgeschwängerten, muffigen Bar. Voll gestopft war sie mit vergilbten Fotografien, ausrangierten Footballhelmen und Autokennzeichen mit Aufschriften wie »GO PACK«, »GB PKRS« oder »PACKER 1«.

»Man nennt uns Käseköpfe«, sagt Fuzzy, »heute wie damals.« Er ist kaum zu verstehen. Ein Leben lang geraucht wie ein Kamin, Krebs, Stimmbänder weg. Seine Stimme ist ein surrender Hauch, der aus einem Plastikknopf unter dem Kehlkopf dringt, und immer schwingt Verbitterung mit. Daran ändert auch nichts, dass er mit seinem Lokal inzwischen in eine Neubaugegend am anderen Ende der Stadt gezogen, Fuzzy's # 63 sauberer und geräumiger ist als Shenanigan's und bei Karaoke samt Videoleinwand sogar zum Tollhaus wird. »Man hat uns nie ernst genommen«, haucht Fuzzy mit feuchten Augen hinter dicken Brillengläsern, »bei Auswärtsspielen kamen zu meiner Zeit schon mehr Zuschauer als Green Bay Einwohner hat.« Es ist bis heute so geblieben. »Das«, sagt Fuzzy, »muss man wissen, um zu verstehen, was die Packers für die Stadt bedeuten.«

Fred Thurston war Footballspieler, Offensive Lineman, Rückennummer 63. Typ harter Knochen, immer dort zu finden, wo es wehtut. Neun Jahre hat er für die Packers gespielt. Übrig geblieben sind ein goldener Siegelring mit drei Brillanten, den der Klub spendierte für drei Meistertitel in Folge – und Erinnerungen. Wenn der schlohweiße Fuzzy traurig wird, steht er vor den Bildern in seiner Kneipe und sieht einen jungen, dynamischen, bärenstarken Mann. »Es war die beste Zeit meines Lebens«, sagt er, »als Kind war es mein Traum, nur einmal ein Match in Lambeau Field zu sehen, dort aufzulaufen war unvorstellbar.« Beides wurde wahr, und Fuzzy ist nie wieder losgekommen von Green Bay. »Ich mag die Stadt, ich mag die Leute, ich liebe die Packers, ach was, ich hatte nie genug Geld um abzuhauen.«

Green Bay hat 96 466 Einwohner und liegt zwischen Wausau und Manitowoc an einer schmalen Bucht des Lake Michigan. Das ist nahe der kanadischen Provinz Ontario, und Temperaturen um den Gefrierpunkt werden hier im Winter als veritable Hitzewelle angesehen. Dann gibt es in Brown County außer Eisfischen wieder wenig zu unternehmen. »Nun, man kann nicht sagen, dass im Sommer viel mehr los wäre«, meint Lee Remmel, der 1946 als Sportreporter bei der örtlichen Tageszeitung anfing und nun die Presseabteilung der Packers leitet, »Football ist das Einzige, was hier Bedeutung hat.« Und wenn man die »Green Bay Press-Gazette« studiert, weiß man, was Remmel meint: Zwei Teenager haben eine Rotbuche gepflanzt; das Opfer eines Autounfalls starb nach zehn Jahren Koma; der Lokalteil besteht überwiegend aus Werbung, Todesanzeigen und Wetterbericht.

»Es ist nicht direkt Hooterville oder so was ähnliches«, hat die »Philadelphia Daily News« mal geschrieben, »sie haben Kabelfernsehen, ›USA Today‹ und das Yuppie-Mineralwasser in der blauen Flasche, so wie wir auch.« Mehr noch, sie haben L. D. Schreiber Foods, einen der größten Käseproduzenten des Landes, Schneider National Inc., Amerikas größte Spedition mit 12 000 Truckern, sieben große Papierfabriken und nur drei Prozent Arbeitslosenquote. Aber man fühlt sich seltsam verloren in dieser aufgeräumten Stadt mit den hübschen Backsteinhäusern im Zentrum, das oft menschenleer ist. Und beim Anflug auf den Austin Straubel Airport fühlt man sich irgendwie erinnert an eine Spielzeugeisenbahn. Zu wenig Stadt für zu große Fabriken, zu wenige Bäume zwischen gigantischen Kreuzungen. Im Telefonbuch seitenweise deutsche Namen: Blindauer, Ebert, Schroeder, Stein, Zoll.

14. Oktober 2001. Heimspiel gegen die Baltimore Ravens. Bart Boyden hat seinen Cadillac Fleetwood vor Lambeau Field geparkt. Die Karosse ist Baujahr 1972, grün und gold lackiert, an der drei Meter hohen Antenne flattert die Packers-Fahne mit dem weißen G. Barts Mutter, die seit 1957 kommt und »Ma Packer« genannt wird, ist da, und so stimmen sie sich ein mit Bratwürsten, Apfelkuchen und Beerenlikör. Und erzählen von früher, der »Ice Bowl«, dem legendären Meisterschaftsfinale 1967, Bart Starr, ihrem damaligen Quarterback, und seinem Touchdown in letzter Sekunde gegen die verhassten Cowboys aus Dallas. Nebenan feuert ein Fan, der 31 Jahre auf eine Saisonkarte gewartet hat, den Grill an; er trägt Footballmontur, sein Gesicht ist bemalt. Der ganze Parkplatz vor dem Stadion ist Partygelände, und weil die Spiele der Packers ständig ausverkauft sind, haben manche Fernsehapparate mitgebracht. Boyden sagt: »So können wir wenigstens den Jubel hören.«

Angefangen hat alles 1919. Die Indian Packing Company spendierte die Trikots. Daher der Name. Als Vereinsfarben wählte man Grün und Gold. Grün für die Wälder Wisconsins, Gold in der Hoffnung auf sportlichen Lorbeer. Der stellte sich durchaus ein mit fünf Meistertiteln bis 1944 und Seriensiegen zwischen 1961 und 1967. Doch wirtschaftlich waren die Packers ein konstant hoffnungsloser Fall. 1923 und 1950 standen sie vor dem Bankrott. Man gab Anteilsscheine zu 25 Dollar aus, ganz Green Bay legte zusammen und schuf ein Unikum: die kleinste Stadt in Amerika, die ein professionelles Sportteam beherbergt, das darüber hinaus als einziges nicht Privatbesitz ist. Die Sportgenossenschaft Packers schüttet keine Gewinne aus, und beim Verkauf einer Aktie muss der Gewinn an die Sullivan-Wallen Legion Post überwiesen werden, die irgendwann ein Kriegerdenkmal baut. Vorausgesetzt, es kommt genug zusammen.

Die Packers gehören Green Bay, und Green Bay gehört den Packers. Wenn ihre Mannschaft auswärts spielt, lassen sie nachts die Hoflaternen brennen, die Feuerhydranten sind grün und gold lackiert, und im Bay Motel trifft sich seit 1947 jeden Werktag um neun Uhr eine Gruppe rüstiger Herren, von denen manche seit Pearl Harbour kein Heimspiel verpasst haben: Sie nennen sich Martha's Coffee Club und folgen einem strikten Reglement. Untersagt sind Gespräche über Familie, Beruf, Politik, Religion und Kultur. Bleiben die Packers. »Brett Favre muss ein geniales Spiel machen«, meinte einer aus der Runde am Freitag vor dem Besuch der Ravens, »sonst wird es ein Debakel, und das wäre besonders bitter.« Das Fachblatt »Sports Illustrated« hat Packertown mal »eine idyllische Anomalie« genannt.

Die Ravens sind der amtierende Champion. Den will jeder schlagen. Erst recht in Green Bay. Denn die Truppe aus Baltimore ist wie eine Ohrfeige für Packertown. Genau genommen handelt es sich beim Gegner um die Browns, die mal in Cleveland zu Hause waren. Bis ihr Besitzer sie 1996 kurzerhand verpflanzte und den Namen änderte. Cleveland hatte sich geweigert, ein neues Stadion zu bauen, und die Stadtväter von Baltimore lockten mit einem kulanten Mietvertrag für ihre moderne Arena. Was sich wie ein Skandal anhört, ist gängige Praxis. Die National Football League (NFL) gleicht längst einem Umzugsunternehmen. Die legendären Los Angeles Raiders spielen inzwischen in Oakland, die Los Angeles Rams in St. Louis, die Tennessee Titans hießen früher mal Houston Oilers. Baltimore hatte auch deswegen um die Ravens gebuhlt, weil deren Colts 1984 nach Indianapolis gegangen waren. »Alles spricht von neuen Stadien, Skyboxes, VIP-Lounges, mit denen sich der Profit maximieren und der Erfolg kaufen lässt«, sagt der Präsident der Packers, Bob Harlan, »Treue den Fans gegenüber ist ein Fremdwort geworden.«

Im Stadion marschiert die Blaskapelle der University of Wisconsin. 220 Mann, Stechschritt, schmissige Fanfaren. Herbstsonne fällt auf den tiefen Rasen mit dem aufgemalten »Gridiron«, Bratenrost – so nennt man im Jargon die Markierungen des Spielfelds. Das passt, denn im Prinzip ist Football ein brutales, gnadenloses Gebalge um Geländegewinn. Kriegsführung nach sportlichen Regeln. Eine in Touchdowns und Punkten registrierte Schlacht. Daran muss man jetzt denken. Stars & Stripes auf den Tribünen, Luftkrieg über Afghanistan. Und nennt man den langen, gelungenen Wurf des Quarterbacks in der Fachsprache nicht »the bomb«? Amerika verehrt Football als sportive Metapher für Mut, Wehrhaftigkeit und Heldentum der Nation. Und von der luftigen Pressebox aus sehen die Athleten tatsächlich erhaben aus. Man sieht nicht den Schmerz in ihren Gesichtern, hört nicht das dumpfe Geräusch, wenn sich ihre Körper ineinander verkeilen, Bänder reißen, Knochen brechen.

Vor allem die Packers haben nach dem Zweiten Weltkrieg die Popularität des Football in den USA maßgeblich geprägt. Die Meistertitel der sechziger Jahre errangen sie dirigiert von einem kleinen Mann mit kurzem Regenmantel,

Hut und Hornbrille: Vince Lombardi. Der war zuvor als Coach bei der US Army tätig und wird noch heute mit seinem beliebtesten Axiom zitiert: »Gewinnen ist nicht die wichtigste Sache, es ist die einzige.« Green Bay erwarb sich das Prädikat »Titletown«, und Lombardis Mannen wurden zu »America's Team«. »Wir sind nicht stolz, weil wir gewinnen«, hat Lombardi mal gesagt, »wir sind stolz, weil wir immer wieder aufstehen.« Als vor dem Spiel gegen Baltimore die Nationalhymne intoniert wird, sind auf der Multivisionswand Schwarzweißbilder zu sehen. Sie zeigen Lombardi von hinten, wie er durch einen dunklen Tunnel dem gleißenden Licht des Spielfelds entgegenschreitet. Zwei Jahre nachdem er Green Bay verlassen hatte, war er tot.

Lambeau Field ist das älteste Stadion der NFL und das Wimbledon des Football. Es ist ein kantiges Monstrum aus Stahl und Wellblech. Wie ein gestrandeter Riesentanker liegt es zwischen Einfamilienhäusern, Staketenzäunen und Tankstellen. »Eigentlich müsste man es abreißen«, sagt Harlan. Schließlich ist es in etwa so gemütlich wie die Winter in Wisconsin. Doch nicht nur hier hat Lambeau Field den Status eines Schreins – vor allem wegen der Ice Bowl, des berühmtesten Footballspiels aller Zeiten. Es waren 39 Grad minus, der Boden ein frostiges Brett, und die Zuschauer steckten sich Hotdogs in die Handschuhe, damit ihnen nicht die Finger abfroren. Vor kurzem kam wieder ein Kleinbus aus Kansas, die Insassen stiegen aus, gingen auf die Knie und machten Verbeugungen. Dann fuhren sie wieder ab. »Nach allem, was ich weiß«, so Harlan, »zurück nach Kansas.« Das sind 16 Stunden Fahrt. Und es kann schon vorkommen, dass der Platzwart morgens Schubkarre und Schaufel nicht findet und den Rasen inspiziert nach einer weiteren letzten Ruhestätte eines Fans.

Das Spiel gegen die Ravens ist unterhaltsam. Rauf und runter, die Packers in Rückstand, die Packers in Führung, ständige Ballwechsel, Dramatik. 60790 begeisterte Fans, viele davon mit Styroporhüten, die aussehen wie Emmentaler. Brett Favre ist der Quarterback der Packers und er macht ein sensationelles Spiel; das beste seines Lebens, wie später alle sagen werden. Das ist auch nötig, denn die Ravens verfügen über die ruppigste Defensive der Liga, angeführt von einem Kraftbolzen namens Ray Lewis. Im Sommer 2000 stand er noch, angeklagt wegen zweifachen Mordes, vor Gericht. Der Prozess artete in einen Medienzirkus ohnegleichen aus, Lewis' Freispruch provozierte kritische Kommentare, denn der Sittenverfall im US-Profisport wird vor allem im Football sichtbar. Von Urinieren in der Öffentlichkeit bis zu Vergewaltigung ist mittlerweile jedes denkbare Delikt aktenkundig, ein Athlet hat sogar Killer auf seine schwangere Freundin angesetzt. Als Baltimore den Super Bowl 2001 gewann, wie das Football-Finale genannt wird, wurde Lewis zum besten Spieler gewählt und von den Medien kurzerhand rehabilitiert.

»Das wäre hier nicht denkbar«, sagt Pete Dougherty, Sportreporter bei der »Press-Gazette«. Dougherty schreibt zusammen mit seinem Kollegen Rob Demovsky etwa 500 Texte jährlich über die Packers, und sie handeln von taktischen Analysen und Blutergüssen, mitunter geht es auch um das Gerücht, ein Spieler sei homosexuell und habe ein Verhältnis mit dem Lieferboy vom Pizzaservice. Die Entlassung jenes Packers, der sich betrunken mit der Babysitterin im Badezimmer einschloss und das Mädchen zum Sex aufforderte, nahmen sie wirklich ernst. Demovsky: »Als Packer hast du eine viel größere Verantwortung als anderswo, du bist ein großer Fisch in einem kleinen Teich.« Als der Klub nach dem Triumph im Super Bowl 1997, einer kurzen Renaissance alter Glorie (»Titletown again«, schwelgte die »Press-Gazette«), vergaß, seinen inzwischen zu einem anderen Team gewechselten Kicker zur Siegesfeier einzuladen, fielen in der Redaktion fast die Telefone vom Hörer. Dougherty: »Bei allem, worüber man sich aufregen kann, muss einen das schon wundern.« Der mit verchlortem Phenylbenzol aus den Papierfabriken verseuchte Fox River ist bestenfalls einen Zweispalter wert. Aber das ist eine andere Geschichte.

Die Packers verkörpern bis heute, was Football einmal war. Was aus Football geworden ist, werden sie nie sein. Eine überdachte, klimatisierte Mehrzweckhalle mit Kunstrasen, Cheerleaders in Flittertrikots, Millionäre in privaten Logen? Nicht in Green Bay. Dass die Strategien des Sports mittlerweile mehr auf Computerprogrammen als auf Tugenden basieren und Sportteams seelenlose Unterhaltungsware geworden sind, wird jemand wie Ma Packer nicht mehr kapieren. »Wir mögen sie auch, wenn sie verlieren«, sagt sie. Und sie haben oft verloren, seit die NFL ihren Athleten die Möglichkeit einräumt, den Klub nach eigenem Gutdünken zu wechseln. 70 Prozent aller Footballer sind schwarz und meiden Titletown aus gutem Grund. In Green Bay gehören nur drei Prozent der Bevölkerung Minoritäten an, es gibt kein Restaurant, das Soul Food auf dem Menü hat, keine Promidisko, noch nicht mal einen auf Kraushaar spezialisierten Friseur. »Wir ziehen Palmenstrände Gegenden wie Wisconsin vor«, sagt Santana Dotson, der aus Texas kommt und seit sechs Jahren bei den Packers ist: »Ich rate neuen Spielern immer: ›Besorgt euch Flugtickets‹.«

Es ist ein Wunder, dass es sie überhaupt noch gibt. »Wir müssen mit dem leben, was wir mit Football verdienen«, sagt Harlan, der erste von den Aktionären gewählte Präsident des Klubs, der nicht aus Green Bay kommt, »unsere Besitzer haben keine tiefen Taschen.« So wie Wayne Huizenga (Miami Dolphins), Lamar Hunt (Kansas City Chiefs), Paul Allan (Seattle Seahawks) oder Robert Wood Johnson IV (New York Jets). Es handelt sich um den Inhaber von

Blockbuster Video, einen Öltycoon, den Mitbegründer von Microsoft und den Großaktionär des Pharmakonzerns Johnson & Johnson. Nur einige der vielen Superreichen, die sich Sportteams als Hobby leisten. Zweistellige Millionenverträge für Superstars? Bei denen kein Problem. Der Etat der Packers hingegen besteht zu 68 Prozent aus Fernseheinnahmen, die unter allen Klubs der NFL paritätisch aufgeteilt werden, und Merchandising. Alles andere muss Lambeau Field produzieren. 1997 waren die Packers beim Umsatz noch Nummer neun der Liga, vier Jahre später Nummer 18; der Reingewinn schrumpfte in dieser Zeit von sieben auf zwei Millionen, das Geschäftsjahr 2000 wurde mit einem Barvermögen von 9928 Dollar bilanziert. Harlan: »So ging es nicht weiter.«

Mit Anteilsscheinen war das Problem diesmal nicht mehr zu meistern. Die Packers beantragten daher Um-, Ausbau und Renovierung von Lambeau Field. Die Finanzierung des Projekts machte unter anderem eine Steuererhöhung nötig, weil Wisconsins Politiker Zuschüsse verweigerten; sie hatten kurz zuvor 400 Millionen für die Baseball-Arena der Milwaukee Brewers bewilligt. Paul Jaden, Bürgermeister von Green Bay, stellte die Frage: »Wie soll ich Arbeitern klarmachen, dass sie die Jobs von Footballmillionären finanzieren sollen?« Die Stadt, der Lambeau Field gehört, wollte die Packers aber nicht verlieren. »Sie sind für die Psyche der Region unverzichtbar«, meint Jaden. Darüber hinaus sorgen sie für 1620 Arbeitsplätze, erwirtschafteten 144 Millionen Dollar Umsatz und 9,6 Millionen Steuereinnahmen; das Bay Motel etwa ist bereits im März für die Heimspiele im Herbst und Winter ausgebucht. 14 Jahre lang bezahlen die Einwohner von Brown County nun ein halbes Prozent mehr Verbrauchssteuer; die Abstimmung darüber fand 53 Prozent Zustimmung. Jaden: »Vor zehn Jahren wären es mindestens 70 Prozent gewesen.«

Der Bürgermeister war nicht dabei, als sie die Ravens besiegten an diesem Sonntag im Oktober und die gefürchtete Defensive um Lewis überrannten. Jaden hat sein Saisonticket zurückgegeben. »Die Packers und ich haben ordentlich Streit gehabt, der Kampf hat mich zehn Jahre meines Lebens gekostet.« In der letzten halben Stunde des Spiels wechselten Regen, Hagel und Sonnenschein, und irgendwie mochte man es als Sinnbild nehmen für die schwierigen Zeiten, durch die Green Bay und die Packers stets gegangen sind. Nach dem Schlusspfiff strahlte ein Regenbogen über Lambeau Field. Als letztes stirbt die Hoffnung. Immer wieder aufstehen. Martha's Coffee Club sprach tagelang vom nächsten Super Bowl, und Fuzzy, der einer von Lombardis Lieblingsschülern war, tanzte am Abend in seinem Lokal zu HipHop aus der Karaokemaschine. Lachte, krächzte und vergaß seine künstlichen Hüftgelenke. Harlan glaubt, die Zukunft des Vereins sei mit der Erweiterung auf 71 000 Sitzplätze, einem Restaurant und Museum gesichert bis 2030. Jaden: »Da sehe ich schwarz.«
Als der Präsident der Packers am Montag nach dem Triumph gegen Baltimore auf dem Weg zu seinem Büro war, sprach ihn ein Mann aus Kalifornien an. Er sei, sagte der, bei einer Hochzeit in Milwaukee gewesen und zwei Stunden gefahren, um seinem Enkel Lambeau Field zu zeigen. Harlan ließ ihn aufs Spielfeld. Und dann lief der alte Mann, zickzack, auf und ab, imitierte Würfe. »Schau Jimmy, wie bei der Ice Bowl!«, rief er, »schau nur, hier stand Lombardi!« Harlan beobachtete ihn und sagte gerührt: »Dieser Klub wird niemals umziehen, dieser Klub wird hier sterben.« Die Frage ist nur, wann.

## Säen und Ernten
### Oklahoma nach der Bombe

Tagsüber kommen die Erinnerungen. Dann sieht sie ihre blonde Prinzessin im weißen Chiffonkleidchen, sieht sie sitzen mit von Schokolade verschmiertem Mund inmitten ihrer geliebten Barbiepuppen. Sie weiß noch, wie das Kind sich freute, dass ihre Katze bald den ersten Wurf Junge zur Welt bringen würde; wie es sich stets mit seinen älteren Brüdern balgte, die es mit Küssen überschüttete, wenn der Zorn wieder verraucht war. Sind so viele Geschichten. Und Kathleen erzählt sie, als wäre ihre Tochter erst heute morgen neben die Großeltern auf die Sitzbank des alten Pick-up geklettert und würde bald wieder nach Hause kommen, ein keckes Lächeln im hübschen Gesicht, wild winkend, wie immer. Nie wird sie ihre süße Lücke zwischen den Schneidezähnen vergessen. Kleine Ashley, zartes Kind.

Kathleen Treanor sitzt reglos und redet. Manchmal Gedankenverloren, manchmal ohne Punkt und Komma. Sie hat sich fesch gemacht, trägt einen roten Blazer, reichlich Wimperntusche und Rouge im Gesicht. Früher, sagt sie, habe sie sich praktisch, unauffällig gekleidet, passend zum Ambiente ihres Arbeitsplatzes auf der Tinker Air Force Base, wo sie für die Beschaffung von Computern, Software und Büromaterial zuständig ist. Militärisches Sperrgebiet, Soldaten, Mechaniker. »Das ist kein Ort für Modenschauen.« Doch vor einigen Monaten beschloss sie, endlich einen neuen Anfang zu machen. Und auch wenn das bunte Textil und die Schminke ihren Schmerz nicht verbergen können, sie muss ihn wenigstens loswerden. »Ich habe nur diese Möglichkeit, meine Kleine nicht zu vergessen.«

Es war der 19. April 1995, neun Uhr, zwei Minuten, 13 Sekunden, als vor dem Alfred P. Murrah Building in Oklahoma City ein mit 4800 Pfund Benzin und dem Düngemittel Ammoniumnitrat beladener Lastwagen explodierte und etwa ein Drittel des neunstöckigen Bundesverwaltungsgebäudes zerstört wurde. Die Wucht der Detonation war so groß, dass sechs umliegende Häuser schwer, zehn weitere leicht beschädigt und Erschütterungen im Umkreis von 15 Meilen Entfernung registiert wurden. 168 Menschen starben, darunter neben Ashley 18 weitere Kinder, die in einer Tagesstätte untergebracht waren; tausend Menschen erlebten es aus nächster Nähe, hunderte wurden schwer verletzt beim bis dahin größten Terroranschlag in der Geschichte der Vereinigten Staaten. Man barg Leichen mit Betonbrocken in geplatzten Schädeln, an manchen der getöteten Babys war das Geschlecht nicht mehr festzustellen.
Sechseinhalb Jahre später ist außer einem Rest Maschendrahtzaun, der noch von den Bergungsarbeiten stammt, wenig zu erahnen von der Verwüstung. Die Gedenkstätte des Oklahoma City National Memorial ist, man kann es nicht anders formulieren, ein architektonisches Glanzstück. Zwischen zwei gewaltigen, schlichten Toren fließt Wasser über einen Granitblock in einem rechteckigen Bassin; wo das Murrah Building stand, ist nun eine Wiese mit 168 Stühlen aus Bronze und Glas, einer für jeden Toten; gegenüber ein Rondell um eine schiefe Ulme, der so genannte Survivor Tree, der die Explosion auf wundersame Weise überstand. Die Portale tragen die Inschriften 9:01 und 9:03, um das grausame Ereignis zu isolieren, herauszuheben aus dem Lauf der Zeit; das Wasser ist Sinnbild für die Linderung der Wunden, und die Stühle stehen symbolisch für die Plätze, die leer bleiben im Leben der Angehörigen. Das Konzept stammt von dem deutsch-amerikanischen Ehepaar Butzer.
Das Museum des National Memorial befindet sich gleich

hinter dem Survivor Tree. Dort trifft man auf eine resolute, breitschultrige Frau. Dass sie sich ruppig gebärdet, liegt wohl auch an der Natur ihres Jobs. Kari Watkins, die Direktorin, verwaltet gewissermaßen ein begehbares Kompendium des Schreckens. Wer die Ausstellung von demoliertem Mobiliar und persönlichem Hab und Gut, das aus den Trümmern geborgen wurde, betrachtet, wer vor Videoaufzeichnungen von weinenden, fliehenden, blutenden Opfern steht, weiß, was Watkins meint mit den Worten: »Diese Stadt wird nie wieder ›normal‹ sein. Wir müssen vermitteln, was Gewalt bewirken kann.« Später, in der Rekonstruktion des ehemaligen Plenarsaals des Oklahoma Water Resources Board. Von einem Tonband, dem einzigen akustischen Dokument des Desasters, der monotone Vortrag einer Frau, dann ein ohrenbetäubender Knall. Dahinter im Fußboden, in Acryl eingelassen, 168 Pennies, die ein Junge gesammelt hat, der als Waise zurückblieb. Irgendwo in einem gläsernen Schaukasten ein weißer Kinderschuh. Er gehörte einem Mädchen, das im Alter von vier Jahren und neun Monaten zerfetzt wurde: Ashley.

»Am Tag bevor es passierte«, sagt Kathleen, »fragte sie mich: ›Mami, wärst du traurig, wenn ich sterben würde.‹ Ich: ›Natürlich, mein Schatz, ich hab dich doch ganz schrecklich lieb.‹« Draußen pfeift der Wind über die baumlose, öde Landschaft. Wir sitzen in einem Restaurant zwischen Tankstellen und Lagerhallen, zwölf Meilen außerhalb von Oklahoma City. Es ist halb drei nachmittags, und Kathleen hat ihre Mittagspause längst überzogen. Doch wo ein Ende finden? Sie spricht von ihrer Kirche, von den Treffen mit anderen Hinterbliebenen, von dem Buch, das sie geschrieben hat: »Ashley's Garden«. Und immer wieder fragt sie sich, warum ihre Schwiegereltern ausgerechnet an diesem Tag den Rentenantrag ausfüllen mussten, warum niemand sonst zu Hause war, weshalb sie die Kleine mitnahmen in die Stadt. »Ich habe geweint, als Ashley damals sagte: ›Aber Mami, komme ich denn nicht in den Himmel, wenn ich tot bin?‹«

Eineinhalb Stunden nach dem Anschlag wurde in der Nähe der Kleinstadt Perry ein junger Mann verhaftet. Timothy McVeighs Wagen trug kein Nummernschild, er selbst eine nicht registrierte Pistole. McVeigh hatte unter falschem Namen den ominösen Lastwagen gemietet. Im Juni 2001 wurde er gerichtet im Namen des Volkes, exekutiert mittels eines Cocktails aus Schlaf-, Schmerzmitteln und den Herzschlag lähmendem Gift. Kathleen hat es zusammen mit 250 anderen auf einem Bildschirm verfolgt; man hatte die Prozedur für die Angehörigen der Opfer per Video nach Oklahoma City übertragen. Kathleen sagt: »Hat es mir Frieden gebracht? Nein, aber McVeigh kann uns mit seinem bösen Gerede wenigstens nicht weiter verletzen.« Watkins meint: »Da ist immer noch Wut, Verärgerung, aber wir bekamen Gerechtigkeit. Wir wollen jetzt nach vorne schauen, das Positive sehen, Frieden und Hoffnung in die Gemeinde bringen.« Man solle doch, meint Watkins, die Butzers interviewen statt Angehörige der Opfer, sich das neue Baseballstadion im Amüsierviertel Bricktown ansehen mit seinen schönen Lokalen in restaurierten Lagerhallen. »Diese Stadt hat genug gelitten; warum hört man nicht auf, in den Wunden zu bohren?«

So geht man also auf Erkundungsfahrt in Oklahoma City an einem Nachmittag im November. Vorbei am Messegelände, das voll gestellt ist mit blau-weiß gestreiften Zelten für die Weltmeisterschaft der Westernpferde mit 3525 Tieren in 86 Prüfungsklassen sowie einem Wettbewerb für die kunstvollste Silberspore. Auf einem Hügel am nördlichen Stadtrand thront die Cowboy Hall of Fame, in der die Eroberung der Prärie zelebriert wird und Ölbilder von Hollywoodhel-

den hängen, die schneller zogen als ihr eigener Schatten. Jetzt muss man nur noch wissen, dass 1889 beim legendären Land Rush 50000 Siedler eine Zeltstadt errichteten, sich pro Person 4000 Quadratmeter Grund aneigneten, und schon versteht man Dennis Reimer, der das dem National Memorial angeschlossene Institute for the Prevention of Terrorism leitet. »In Oklahoma findet man immer noch den Geist, der Amerika groß gemacht hat«, sagt Reimer, »›Okies‹ sind fleißige, mutige und aufrechte Menschen.« Wie das Waisenkind Alfred P. Murrah, der nur vier Jahre zur Schule ging, mit 13 Kühe molk und sich mit Fleiß und Disziplin zum Richter am Bundesrevisionsgericht hocharbeitete. Murrah sagte mal: »Entscheidet, was ihr wollt im Leben; das, was ihr am besten könnt, ist das, was zu euch passt.«
Hinter Oklahoma City, am Canadian River und Red Rock Canyon, fing einmal der Wilde Westen an. Feindseliges Gelände, nicht nur wegen der Indianer vom Stamm der Choctaw, die dem Bundesstaat den Namen gaben. ›Okla‹ stand in deren Sprache für Menschen, ›humma‹ bedeutete rot. Überall ist es rot hier draußen in den vergessenen Weiten Oklahomas., rostrot, rostbraun. Wie die Farbe von geronnenem Blut. Darüber heult pausenlos der Wind, wirbelt, stiebt und dringt in die Stille der Nacht, so dass man aus dem Schlaf schreckt und fröstelnd seinen mysteriösen, eintönigen Liedern lauscht. In diesem Ambiente lässt John Steinbeck seinen Roman »Früchte des Zorns« beginnen, jenes epochale Drama über den Exodus der verarmten Landbevölkerung Oklahomas während der großen Depression, als ein Okie zu sein ein demütigendes Stigma war. Es ist bis heute eine unwirtliche, unberechenbare, gnadenlose Gegend geblieben. Überschwemmungen, Dürre, Tornados haben Oklahoma von jeher zugesetzt und viele seiner Bewohner gewaltsam unter die Erde gebracht. Kathleen sagt: »Wir sind Katastrophen gewöhnt, unser Leben ist hart.«

Zwischen Museum und Mahnmal bäumen sich die letzten Veilchen im Wind, Herbstlaub wirbelt über die Anlage und den Maschendrahtzaun voller Plüschbären, Erinnerungsfotos und Plastikblumen. Und da steht man dann, ein bisschen ratlos, und denkt an den Besuch beim Roten Kreuz, wo sie stolz erzählen, wie heroisch die Okies in New York City mitgeholfen haben, den Opfern des 11. September beizustehen; man denkt an Reimer, der es bei Floskeln belässt, obwohl doch sein Institut höchst interessante Forschungen zu biologischen und chemischen Kampfstoffen anstellt. Und man sinniert über Watkins, die McVeigh und seinen Komplizen Terry Nichols »dumme Männer« nennt, »die das falsche Statement machen wollten«. Dass 1500 Menschen in Oklahoma City immer noch wegen Alkoholproblemen, Drogensucht und psychischen Folgen behandelt werden? Dass zwischen 1991 und 1995 insgesamt 3160 Bombenanschläge in den USA verübt wurden, die jüngsten Attacken mit Milzbranderregern wohl von Beginn an aus amerikanischen Forschungslaboren kamen? Und was, wenn McVeigh und Nichols nicht alleine waren? Watkins: »Ich verstehe nicht, was Sie wollen, ich weiß nur, wir leben im besten Land der Welt.«

500 Meilen entfernt, außerhalb von Denver, Colorado. Hier wohnt Joel Dyer, der sagt: »Es ist die Story, mit der sie leben können, die Wahrheit wollen sie nicht wissen.« Dyer hat das Buch »Harvest of Rage – Why Oklahoma City Is Only the Beginning« geschrieben, in dem er allerlei Thesen aufstellt, die weit über die vom mental gestörten Einzeltäter McVeigh, den Waffennarr und verwirrten Patrioten, hinausgehen. 11 4000 Dokumente hat der Journalist bei den Prozessen gegen die beiden Hauptangeklagten durchforscht. Sein Fazit: »Das FBI hat entweder gelogen oder ist inkompetent, die Regierung hat die Aufklärung behindert, und die Me-

dien haben das Spiel mitgemacht.« Starker Tobak, belegt auf 285 Seiten. Auf ihnen weist Dyer nach, dass Polizei, Staatsanwaltschaft und Gericht Indizien und Zeugenaussagen, die auf mindestens drei weitere Mittäter hinweisen, nicht verfolgten oder vertuschten. »Wäre eine Konspiration aufgedeckt worden, hätte die Nation ihr blaues Wunder erlebt und es wäre schwieriger gewesen, für McVeigh die Todesstrafe durchzusetzen.« Es war Dyers Liste, die vom Magazin »US News & World Report« beim FBI eingereicht wurde und 4000 beim Prozess gegen McVeigh unberücksichtigte Akten zum Vorschein brachte; mehr als einen Aufschub seiner Hinrichtung bewirkte es nicht. Dyer: »Und das ist nur die Spitze des Eisbergs.«
Etwa 200 rechts gerichtete, regierungsfeindliche Organisationen operieren in den USA. Sie nennen sich Freemen/Posse Comitatus und Colorado Militia, Aryan Nation, John Birch Society und Republic of Texas, Country of Kansas oder Army of God. Sie überfallen Abtreibungskliniken, ermorden deren Ärzte, fälschen Dokumente, betrügen Banken, finanzieren sich, wie Dyer glaubt, unter anderem durch Drogenhandel, vertreiben Anleitungen zum Bau von Sprengsätzen wie »The Terrorists Handbook« und produzieren chemische und biologische Kampfstoffe, etwa Ricin, ein Protein aus dem Samen der Rizinuspflanze, das 6000-mal giftiger ist als Zyankali. McVeigh hielt sich vor dem Anschlag in Kansas und Michigan auf, wo er nachweislich Kontakt zu Extremisten hatte, die mit Ammoniumnitrat, $NH_4NO_4$, experimentierten. »Sicher, es ging in Oklahoma City um Vergeltung für die Übergriffe der Regierung auf Waco, die Attacken auf den Rassisten Randy Weaver in Idaho«, sagt Dyer, »doch der tiefere Grund ist ein Krebsgeschwür, das das ›Heartland‹ zerfrisst.«
Das Heartland liegt im Zentrum Amerikas. Es sind spärlich bewohnte Gebiete voller Weizen, Mais, Gerste und Rinder

von North Dakota bis hinunter zum Golf von Mexiko. Dort leben die meisten der amerikanischen Farmer, denen es immer schwerer fällt, in den USA das beste Land der Welt zu sehen. Die hohen Zinssätze der Banken, Dumpingpreise der Nahrungsmittelkonzerne und eine katastrophale Agrarpolitik haben die Provinz in den letzten 20 Jahren in ein Notstandsgebiet verwandelt. Seit 1980 sind eine Million Farmen zwangsversteigert worden, etwa die Hälfte der Landbevölkerung hat keine oder nur unzureichende Jobs, 38 Prozent leben in Armut und sind laut einer Studie der George Washington University häufig geistig zurückgeblieben, verhaltensgestört oder pathologisch gewalttätig. Für therapeutische Hilfe fehlt das Geld, von Psychologen und Kliniken mal ganz abgesehen. Selbstmord ist inzwischen Todesursache Nummer eins auf amerikanischen Farmen, wird fünfmal häufiger registriert als Arbeitsunfälle. Dr. Glen Wallace vom Rural Health Service in Olkahoma sagt: »In dem Moment, als die Bombe hochging, wusste ich, es war wegen dieser Farmer, die unsäglich gelitten haben.« Warum nur will Watkins von all dem nichts hören? »Ich habe kein Verständnis für Terror, wer etwas verändern will, soll sich um ein politisches Amt bewerben.« Weshalb sieht Reimer in Farmern nichts als das »ehrliche, zuverlässige Rückgrat dieses Landes«? Vielleicht weil die Zusammenhänge allzu offensichtlich sind. Schließlich hat Nichols, nachdem er seine Farm verlor, öffentlich die Regierung verflucht, hat sein Bruder konspirative Treffen veranstaltet, die ultrakonservative Republic of Texas den Politikern in Washington sogar den Krieg erklärt. Und der größte Arbeitgeber in den strukturschwachen Einöden, die US Army, potenziert die Malaise als Auffanglager für frustrierte Außenseiter. McVeigh und Nichols wurden in Fort Benning, Georgia, ausgebildet. »Blut lässt das Gras wachsen«, lautete einer der Sprechgesänge der Rekruten dort, »kill, kill, kill!«

Die Armee war für McVeigh, der aus zerrüttetem Elternhaus stammte und in der vergessenen Provinz des Bundesstaates New York aufwuchs, das Leitbild seines Lebens. Er war ein besessener, im Golfkrieg dekorierter Soldat, machte, was er am besten konnte. Dass er seine Hintermänner deckte, behauptet sogar sein Anwalt; für die toten Kinder von Oklahoma City gebrauchte er den militärischen Fachterminus »collateral damage«. Nebensächlicher Schaden. Dyer, der selbst aus Oklahoma kommt, zweifelt nicht daran, dass die Leute im Heartland McVeigh »als Helden gefeiert hätten, wären nicht Menschen gestorben«. Lou Michel, einer der Autoren von »American Terrorist«, einer Biographie McVeighs, sagt: »Ich denke, viele Amerikaner teilen seine Überzeugungen.« Dyer erzählt von einem Farmer aus Kansas, dessen Werdegang in sieben Jahren vom Verlust des Hofes über Kontakte zu rechts gerichteten Gruppierungen bis zur Beteiligung an terroristischen Aktionen führte. »Jetzt sitzt er im Gefängnis«, sagt Dyer, »die Menschen büßen ihren Besitz ein, ihre Lebensperspektive, ihre Identität, sie sind verzweifelt und machen den Staat verantwortlich.« Es ist der perfekte Nährboden für eine krude Version amerikanischen Patriotismus, dessen Anhänger Washington als Spielball einer Weltverschwörung von Juden, Banken und Vereinten Nationen sehen. McVeigh etwa war Mitglied des Ku Klux Klan und verkaufte »The Turner Diaries«, einen Roman des Gründers der National Alliance, der mit Hitlers Weltanschauung sympathisiert und ein Attentat auf die Zentrale des FBI beschreibt; inklusive eines explodierenden Lastwagens. Die Mitgliederzahl der National Alliance hat sich in den letzten Jahren auf 2000 verdoppelt.

Frieden und Hoffnung für die Gemeinde? Die Butzers interviewen? Niemand bohrt gerne in Wunden, zumal sie doch schon bald von alleine wieder aufbrechen werden. Die

Staatsanwaltschaft von Oklahoma City bereitet einen Zivilprozess gegen Nichols vor, der in Denver von einem Bundesgericht für den Tod von acht Regierungsbeamten zu lebenslänglicher Haft verurteilt wurde. Die Geschworenen hatten aufgrund der lückenhaften, widersprüchlichen Beweislage anfangs sogar auf Freispruch plädiert. »Unfassbar«, so Watkins, »Nichols hat mit seinen Aktionen wie McVeigh beschlossen, staatlich sanktionierten Selbstmord zu begehen.« Es entspricht ihrer Vorstellung von Gerechtigkeit und Sühne. Womöglich gehört es auch zu ihrem Lehrauftrag. Vermitteln, was Gewalt bewirkt, statt fragen, woher Gewalt kommt. »Unser System will keine Gerechtigkeit, es will Rache«, meint Dyer, »noch eine Hinrichtung, das Kapitel abschließen.« Das Fernsehen, glaubt er, dürfte sich erneut darauf stürzen, weil die Story vom Zuarbeiter des psychotischen Massenmörders astronomische Einschaltquoten verspricht. »Was sagt uns Oklahoma City über Amerika?«, fragt Dyer und gibt die Antwort selbst: »Dass Amerikaner dumm sind und ihren hausgemachten Mist verleugnen.«
Säen und Ernten ist das Credo des Heartland. In Oklahoma City wurde es pervertiert. McVeigh trug am Tag der Tat ein T-Shirt, auf dem ein Zitat von Thomas Jefferson stand: »Der Baum der Freiheit muss von Zeit zu Zeit erfrischt werden mit dem Blut von Patrioten und Tyrannen.« Er glaubte, er würde eines Tages ein Denkmal erhalten. Nichols indes will nicht sterben für einen Ehrenplatz in der Geschichte der rechten Revolution. Weshalb wohl bald brisante Details zur Debatte stehen dürften. Etwa die Analysen von unabhängigen Sprengstoffexperten, die es für physikalisch unmöglich halten, dass Kunstdünger und Benzin das Murrah Building ernsthaft hätten beschädigen können; sie vermuten zusätzliche Sprengsätze an den Stützpfeilern des Gebäudes. Wer waren die Männer, die vor dem Attentat mit Konstruktionsplänen in der Garage gesehen wurden? Warum wurde dem

Verdächtigen nie nachgestellt, der mit McVeigh im Lkw saß? Wieso wurden Hinweise ignoriert, Zeugen an ihrer Aussage gehindert? Und was steht in den Ermittlungsakten, die spurlos verschwanden? Eine Undercover-Agentin des FBI behauptet, ihre Auftraggeber vor dem Anschlag in Oklahoma City gewarnt zu haben. Dyer jedenfalls wundert sich nicht, dass die Eröffnung des Verfahrens so lange auf sich warten lässt.

Nachts kommen die Albträume. Gegen die Albträume hat sie kein Mittel gefunden. Vor dem Anschlag auf das World Trade Center sah Kathleen sich in einem Boot auf dem Hudson River, in der Ferne brannte und qualmte es. Als sie anderntags den Fernseher einschaltete, war es, »als würde mir derselbe Ziegelstein nochmal auf den Kopf fallen, es war schlimm«. Doch am meisten leidet sie unter einer Erinnerung, die sie immer wieder fast in den Wahnsinn treibt. Sieben Monate nachdem ihre Schwiegereltern und Ashley nicht mehr nach Hause kamen, meldete sich ein Mann am Telefon und sagte: »Wir haben bei den Aufräumarbeiten ein Stück der Hand Ihrer Tochter gefunden und wir wollten fragen, ob es ins Massengrab soll oder ob Sie es haben wollen.« Kathleen schluckt, Wimperntusche und Rouge tropfen ihr übers Kinn. Ich erinnere mich an das Graffito an der Wand des Museums des National Memorial: »Wir suchen nach der Wahrheit / Die Gerichte brauchen sie / Die Opfer schreien nach ihr / Und Gott fordert sie.« Dann steht sie auf und geht hinaus. Ihr roter Blazer flattert im Wind, dem frostigen Wind, der unaufhaltsam über dieses karge, rote Land streicht und über seine Gräber.

## Aliens welcome

Besuch in der Area 51

Alles fing an am 3. Juli 1947, einem Donnerstag. Der Vorarbeiter einer Ranch bei Roswell im US-Bundesstaat New Mexico und ein siebenjähriger Junge stolperten über eine Schafweide mit Felsen, Gestrüpp und Büffelgras. Sie suchten nach schadhaften Zäunen; am Tag zuvor hatte ein schreckliches Gewitter gewütet. Was sie fanden, waren die Überreste einer »Fliegenden Scheibe«.

Der »Roswell Daily Record« berichtete tags darauf, ein Ehepaar hätte am 2. Juli 1947 gegen zehn Uhr abends von ihrer Veranda aus gesehen, wie »von Südosten her ein großes glühendes Objekt durch den Himmel sauste«. Und der Sicherheitsoffizier von der nahe Roswell stationierten 509. Bomberstaffel der US Air Force, ein gewisser Jesse Marcel, sprach über einen geheimnisvollen Fund: »Das Material war nicht brennbar, es hat nichts gewogen, es war nicht mal dicker als das Alupapier von Zigarettenschachteln. Ich habe versucht, es zu biegen. Vergebens.«

Alles war schlagartig wieder zu Ende, als die Überreste des mysteriösen Flugobjekts über Nacht verschwanden, Major Marcel urplötzlich schwieg und die US Army von einem Wetterballon sprach. Nur für die Dauer eines Wimpernschlags lag das Geheimnis offen. Niemand hat jemals wieder etwas von dem Ufo gesehen.

50 Jahre später führt die Suche nach dem Geheimnis von Roswell in die Wüste von Nevada. Wenn dort hinter dem Tikaboo Valley die Sonne untergeht, sieht der Himmel aus wie ein gigantisches Fruchtsorbet. Zitrone, Mango und Blutorange flammen am Horizont, und die Hügel zwischen Pahranagat Range und Quinn Canyon liegen wie giganti-

sche schwarze Erdklumpen in der Dämmerung. Einsam rollen ein paar Lastwagen in die dramatische Kulisse und werfen lange Schatten über den dürren Boden. Eine Fahrt über die State Route 375 erscheint einem dann wie eine Reise ans Ende der Nacht. Diese Gegend ist nicht für Menschen gemacht. Irgendwo streifen Kojoten durch die karge Vegetation. Groß und geheimnisvoll stehen riesige Kakteen am Straßenrand.

So rollt man dahin, bis irgendwann schwach ein paar Lichter in einer Senke schimmern und eine Leuchtreklame rhythmisch ein blauweißrotes Signal in die Dunkelheit schickt: LITTLE A'LE'INN – Motel & Bar. Auf dem Schild darunter der Kopf eines Außerirdischen mit Augen wie Avocadokerne und der Hinweis »Earthlings Welcome«. Ringsum ein paar Dutzend Wohncontainer. Der Ort heißt Rachel. Es ist die einzige Siedlung weit und breit.

Ein Freund hatte Bill von Rachel erzählt. »Hey, total verrückter Platz, sagte der. Raketen, Flugzeuge und so'n Kram, der ganze Himmel ist voll davon. Und am Donnerstagmorgen kann man ein Ufo sehen, immer um 4.50 Uhr. Einfach irre, nicht wahr? Du fährst hin, siehst es dir an, fährst wieder heim. Wie Disneyland.« Bill ist 38 Jahre alt, sein Haar ist strohblond, sein hageres Gesicht makellos gebräunt. Gelegenheitsarbeiter, wohnt in seinem verbeulten Toyota Celica. Dafür ein Leben lang in der Sonne Kaliforniens. Strand, Surfen, Tauchen. Hauptsache Abwechslung. Deswegen ist er nach Rachel gekommen, mit einem geliehenen Fotoapparat samt Teleobjektiv. »Damit schieße ich sie ab, die Außerirdischen«, sagt Bill, »damit es hinterher auch amtlich ist.«

Bill hat sich für 37,50 Dollar in einem der Holzverschläge hinter dem Little A'Le'Inn eingemietet. Die Fenster haben Plastikvorhänge, auf dem Bett liegen synthetische Steppdecken mit Brandlöchern. Die Handtücher im miefigen Bad sind ausgefranst, die Dusche tropft. Bills Schäferhund Big Dog heult, als Herrchen zum Pinkeln vor die Türe geht. Es ist 2.46 Uhr morgens, Mittwoch. Noch 26 Stunden und vier Minuten.

Rachel, Nevada. 100 Einwohner, gutes Grundwasser, 1700 Meter über Normalnull. Zwei Autostunden nordwestlich von Las Vegas. 1932 gegründet als Unterschlupf für die Arbeiter in den nahe gelegenen Wolframminen. 62 Männer, drei Frauen, zwei Teenager und zwei Kleinkinder lebten damals in Bretterbuden. Später hat jemand das Land gekauft, um einen Handel mit Heu aufzubauen. Ist nichts draus geworden. 1978 Anschluss an das Stromnetz, Stoppschilder und asphaltierte Straßen seit 1991.
Es gibt keine Zeitungen, die Post kommt einmal die Woche, zur nächsten Schule sind es 50, zur nächsten Tankstelle 45 Meilen. Wer Gemüse und Obst will, muss nach Las Vegas. Aber als der alte Art Fletcher einen Schlaganfall hatte, war eine Stunde später der Hubschrauber da. Arts Frau Larae sagt: »Gott hat uns geschaffen, den Helikopter, warum nicht auch ein Ufo? Wer kann das schon wissen?« Fangfrage. Sie selbst weiß es am besten. 12. November 1995, 21.42 Uhr: Larae kommt vom Geburtstag ihrer Schwester zurück, plötzlich schwebt etwas neben der Straße. »Es erinnerte mich an eine Pepsidose, dabei war es so groß wie ein Footballfeld.«
Fast alle in Rachel haben Ufos gesehen. Fliegende Untertassen gehören hier zum täglichen Leben. Im Little A'Le'Inn wohnt angeblich ein Außerirdischer. Er heißt Archibald und ist unsichtbar. Das behaupten jedenfalls alle, und stand die Story nicht in der »Weekly World News« neben einer Meldung über eine Frau mit drei Brüsten? Ein Regal in der Bar des Little A'Le'Inn ist vollgepackt mit Fachliteratur zum Thema, im Übernachtungspreis des Mo-

tels ist eine Auswahl von Ufo-Movies enthalten. In Patrick Huyghes »The Field Guide to Extraterrestrials« findet sich die Behauptung, dass »Aliens schon lange unerkannt auf der Erde leben«.

Mittwoch, elf Uhr morgens. Bill streift um das Little A'Le'Inn herum und trifft auf Jim Greenan. Der parkt hinter der Bar mit seinem Wohnwagen, wo er T-Shirts und Kaffeetassen mit Raumschiffen und Alienköpfen bedruckt. Jim war mal Ingenieur bei einem Rüstungskonzern und weiß, was hier draußen in der Wüste wirklich vor sich geht. Hinter den Hügelketten um Rachel, am Salzbett des ausgetrockneten Groom Lake befindet sich ein geheimer Armeestützpunkt der US Air Force. Bill stiert auf Jim, während der plappert: »Regierung und CIA arbeiten dort mit Außerirdischen zusammen, um einen fingierten Ufo-Angriff auf die Erde durchzuführen, der alle Länder vereinigt und damit einen neuen Weltfrieden herstellt.« Während Jim spricht, reibt er sich nervös die hohe Stirn. Zuckende Mundwinkel. Jim flüstert: »Ich muss vorsichtig sein, ich weiß zu viel, und SIE können uns überall hören.« Und dann fragt er Bill: »Du fährst doch auch heute Nacht raus zur Black Mailbox, um das Ufo zu sehen?« Bill nickt, seine Augen glänzen. Noch etwa 17 Stunden.

Beim Meilenzeichen 29 der State Route 375 führt nahe Rachel ein Schotterweg nach Südwesten. Dort steht der Briefkasten der Familie Medlin, die das Land am Rande der Area 51 gepachtet hat und Rinder züchtet. Früher war der Briefkasten schwarz lackiert. Die ominöse Black Mailbox. Der Legende nach kann man von diesem Standpunkt aus ein Ufo beobachten: jeden Donnerstag, exakt um 4.50 Uhr morgens. Unter Ufologen heißt das Raumschiff »Old Faithful«. Die verlässliche Alte.

Zur verlässlichen Wissenschaft hat es die Ufologie deshalb noch nicht gebracht, sie ist vielmehr ein Ozean von Gerüchten, Ideologien, Übertreibungen, Possen und falschen Wahrnehmungen. Aber wir sind schließlich in Amerika, dem Land der unbegrenzten Möglichkeiten. Hier kann jeder behaupten und glauben, was er will. Und die Legende um Rachel ist so gesehen bloß ein Beispiel für die Auswüchse dieser Freiheit. 95 Prozent der US-Bürger bezeichnen sich als religiös, 69 Prozent der Bevölkerung glauben an Engel, viele an Wunder, den Satan, die ewige Verdammnis und natürlich den Einzug ins Himmelreich. Tragödien wie 1997 in der Nähe von San Diego sind kein Einzelfall; dort hatten sich 38 Mitglieder der Sekte »Heaven's Gate« das Leben genommen, um mit einem Ufo im Schweif des Kometen Hale-Bopp auf eine intergalaktische Reise zu gehen. In Fernsehsendungen beten Christen große Kristalle an. Ein Sektierer wie Steve Koresh konnte vor einigen Jahren in Waco eine ganze Nation und das FBI in Atem halten.

Zwölf Uhr, High Noon. Ein paar hundert Meter vom Little A'Le'Inn die Straße hoch. Glenn Campbell steht auf der Treppe seines Trailers und grinst. »Na, sind etwa neue Ufo-Forscher angekommen?« Campbell ist ein etwas klobig geratener Mann. Er trägt Jeans und ein beigegrünes Armeehemd. Schnurrbart. Als das »New York Times Magazine« ihn für eine Story fotografierte, steckte er in einem Tarnanzug der US Army. Überhaupt scheint ihn das Militär kolossal zu faszinieren. In seinem Trailer stapeln sich dutzende Raketenhülsen.

Campbell war mal Programmierer. Doch vor fünf Jahren hat er seinen Job in Boston aufgegeben und ist mit seinen Ersparnissen nach Rachel gezogen. Angelockt wurde er von Erzählungen über den ominösen Luftwaffenstützpunkt in der Nachbarschaft, dessen Existenz von der US-Regierung

geleugnet wird. Auf Landkarten wird das fragliche Areal als unvermessen ausgewiesen, existiert offiziell nicht. Ufo-Kenner nennen es Area 51, nach einem Plan aus den fünfziger Jahren, als die Wüste für Atombombenversuche im angrenzenden Yucca Flats in Planquadrate eingeteilt wurde.
Computer- und Internetfan Campbell richtete das »Area 51 Research Center« ein, schrieb eine Art Reiseführer für Ufo-Touristen, den »Area 51 Viewers Guide«, und gab eine Zeitschrift mit News aus der Provinz heraus, die »Groom Lake Desert Rat«. Er kennt hier jeden Stein, hat von umliegenden Bergrücken aus Fotos von der Base gemacht und hört den Funkverkehr ab. Auf 119.35 FM melden sich die Piloten beim Tower am Groom Lake. Sie nennen ihren Zielort dabei »Dreamland«. Campbell sagt: »Es passieren eine Menge interessanter Dinge hier draußen, die geradezu nach Aufmerksamkeit schreien.«
Der Truppenübungsplatz Nellis Bombing and Gunnery Range liegt im Westen, der Luftwaffen-Stützpunkt Tonopah nördlich. 36 Wochen im Jahr spielt die US Air Force hier Krieg, und B 52-Bomber fliegen dabei so tief, dass ihr Schatten vorbeifahrende Autos verschluckt und deren Fahrer vor Schreck zusammenzucken. Nachts erhellen Funkenregen die Flanken der Berge, gleißende Figuren tanzen am Himmel, und stundenlang hängt ein sanfter Schimmer über den Hügeln. Es ist ein unterhaltsames Schauspiel.
Man sollte sich aber nicht täuschen lassen, man befindet sich in obskurem Gelände. Auf dem mit Warnschildern (»Use of Deadly Force Authorized«) gesäumten Sperrgebiet der Area 51 befindet sich die mit zehn Kilometern längste Landebahn der Welt. Von streng geheimen Testflügen besonderer Düsenjets mit spezialbeschichtetem, radarunempfindlichem Gehäuse ist die Rede. Etwa dem Batwing Stealth Fighter, der aussieht wie eine Mischung aus Flugzeug und Rochen, oder dem Spionageflieger Aurora, eine

Art bemannte Rakete, die wegen ihrer enormen Geschwindigkeit bei Testflügen über Kalifornien erdbebenartige Erschütterungen hervorgerufen haben soll.

Immer noch Mittwoch, spät am Nachmittag. Bill vertreibt sich die Zeit im Little A'Le'Inn, wo er eine unvermeidliche Bekanntschaft gemacht hat: Chuck Clark. Der schleicht den ganzen Tag herum und lauert auf willige Zuhörer. Chuck kennt »drei Leute, die auf dem Mond waren«, und hat auch schon jede Menge geheimnisvoller Flugobjekte gesehen. »Sie waren 9000 bis 10 000 Meilen pro Stunde schnell, haben 180-Grad-Schwenks gemacht, bei denen nach physikalischen Gesetzen nur noch ein geschmolzener Klumpen Metall hätte übrig bleiben dürfen.« Chuck ist Hobbyastronom und kam mal aus Kalifornien mit einem Fernrohr so groß wie ein Kühlschrank, um Material zu sammeln für ein Buch über Sonne, Mond und Sterne. Und blieb hängen.
Chuck sieht normal aus, Typ pensionierter Bankangestellter mit einem harmlosen Spleen. Doch Chuck macht Besorgnis erregende Metamorphosen durch, wenn er sich in Rage redet, dann ist er bisweilen selber nicht mehr von dieser Welt. Purpurn schwellen die Äderchen unter seinen Tränensäcken, wenn man seine Theorien kritisch kommentiert. »Plasmawaffen, Laserkanonen ...«, murmelt er dann zornig, »... Satelliten in Sekunden ausknocken ... sind groß im Verstecken, die Aliens ... haben drei MIGs von den Russen abgeschossen ...«
Joe, der Wirt des Little A'Le'Inn, nickt dazu und macht sich noch eine Dose Bier auf. In seinem Gesicht wie Brotteig leuchtet unter glasigen Augen eine geschwollene Nase. Seine Tochter, die dicke Conny, kaut abwechselnd Kaugummi und Fingernägel. Mit großen Augen und offenem Mund sitzt Bill auf seinem Barhocker und lauscht, während Chuck doziert. »Okey-Dokey«, sagt Bill nach geraumer Zeit, »das

klappt, heute Nacht kriegen wir was zu sehen. Das habe ich im Urin.« Bills Blase ist schließlich ein sicherer Seismograph. Eine Art integriertes Vorwarnsystem für Begegnungen der unheimlichen Art. Das war schon am Great Barrier Reef in Australien so gewesen. »Ich denke mir noch, gleich kommt ein Hai.« Und glatt kam der Hai, sagt Bill. Joe nickt. Conny kaut. Big Dog pennt. Chuck sagt finster: »Seht einfach ein, dass SIE existieren. SIE sind da, okay!?«
Inzwischen ist es dunkel geworden. Die Neonreklamen im Fenster tauchen die Bar in bizarres Licht. Schweigend stehen sie am Tresen: der rechthaberische Chuck, der teilnahmslose Joe, der fiebernde Bill und die kleine, runde Conny. Sind sie etwa Wesen von einem fernen Planeten? Gekommen mit einem Starship aus fernen Galaxien? Ist Campbell Darth Vader? Hört Archibald zu? Halb acht abends, noch neun Stunden, 20 Minuten.
1989 trat der Physiker Bob Lazar in Las Vegas in der Talkshow eines Kabelkanals auf. Er erzählte, dass er als Physiker in unterirdischen Labors der ominösen Air Force Base am Groom Lake an Ufos gearbeitet habe. Als Beweis legte er Gehaltsstreifen der Regierung vor; und eine nach seinen Erinnerungen erstellte Skizze eines Flugobjekts mit Atomreaktor, Hitzeverstärker und zwölf Zugängen hängt nun im Little A'Le'Inn als Plakat an der Wand. Für Ufo-Experten ist klar, dass es sich nur um die Fliegende Scheibe von Roswell handeln kann. Der Ufo-Andenken-Verkäufer Jim Greenan sagt: »Na klar, Freunde, darauf verwette ich meine Pension, SIE benutzen es als Prototyp für die neue Flotte.«
Roswell feiert den Jahrestag des Crash anno 47 vom 1. bis 6. Juli mit mordsmäßigem Brimborium im örtlichen Ufo-Museum und einem mitternächtlichen Golfturnier. Doch der staubige Ort südöstlich von Albuquerque kam erst durch das runde Jubiläum wieder ins Gerede. Bislang hatte Rachel die landesweiten Schlagzeilen gepachtet. Laut »An-

telope Valley Press« ist es »die Ufo-Hauptstadt der Welt«. Lazar hielt hier einen Ufo-Kongress ab, der Starmoderator von CNN sendete seine Show »Larry King live« aus der Einöde. Und weil die Area 51 in Hollywoods Sciencefictionepos »Independence Day« eine Rolle spielte, hat der Bundesstaat Nevada im Frühjahr vergangenen Jahres 91 Meilen der State Route 375 in »Extraterrestrial Highway« umbenannt. An jedem ersten Sonntag im Mai findet der »Rachel-Day« statt; Eintritt 25 Dollar, Freikarten für Aliens liegen bereit. Greenan meint: »Roswell ist bestenfalls die Gedenkstätte, aber hinter Rachel liegt die Kommandozentrale der nächsten Weltherrschaft.«

Zehn Uhr abends. Die Spannung steigt. Bill ist sehr aufgeregt. Er trottet nervös durch das Little A'Le'Inn und sagt: »Es muss einfach wahr sein. Das können doch unmöglich alles Spinner sein.« Hatten nicht sogar seriös anmutende Rancher aus der Gegend Horrorstorys von Rindern erzählt, die sie blutleer und ohne innere Organe, aber ansonsten unbeschadet aufgefunden hätten? Und William Hamilton und seine Lebensgefährtin Pamela schwören, dass sie in der Nähe von Rachel von einem Raumschiff entführt wurden. Sie schockgefroren, er mit vom Körper gelösten Händen und Füßen. Der Name des Ufo-Kommandanten: Quaylar. Er soll dumpf, aber präzise gesprochen haben. Campbell erzählt: »Ich kenne Menschen, die hier draußen wohnen und sogar glauben, ein Alien zu sein: einer nennt sich Ambassador Merlin vom Venus; leider lässt er sich nicht fotografieren.«

Gleich Mitternacht. Bill sitzt immer noch in der Bar und ist ungeduldig. Er bestellt sich einen Alien-Burger, auf der Speisekarte »mit Sekret« ausgewiesen, das sich als Schmelzkäse entpuppt. Chuck möchte ihm ein Bier ausgeben, bevor der Laden Sperrstunde hat. Bill will nicht. »Kein Alkohol, ich muss klar bleiben im Kopf.« Er packt seine Kamera in den Rucksack, geht mit Big Dog nach draußen und streift durch die sternenklare Nacht. Noch fünf Stunden.

Die Wolframmine hat längst dicht gemacht, aber die Bewohner von Rachel sind inzwischen auf eine zeitgemäßere Einnahme-Quelle gestoßen: den Ufo-Kult. Und sie leben nicht schlecht davon; die Holzverschläge des Motels mussten bereits ausgebaut werden. Im Little A'Le'Inn hängen Zeugnisse von epochalen Beobachtungen fliegender Untertassen zwischen South Carolina und Bachtelhörnli-Unterbachtel in der Schweiz. Zwar haben Ufo-Fotografen offenbar ausnahmslos keine Ahnung von Belichtung und Tiefenschärfe, aber das fördert nur weitere Mystifizierung. Das Little A'Le'Inn hat dazu ein Sortiment von Schnäppchen im Angebot. Mundgemalte Alien-Poster kosten 550 Dollar, ein Bausatz für ein Spielzeug-Ufo 25 Dollar. Es gibt Postkarten, Aufkleber, T-Shirts, Baseballmützen, Schlüsselanhänger und Masken von Außerirdischen. »Der übliche Blödsinn für Touristen, deren Ausflug erst dann komplett ist, wenn sie 100 Dollar für Mist ausgegeben haben«, wie Campbell meint. »Es ist relativ einfach, an Ufos zu glauben, wenn man damit Geschäfte macht.« Apropos: Von seinem »Viewers Guide« hat er bislang etwa 7500 Stück à 15 Dollar verkauft.

Donnerstagmorgens, 3.30 Uhr, endlich ist es soweit. Der Toyota Celica biegt an der Black Mailbox, die längst weiß lackiert ist, rechts ab, rollt auf einen Kiesparkplatz und stoppt. Bill stellt das Licht ab. Eine Zeit lang sieht man im Auto die Glut seiner Zigarette aufglimmen. Dann steigt er aus, baut sein Stativ auf, schraubt den Fotoapparat drauf, richtet das Objektiv nach Südwesten, Richtung Las Vegas, das in der Ferne unter einer Lichtglocke liegt. 3.45 Uhr.

Noch eine Stunde. Bevor Bill losgefahren war, hatte ihm Joe, der Wirt, noch zugeraunt: »Woher soll einer überhaupt wissen, ob es Ufos gibt? Wir wissen noch nicht mal was über den Sinn des Lebens.«
Vier Uhr. Viertel nach vier. Plötzlich zwei hellgelbe Lichter in der Ferne, sie tanzen über der tiefschwarzen Silhouette eines Bergrückens. Sie kommen langsam näher und näher. »Was könnte es sein?«, raunt Bill, »für das Ufo ist es doch noch zu früh.« Wie riesige Glühwürmchen bewegen sich die leuchtenden Kegel parallel durch die Dunkelheit. Zehn Minuten später passiert ein weißer Pkw den Parkplatz, wendet und fährt wieder zurück Richtung Groom Lake. Vermutlich eine Zivilstreife der Air Base.
Stille. Wüste. Wind. Nacht. Nichts. Dann das Ufo. Mit rot blinkenden Positionslichtern hat es sich unbemerkt in etwa zwölf Meilen Entfernung über die bläulich schimmernden Kämme der Hügel geschoben. Es sieht aus wie eine schwebende Butterdose. Da hängt es nun scheinbar schwerelos in der Luft, ein fluoreszierender Schatten am Nachthimmel. Bill ist ausgestiegen, steht und staunt. Leise sagt er: »Heiliger Jesus, das ist es.« Big Dog winselt. Kurz darauf verwandelt sich die Butterdose in eine Boeing 737, die in den Sinkflug geht und hinter den Hügeln vor Groom Lake verschwindet. Bill hat vor Aufregung kein einziges Foto geschossen.

Am Vormittag danach sperrt Glenn Campbell seinen Trailer ab und fährt weg. Er sagt, er müsse »immer öfter raus aus diesem Nest«. Dass es sich bei »Old Faithful« um den Transportflieger handelt, der Arbeiter aus Las Vegas zur Air Force Base bringt, predigt er seit Jahren. »Ich persönlich glaube«, sagt Campbell schnippisch, »dass die einzige unheimliche Begegnung hier draußen mit einem von Rancher Medlins verirrten Rindern auf der Straße stattfinden kann,

aber die wollen sehen, was sie sehen wollen.« Bill und Chuck sitzen bereits wieder auf dem acht Meilen entfernten Coyote Peak und beobachten eine Flugübung. »Wow-Whee«, ruft Bill einem tieffliegenden Tornado hinterher, »du willst wohl Kühe vergewaltigen.« Chuck blickt gebannt durch sein Fernglas und grinst in die Kumuluswolken.
Zwei Stunden später sitzt Campbell im Büfett eines Spielcasinos am Rande von Las Vegas. Er hat es wie immer vor elf Uhr geschafft. So kann er einen Dollar sparen und zahlt nur 4,59 inklusive Getränk für ein Mittagsmenü. Campbell holt drei große Teller mit Gesottenem, Kartoffeln, Gemüse, Diet Coke. Hinterher Pudding, Rote Grütze und Eis mit Schokoladensoße. Ringsum nur alte Leute. Draußen rattern und flackern die Spielautomaten. Bunte, laute Welt. Das Geklimper der Münzen übertönt jede Unterhaltung, die Air Condition lässt einen frösteln. Campbell sagt: »Es ist wie eine Raumstation, ein Universum für sich. Ist es nicht kurios, dass es so etwas überhaupt gibt?«
Er spricht von Rachel.

## Cannery Row East

Die letzten Fischer von New York

Er sei leicht zu erkennen, sagte seine Frau am Telefon. Baseballkappe, T-Shirt, Shorts. Dichter Vollbart. Und, ach ja, sagte Mrs. Sabatino, seine Augen seien ein bisschen wie das Meer. Schließlich habe er fast sein ganzes Leben nichts anderes gesehen.

Feierabendverkehr auf der Flatbush Avenue. Monotones Rauschen der Fahrzeuge, dazwischen das Brummen schwerer Lastwagen. Disko-Musik dröhnt aus der Musicbox der Snack Bar in der Venice Marina. Um die Ecke ein verrosteter Automat für Köderfische. Auf der Terrasse dicke Menschen in bunten Freizeitklamotten unter Sonnenschirmen. Sie essen Hot Dogs, Eiscreme. Mädchen lachen, Kinder zanken. Schmucke weiß lackierte Holzhäuser am gegenüberliegenden Ufer, davor weiße Yachten, und über den Dächern Flugzeuge im Landeanflug auf den JFK International Airport, New York.

Auf dem Geländer, den Blick aufs Wasser gerichtet, sitzt ein Mann mit schmuddeliger Mütze, dreckverschmiertem Hemd, aus den kurzen Hosen ragen dünne Beine. Seine Haut ist bronzefarben, darauf glänzende Kleckse von Motorenöl. Den Kopf auf die schwieligen Hände gestützt, sitzt er und starrt. Er kennt diesen Platz von Kindesbeinen an. An der Venice Marina ist er aufgewachsen. Die Buche, in deren Geäst sich sein erstes Baumhaus befand, steht immer noch in der Nähe. Hier ist er zum ersten Mal hinausgefahren und nie wieder losgekommen von der See. »Ich habe nie weiter als 500 Meter von einer Kaimauer entfernt gewohnt«, sagt er und zeigt hinüber zur Tammy Gale. Sie ist sein erstes eigenes Boot. Sie wird sein letztes sein.

Wir fanden den Fischer Frank Sabatino aus Shell Bank Creek, Brooklyn, am südlichen Ende von Jamaica Bay. Jamaica Bay erstreckt sich entlang der New Yorker Stadtteile Brooklyn und Queens, umfasst über 70 Quadratkilometer Wasser, Marschland, unzählige kleine Buchten und Kanäle und ein Archipel von Inseln. Die vor ihr liegende, schmale, lang gezogene Rockaway Peninsula trennt sie wie ein schützender Arm vom Atlantik. Frank sagt, Jamaica Bay sei wohl der größte Naturhafen der Welt, »und früher war das Leben hier tatsächlich wie in John Steinbecks Buch ›Cannery Row‹«. Flutwellen von Fischen ergossen sich in silbernen Bächen an den Docks und in den Lagerhallen. In der Venice Marina lagen allein 30 kommerzielle Fischerboote, von Sheepshead Bay bis Rosedale drängten sich Wellblechhütten an Kühlhäuser, Läden an Werkstätten, und nach einem stürmischen Tag blieb immer noch Bertram's Mill als letzter Hafen, jene legendäre Spelunke in Hook Creek, deren Wirt ein Leben lang davon träumte, Fischer zu sein.
Es war eine elende Woche für Frank. Zuerst lief die Tammy Gale auf eine Sandbank. Dann erwischte es Sohn Mike beim Muschelfischen. Als der fünf Tonnen schwere Stahlkäfig, gefüllt mit mindestens 4000 Kilo Surfclams, an Bord gehievt wurde, knallte er gegen seine linke Schulter. Und deshalb hat Frank heute den Job auf Phils Boot vor Long Island gemacht. Sie wollten um vier Uhr los, kamen dann aber zwei Stunden zu spät raus, weil die Hydraulik des Schiffskrans Öl verlor und sie erst ein Ventil abdichten mussten. Dann verhakte sich vor der Küste der Käfig ständig auf dem Meeresboden, wodurch sie zusätzlich Zeit verloren. Und für die Muscheln, die sie mitbrachten, wird die Konservenfabrik nur den Mindestpreis springen lassen, weil die Zungen der Surfclams zu klein sind. Frank sagt: »Dass sie mir das mit Jimmy erzählten, hat mir gerade noch gefehlt.«
Je weniger Geld Phil für die Muscheln bekommt, desto we-

niger bezahlt er Frank. Je länger Mikes Schulter schmerzt, desto länger kann er bloß Lobster einsammeln, mit einem Freund der Sabatinos. Und die Schecks fallen kleiner aus, wenn man sich gut kennt. »Ich kann niemandem Geld wegnehmen, dem es nicht besser geht als mir«, sagt Frank. Und das bedeutet, dass es noch eine Weile dauern wird, bis er die 5000 Dollar zur Reparatur der guten, alten Tammy Gale wieder zusammen hat. Und selbst dann ist es fraglich, ob Frank mit ihr nochmal durch den Ambrose Channel pflügt, Kurs 296 Grad, 58 Strich, vorbei an der Separation Line, entlang der sich die Riesentanker Richtung Manhattan und Jersey City tasten. Frank meint lapidar: »Was soll's, wir dürfen doch sowieso kaum noch Fisch mitbringen, die Behörden machen uns fertig.«

»Cannery Row« handelt vom Hafenviertel der kalifornischen Stadt Monterey. Es ist eine ironische, sentimentale Hommage an irre, schrullige und sonderbare Gestalten, die am und vom Meer leben. »Huren, Hurensöhne, Kuppler, Stromer und Spieler, mit einem Wort: Menschen«, schreibt Steinbeck, »wie soll man es in seiner Lebendigkeit einfangen, dies Getön und Geleuchte, dies schlurfende, scharrende Traumgetriebe?« So gesehen hätte sich der Schriftsteller auch Jamaica Bays als Inspiration bedienen können. Al Capone feierte hier Feste während der Prohibition, und die Siedlung Broad Channel wurde »Little Cuba« genannt, so viel Rum hatten die Schmuggler dort damals gebunkert. Frank sagt: »Ich muss immer wieder an Cannery Row denken.« Und nach einer kurzen Pause fragt er: »Das Buch endet doch mit diesem schönen Gedicht, nicht wahr?«
Frank hat es gelesen, als er jung war und am College studierte, wie seine Eltern sich das gewünscht hatten. Denn Frank sollte einmal herauskommen aus der Gegend um die Flatbush Avenue, wo früher italienische, irische und deut-

sche Auswanderer ankamen und heute immer mehr Russen und Schwarze oder Asylanten aus Haiti leben. Die Wasserseite hingegen gehört teilweise zum begehrtesten Grundbesitz New Yorks. Rechtsanwälte, Ärzte, Broker, sagt Frank, »obwohl die sich nur am Wochenende blicken lassen«. Wäre es nach Franks Eltern gegangen, wäre auch er Jurist oder Arzt geworden, zumindest jedoch Meeresbiologe, so etwas Ähnliches wie der Held bei Steinbeck, der mysteriöse, gutmütige Doc, der ein Laboratorium mit Seesternen, Haifischen, Meeranemonen, Schwämmen und Würmern betrieb. Frank wurde Fischer, einer unter vielen damals, »heute bin ich einer der letzten«.

Wir fahren zu Jimmy Marinello und seiner Hunter Fish Packing Co., ein paar Minuten die Flatbush Avenue rauf, am Mill Basin gelegen. Das Mill Basin ist eine kleine Bucht, die man idyllisch nennen könnte, läge sie nicht hinter dem Highway. »Jeder Quadratmeter Ufer, den ein Boot hier belegt, ist ein Vermögen wert«, sagt Frank, »gegen die Zivilisation kann die Natur nicht gewinnen«. Die Jen Lissa läuft gerade ein mit Donald von Weken an Bord. Bobby Raduazzo hat seinen grauen Kahn schon vorher festgemacht, der aussieht wie ein Kanonenboot und den er vor über 20 Jahren dem Betreiber von Nick's Lobster, dem Restaurant nebenan, abgekauft hat. Würde man das Boot heute bauen, kostete es 300 000 Dollar. Mike ist schon weg, der wollte bloß noch ins Bett. »Die Schulter«, sagt Bobby, »beim Hochheben jeder Falle hat er gestöhnt.«

Um drei Uhr morgens ist Bobby mit Mike rausgefahren, hat seine 15 Hummerkörbe geleert, wieder mit Plastiksäckchen voll stinkender Fischabfälle gefüllt, die als Köder dienen, und nach der Rückkehr eine Tour durch die Speiselokale der Gegend gemacht. Nick's Lobster wollte keine. Sie beziehen die Ware per FedEx aus Maine, Kanada, und vom Fulton Fish Market in Manhattan, wo sogar Hummer aus

Südafrika angeboten werden. Der Manager von Nick's sagt: »Natürlich würden wir lieber von den lokalen Fischern kaufen, aber auf die können wir uns nicht verlassen. Sie fahren zu selten raus, nur Händler garantieren stabile Preise und konstante Lieferung.«

Donald hat heute ein paar Plastikkisten voll Flundern entladen, 200 Pfund Fisch, das vom Department of Conservation festgesetzte, tägliche Limit während der Sommersaison. Zusammen mit 70 Pfund Schollen bekommt er dafür vom Fischhändler 350 Dollar. Abzüglich seiner Unkosten für Treibstoff und Material ergebe das, so Donald, »eine ärgerliche Ehefrau«.

Jimmy ist nicht da. Vor seiner Lagerhalle, dem letzten Fischumschlagplatz in Brooklyn, hängen ein versiegeltes Schloss und eine amtliche Bekanntmachung: Wegen unmittelbarer Lebensgefahr geschlossen, gezeichnet Department of Business Services, City of New York.

Angefangen, sagt Donald, habe die Misere der New Yorker Fischer Mitte der siebziger Jahre. Bis dahin herrschte Raubrittertum vor der Küste, als jeder noch fangen konnte, was er wollte, als mit engmaschigen Treib- und Schleppnetzen die Gewässer regelrecht entvölkert wurden. »Die ganze internationale Flotte war hier«, so Donald, »Russen, Polen, Italiener, Spanier, Kanadier, die ihre Beute auf den riesigen Trawlern umgehend zu Fischmehl verarbeiteten. Wenn es so weitergegangen wäre, gäbe es vor der Ostküste heute keinen einzigen Fisch mehr.« Und das alles für Viehfutter. Die Fischereibehörden reagierten mit einer Schutzzone von 200 Meilen, individuellen Fangquoten für jedes registrierte Boot und allerlei anderen Vorschriften.

Seither hat sich die Fauna prächtig erholt, in und um Jamaica Bay und vor Rockaway finden sich wieder Blackfish und Bluefish in rauhen Mengen, Flunder, Dorsch, Merlan und Seebarsch auch, und die hiesigen Lobster sind hervorragend. Die ortsansässigen Fischer jedoch gehen zugrunde, weil ihre Fangquoten zu niedrig sind und die Preise einbrechen in Zeiten globaler Vernetzung und immer billigerer Lufttransporte. Auf Fischer wie Frank sind die Händler nicht angewiesen. Sie bedienen sich bei Großreedereien, die unter Dumpinglöhnen darbende Besatzungen rund um die Uhr auf Fangtour schicken. Ein Törn vor die Schutzzone wäre mit einem bloß 20 Meter langen Boot wie der Tammy Gale zu gefährlich. Donald sagt: »Uns haben alle vergessen, wir brauchen natürlich Regularien, aber warum kann man für uns nicht Bestimmungen anwenden, die uns überleben lassen.«

Frank Sabatino war acht Jahre alt, als er ein paar Fischer fragte, ob sie ihn mitnehmen würden. Sie taten es gerne, und der Junge war fasziniert von diesen stillen, kantigen Männern, die mit Geschick und schlafwandlerischer Sicherheit arbeiteten. Sie wussten, wo vor vielen Jahren Schiffe gesunken waren, welche Uhrzeit fette Beute versprach und dass man an der Farbe des Wassers erkennen kann, wo die Schwärme sich bevorzugt aufhalten. Die Tipps und Tricks der alten Haudegen bewährten sich später, als Frank sich auf Fabrikschiffen verdingte, Krabben fing vor Florida und Schwertfisch im Golf von Mexiko. »Ich mag meinen Job, ich bin nur für mich verantwortlich«, sagt Frank, »ich wollte mit dem Rest der Welt eigentlich nie etwas zu tun haben.« Wer weiß, wo er gelandet wäre, hätte er nicht diese Frau getroffen, die sich in seine Augen verliebte und wegen der er dorthin zurückging, wo er aufgewachsen war.
Jimmy kommt. Plötzlich steht er zwischen den anderen, ein alter Mann mit großer Nase in einem faltenzerfurchten Gesicht. Er sagt, sie seien am Morgen gekommen, hätten gesagt, er solle seine Sachen zusammenpacken, die Hunter Fish Packing Co. sei geschlossen. Okay, die Stützpfeiler des

Kais seien morsch, aber er habe sie ausbessern wollen. Sie hätten nein gesagt, einfach so und basta; der Stadt gehöre schließlich das Gelände. »Sie haben mir von heute auf morgen meine Existenz weggenommen.« Und als man sich umblickt, ist Frank verschwunden. Sagte nicht Mrs. Sabatino am Telefon bereits, sie mache sich Sorgen um ihren Frank? In letzter Zeit liege immer häufiger ein Schleier über seinem Blick. Wie Dunst auf dem Meer. Er verfalle dann immer in eine sonderbare Melancholie, rede nicht, und dann wisse selbst sie nicht, was er denke. »Alles, was ich sehe, ist ein Ozean an Gedanken.« Und hatte nicht Donald irgendwas gemurmelt von »Riesenschlamassel, Frank ist erledigt für immer«?

Im April 1997 stand ein langer Artikel in der »New York Times« über die Fischer von Jamaica Bay. Von Frank, Donald und Bobby war die Rede, aber auch von zehn anderen Kollegen, von denen die meisten inzwischen kapituliert haben. Die Seaman Brüder seien nach Virginia gegangen, heißt es. Die Alfhild, ein schmucker Trawler und seit Generationen in Familienbesitz, läuft nicht mehr aus. Ihr Besitzer, John Orloff, arbeitet nun als Feuerwehrmann. Nick Rosa ist in Pension gegangen. Joe Golemi? Keiner weiß, wo er abgeblieben ist. Und dass Karl Kirchner noch Bisamratten, Opossums und Waschbären am Rande der Start- und Landebahnen von JFK jagt, ist mehr als fraglich. Vor zwei Jahren hat Kirchner in einem Sommer nur 35 Bisamratten erlegt, früher waren es 800, und es gab gutes Geld für Fell und Testikel, aus denen die Parfümindustrie Duftstoff gewann. »Das Einzige, was der Artikel in der ›Times‹ bewirkte«, sagt Donald, »war, dass die Küstenwache, diese See-Nazis, uns noch häufiger kontrollierten.«

Wir treffen Frank im Stella Maris wieder, einem Anglershop an der Emmons Avenue in Sheepshead Bay. Neil Laurel ist da, der letzte noch lebende von sechs Brüdern, die den Laden mit Köderfischen, Schnüren, Haken, Makrelenfilets, Gummistiefeln und Blutegeln 1947 eröffnet hatten. Das Stella Maris ist immer noch Treffpunkt der Fischer von Jamaica Bay. Richie Knauer steht mit tief liegenden Augen hinter dem Tresen. Er ist außer Bobby New Yorks letzter Lobsterfischer und seit 14 Stunden auf den Beinen. Die anderen sind ebenfalls müde, erschöpft, erschlagen. Wie Steve Orlando, Tätowierungen an den Oberarmen, gepiercter Nippel unter dem Tattoo des Playboy Bunny. Steve wurde schon als Teenager Fischer, nun fährt er schon seit Jahren auf einem Boot Hobbyangler spazieren, für 800 Dollar in der Woche. »Sonst würde ich verhungern. Das heißt, bei meinem Lohn dauert das Verhungern bloß länger.«
Richie, Steve und die anderen haben getrunken. »Die meisten sind so«, sagt Frank, »harte Burschen, die schuften wie Ochsen, aber ihr Gemüt ist so zerbrechlich wie ein Krustentier.« Steve sagt, der kleine Fischer habe keine Lobby, und die Politik mache einen Deal mit den großen Reedereien, um Leute wie Frank und Donald loszuwerden. Und dann trinkt er noch ein Bier, kramt in Erinnerungen und erzählt von Artie. 60 Jahre habe der Bertram's Mill bewirtschaftet, dann das Haus samt Grundstück an eine Restaurantkette verkauft und sich endlich ein Boot zugelegt. Er erzählte noch allen, endlich sei sein Traum wahr geworden. Eine Woche später war er tot. Schlaganfall, er starb neben seinem Boot. »Wenn Fischer in Pension gehen, gehen sie in eine Kiste«, sagt Steve und fängt wieder an zu singen: »Ich mag Bier / Manchmal lässt es mich schwelgen / Ich mag Bier / Zu herb ist der Whiskey / Der Champagner zu kostbar / Und Wodka ist, als ob ich das Mundwerk mir schmier / Ich mag Bier«.

Was hat es mit dem Riesenschlamassel auf sich, Frank? Frank sitzt und starrt. »Ach, das«, sagt er und schweigt. Frank singt nie, er trinkt auch nie. Ein Labradorhund schnüffelt an seinen sonnengebräunten Waden, er kratzt sich im faltigen Nacken. Frank hat einen Leberschaden. Sein Arzt sagt, es muss an der Hepatitis liegen, die er von verdorbenen Meeresfrüchten bekam, als er 13 war. Draußen läuft die Ocean Eagle ein, ein Boot für Hobbyangler. Die Fischer von Jamaica Bay hassen Hobbyangler. Früher galten die Wasser um New York als Kloake, nach Jahrzehnten Umweltschutz »wird Gotham zum Anglerparadies«, schrieb das Stadtmagazin »Time Out«. Das Dutzend Kunden der Ocean Eagle bringt an diesem Tag mehr Flundern mit, als jedem kommerziellen Fischer erlaubt wären. Donald sagt: »Die werden immer mehr, und trotzdem gibt es für sie keine Beschränkung. Kann mir das jemand erklären? Ich brauche zum Atmen schon eine Genehmigung. Die Behörden zwingen einen ja fast, was Illegales zu tun.«
Die See-Nazis haben Frank vor zwei Jahren erwischt. Er hatte zu viel Fisch an Bord, und die Maschen seines Netzes unterschritten das Minimalmaß von fünf Inch. Frank sagt: »Ich dachte nicht, dass sie mich kriegen, wenigstens damals nicht.« 2000 Dollar Strafe hat er bereits an den US-Bundesstaat New York bezahlt. Doch das Ministerium für Fischfang hat Frank zusätzlich zu 37 000 Dollar Geldbuße verurteilt. Frank hat zwar Einspruch eingelegt, doch sollte er das Revisionsverfahren verlieren, bedeutet es den Verlust seiner Lizenz und den Ruin. »Ich kann mir ein Leben ohne Boot nicht vorstellen, ich habe keine Rücklagen, und meine Lebensversicherung ist in meiner Hosentasche«, sagt Frank. Er ist 47, hat noch nie Urlaub gemacht und wird nie nach Irland kommen, wovon er immer geträumt hat: »Ich habe gehört, da gibt es noch viele Fischer.«

Der Sommer geht zu Ende, und es ist einer von Franks letzten als Fischer. Donald wird vielleicht noch zwei Jahre durchhalten. Dann wäre sein Boot abbezahlt. Doch er sagt: »Ich werde mir vielleicht schon vorher was Neues einfallen lassen müssen.« Bobby hofft, dass es für Lobster in Zukunft keine Fangquote gibt. Er weiß, dass bei den Behörden darüber nachgedacht wird. Er weiß aber auch, dass seine beiden kleinen Töchter ständig fragen: »›Warum muss Daddy so viel arbeiten, warum kommt Daddy nicht heim?‹ Meine Bekannten halten mich schon längst für verrückt.« Man hat ihm einen Job als Fahrer eines Benzintransporters angeboten. Er hasst den Gedanken, »aber anders geht es nicht«. Und Mike? Frank hat beschlossen, dass sein Sohn runter muss von der Straße der Ölsardinen. »Kein Fischer würde hier seinen Beruf weitervererben wollen, in New York macht man nur, was Kohle bringt«, sagt Frank, der für Mike eine Bewerbung an die städtische Müllabfuhr geschickt hat; da gebe es Krankenversicherung, Rentenanspruch und Urlaub.
Frank Sabatino sitzt im Hinterhof des Stella Maris und schaut auf die trübe Sheepshead Bay. Und vielleicht denkt er an das Gedicht aus Steinbecks »Cannery Row«, das mit dem Vers endet: »Immer noch / Dünkt mich, ich habe den heißen Geschmack aus dem Leben gepreßt / Grüngoldene Pokale hob ich beim Fest / Nur für kurze vergeßne versunkene Zeit / Dann hatte ich Tränen, mein Mädchen war weit / Doch ewiges Licht strömte aus ewigem Wort.« Nach einer langen Pause sagt er: »Ich verstehe die Welt nicht mehr, genauso wenig, wie ich das Internet kapiere. Ich kenne nur das Meer, das Meer hat mich immer glücklich gemacht.«

# TRAURIGE VERLIERER

## Endstation Kastenland

Illegale chinesische Immigranten

Apfelsinen standen für Wohlstand, Mandarinen für Glück, und da waren Wassernarzissen und die Blüten des Pflaumenbaums. Früher. Versunkene Erinnerung. Geblieben ist ihm bloß die Sehnsucht nach Minhou in der Provinz Fujian, gelegen am Südchinesischen Meer und gegenüber der Insel Taiwan. Das ist, wo Xu Penghei* aufwuchs und wo der erste Neumond des Chinesischen Kalenders gefeiert wird, wie es Tradition ist. Nach Hausputz, Haarschnitt und Begleichung aller Schulden. Mit symbolträchtigen Zitrusfrüchten auf dezenten Porzellanschalen, gedünstetem Fisch und Reisklößen, die Prosperität und himmlischen Segen verheißen unter gütiger Mithilfe des Küchengotts Tsun Kuan, der in dieser Angelegenheit zwischen den Welten reist. Um Yu Huang Dati milde zu stimmen, den Jadekaiser mit dem langen Spitzbart.

5. Februar 2000. Das Jahr 4698, das im Zeichen des reichen, mächtigen und weisen Drachen steht, beginnt für Xu ohne Blütenpracht, Familie, Gott und Kaiser. Xu lebt schon lange in New York, genauer gesagt in Manhattan, Bowery, Hausnummer 81, vierte Etage. Dort bewohnt er eine von 31 Kabinen, die aus Sperrholz, Sperrmüll und Maschendraht in einen etwa 400 Quadratmeter großen Raum gezimmert wurden und deren Mieter pro Wohncontainer monatlich zwischen 93 und 250 Dollar bezahlen. Xu sagt, der Platz sei selbst für einen Hund nicht gut genug. Er sagt, das Heimweh habe ihn verbittert gemacht. In Minhou hatte Xu eine Dreizimmerwohnung, schlicht, aber groß genug für ein Neu-

* Namen geändert

jahrsfest im Kreise seiner Familie, mit Frau, Eltern, Onkeln, Tanten. Und während an einem Tag wie heute jeder ein Jahr zu seinem Alter addierte, Xus Tochter kleine Geldscheine in roten Papierkuverts bekam, knabberte man kandierte Früchte und Lotuskerne, und sprach von Neubeginn und fröhlicher Zukunft.

Zwei Häuserblöcke entfernt zieht eine Prozession von Trommlern und Maskierten durch Chinatown. Drachenattrappen aus bunten Stoffbahnen. Tänzer mit monströsen Pappmachéköpfen, die Löwen darstellen und böse Geister aus Geschäften vertreiben. Tausende von Menschen inmitten eines pulsierenden Jahrmarkts. Blechern tröten Blaskapellen auf den Ladeflächen von Lastwägen. Lärm, Kinderlachen, Knallfroschgeknatter. In den Garküchen und Restaurants Touristen vor dampfenden Entensuppen. Sogar in den Fenstern der Lieferautos von US Mail hängen Schilder mit dem kantonesischen Spruch »Gung Hay Fat Choy«. Glück und Zufriedenheit im neuen Jahr. Xu sieht das alles nicht. Er liegt in Nummer 8 seines Kastenghettos, zwei mal drei Meter, auf der untersten von drei Pritschen, gebettet auf einer Lage Schaumgummi, darüber ein Fetzen Teppichboden, der mal hellgrau war und ausgefranst an den Schnittstellen.

Xu, schmal, knochig, erschöpft, blickt aus glasigen Augen, seine Gestik ist schemenhaft, sein Blick teilnahmslos. Schon vor Jahren habe ihn seine Schwester voller Besorgnis angerufen, weil er sich an Neujahr nicht gemeldet habe. Sie dachte, ihr Bruder müsse krank sein oder schizophren geworden. Sie weiß nicht, dass sie der Wahrheit damit ziemlich nahe kam. Xu, umgeben vom Elend seiner Existenz, verfilzte Wolldecke, ungewaschene Socken, vergilbte Frottéhandtücher, und beleuchtet von einer Glühbirne am Ende blanker Drähte, sagt müde: Ich hatte Neujahr einfach vergessen und inzwischen weiß ich nicht einmal mehr, wann es stattfindet.

Monoton schnarrt der Kühlschrank, der die muffige Enge dominiert. Vermutlich, meint Xu, während er ein Gummiband gegen eine fette Kakerlake schnalzen lässt, hätte er es auch diesmal wieder vergessen, wenn nicht kurz vorher der Mord passiert wäre, über den alle im Gebäude tagelang sprachen. Denn ein Mord vor dem chinesischen Neujahrsfest bringe großes Unglück.

Nummer 81 Bowery ist ein altes Backsteingebäude, einen halben Block entfernt von dem protzigen Monument, an dem die Canal Street in die Manhattan Bridge übergeht. Es beherbergt den Tan Ai-Hoa Supermarket im Erdgeschoss, der Wachteleier, geschälte Litchi in Sirup und Reisnudeln feilbietet, im zweiten Stock ein Senior Citizens Center und den North Pole Gold Temple der American Buddhist and Taoist Association in der dritten Etage. Darüber liegt das bizarre Kastenland. Im Hauptraum gibt es mehrere Komplexe mit Containern bis unter die Decke, an der dem Eingang gegenüberliegenden Wand sind es zehn und neben den Waschräumen fünf. Sie werden durchschnitten von schmalen Fluren, die die Form einer eckigen 8 ergeben. Dieses Massenlager im Schachtelprinzip wird ergänzt von zwei Duschen, drei Spülbecken, vier gemauerten, türlosen Toiletten; es ist Auffanglager, Zwischen- und Endstation für illegale chinesische Immigranten.
Wer über die verdreckte Treppe nach oben steigt, die Metalltür mit dem abgeschraubten Schloss öffnet, den empfängt der Geruch von Urin, Schweiß und verkochtem Gemüse. Durch die Luken der Wohncontainer erspäht man kleine, schmächtige, halb nackte Männer, die auf umgestülpten Plastikeimern sitzen, mit Plastikstäbchen aus Plastikschalen essen, oder mit Plastiksteinen Mah Jongg spielen. Andere schlurfen in Plastiksandalen und mit gebogenem Rücken über PVC-Fliesen in den Waschraum, wo in einem

emaillierten Stahlbecken Meeresfrüchte geputzt werden, während nebenan jemand Zeitung lesend seine Notdurft verrichtet. Es ist exotisches, verboten wirkendes Territorium, denn die Verwirrung des Eindringlings vermischt sich mit panischem Entsetzen der Bewohner. Erschrockene Blicke. Luken, die sich schlagartig schließen. Fremde bedeuten nichts Gutes hier, sind entweder Polizisten oder Beamte von der Einwanderungsbehörde. Vergangenes Jahr verriegelte eine chinesische Gang den Eingang und beraubte alle Bewohner ihrer Ersparnisse.
Xu wohnt in Nummer 8 zusammen mit Wang Yangming, dessen Familie er aus Minhou kennt. Wang wiederum kennt die Stadt Minqing sehr gut, aus der Liu Youwei stammt, der in Nummer 26 wohnt. Und von Lianjiang, dem Heimatort der Brüder Liang, Changshi, Lu und Qichao aus Nummer 22, haben alle gehört. Der alte Mann aus Nummer 7, der Imker war und dauernd von seinen Bienen spricht, ist ein alter Bekannter des ehemaligen Parteifunktionärs aus Nummer 15, der sagt, er glaubte an die Freiheit, die Demokratie und die Menschenrechte in Amerika, worin China doch hoffnungslos sei. Dieser Mann wiederum ist verschwägert mit zwei Insassen von Nummer 3. Als Wang neulich zur Hochzeitsfeier eines entfernten Verwandten ins Nice Restaurant am East Broadway ging, waren 220 Menschen aus der Provinz Fujian gekommen. Es war ein Familientreffen am anderen Ende der Welt. Fast alle in Nummer 81 Bowery kommen aus Fujian. Wang kam in Begleitung seiner Tochter, am Sylvestertag 1999 per Linienflug illegal in Los Angeles eingereist. Liu erhielt wenige Tage später einen Anruf aus Seattle, wo sein Sohn angekommen war.

Fujian ist eine 123 000 Quadratkilometer große Provinz zwischen Shanghai und Hong Kong, eingezwängt zwischen Berge und Ozean und weitgehend isoliert vom Rest Chinas.

Die Menschen in Fujian leben von Landwirtschaft und Fischfang und kämpften lange um politische Autonomie; sie machten Geschäfte mit Piraten, gewährten Revoluzzern Unterschlupf und Unterstützung im Kampf gegen kaiserliche Dynastien, wollen sich nicht mit Kantonesen vergleichen lassen und entwickelten einen Dialekt, den niemand sonst in China versteht. Man sagt Fujianesen ein stark ausgeprägtes Zusammengehörigkeitsgefühl nach, sie gelten als mutig, verwegen und abenteuerlich. Sie gelten aber auch als habgierig und unkultiviert. Man nennt sie Gan She Gui, furchtlose Geister, weil sie vor nichts zurückschrecken. Und das alles zusammen mag der Grund sein, warum Fujian das Zentrum des chinesischen Menschenschmuggels wurde.

Von Fuzhou aus, der Provinzhauptstadt Fujians, dirigieren Schieberbanden, deren Mitglieder Snakeheads genannt werden, Transporte nach Taiwan, Japan, Australien, Europa. Doch meistens enden diese Touren, die bis zu einem Jahr dauern können, in Nordamerika und dort fast immer zunächst in New York, in Häusern wie dem an der Bowery, wo die Flüchtlinge Quartier beziehen, bis sie von chinesischen Jobagenturen in andere Großstädte vermittelt werden. Bereits 1994 lebten, laut Schätzungen des US-Geheimdienstes CIA, mehrere hunderttausend illegale Chinesen in New York. Die dort ansässige Fujian Society glaubt, es befänden sich inzwischen eine halbe Million Landsleute in Amerika; etwa genauso viele seien weltweit in den Menschenhandel verstrickt, der über Scheinfirmen und mittels Korruption an Grenzübergängen und Flughäfen betrieben wird. Überall in Asien, Europa und Lateinamerika gibt es Restaurants und Hotels, die als Zwischenstationen auf dem Weg in die USA dienen. Die »New York Times« berichtete, der Schmuggelpreis liege inzwischen bei 70 000 Dollar pro Person. Genaueres – wie viele Menschen, woher – weiß niemand. Es heißt allerdings, der jährliche Umsatz der Snakeheads belaufe sich auf drei Milliarden Dollar und ihre Hauptquartiere in Fuzhou seien geschmückt mit Gold und Marmor.

Als Xu Minhou verließ, war seine Tochter fünf, sein Sohn noch nicht geboren. Er sieht sie auf Polaroids aufwachsen, hübsche Kinder mit goldigem Lachen. Xu kam über Hong Kong und Kambodscha, wo er mit einer Arbeitserlaubnis einreiste und am nächsten Tag per Lastwagen nach Thailand gebracht wurde. In Bangkok erhielt er einen gefälschten taiwanesischen Pass, mit dem er über Paris nach Vancouver flog. Aber genau, sagt Xu, wisse er das nicht mehr. Er wisse auch nicht mehr, wie er nach New York gekommen sei, bloß, dass er irgendwo in Kanada in ein Lieferauto verladen und irgendwann in New York in ein Safe House gebracht wurde. Dreihundert gibt es davon in der Stadt, und ihre Bezeichnung ist ein zynisches Wortspiel. Kaum im Safe House angekommen, fesselte man Xu mit Handschellen, brachte ihn in einen Keller, nahm ihm die mitgebrachte Kleidung ab. Eine Woche später schleppten ihn die Snakeheads zu einem Telefon, und Xu rief ein Dutzend Verwandte an, die bereits in den USA lebten und bat um Kredite für das Schmuggelgeld. Er hatte Glück. Die Familie legte zusammen. Wer nicht bezahlen kann, wird geschlagen, oftmals gefoltert, in dramatischen Fällen ermordet. Als Xu das Geld an die Snakeheads überwiesen hatte, ließen sie ihn laufen – mit 34 000 Dollar Schulden, zu verzinsen mit drei Prozent jährlich, rückzahlbar so bald als möglich.
Wer Xus Geschichte hört, die er in ausschweifenden Formulierungen erzählt, getragen vom Singsang seines fujianesischen Dialekts, weiß irgendwann nicht mehr, was wahr ist und was phantasiert, und schon gar nicht, was verschwiegen wird aus Angst, zu viel von seiner Identität preiszugeben. Zwischen höflichen Gesten, geheimnisvollen Pausen, amü-

sierten Blicken und sanften Anfällen von Melancholie verschwimmt Xus Leben beinahe zu einer Fabel. Egal, mit wem man im Kastenghetto an der Bowery spricht, es fängt immer an mit einem Snakehead, der ins Dorf kommt und vom Schlaraffenland USA erzählt. Und jeder glaube den Snakeheads, sagt Xu. Schließlich habe auch er von Verwandten und Landsleuten gehört, die nach ihrer Flucht reich geworden seien. Weshalb er, der Elektriker und Zimmermann Xu Penghei aus Minhou, sich habe schmuggeln lassen ohne nachzudenken. Und gab es nicht auch im chinesischen TV diese Serie, in der ein Chinese nach New York ging und dort sein Glück machte? Der Mann sei reich geworden, sagt Xu, und er habe gedacht, in spätestens drei Jahren sei alles überstanden und er könne seine Familie nachholen.
So fing Xu an zu arbeiten, einen Schuldenberg vor sich, profitgierige Unternehmer im Nacken und die Familie in seinen Gedanken. Sein erster Job: Küchengehilfe. Töpfe schrubben und fettige Pfannen, Gemüse putzen und den Boden wischen, 16 Stunden täglich, nonstop auf den Beinen von zehn Uhr vormittags bis zwei Uhr nachts. Er schlief auf dem Betonfußboden im Keller des Lokals; wenn er daran denke, müsse er immer noch weinen, sagt Xu. In den ersten Monaten verließ er das Restaurant nur einmal alle vier Wochen, um in einer Filiale der Bank of China von 1100 Dollar Lohn 1050 Dollar an seine Gläubiger zu überweisen. Das entsprach einem Jahresverdienst in China. Vom Rest kaufte er sich eine Telefonkarte, die er in wenigen Gesprächen nach Minhou aufbrauchte. Die Arbeit, sagt Xu, sei sehr, sehr hart gewesen. Einmal sei ein Kollege am Herd zusammengebrochen. Man habe sich nicht um ihn kümmern können und daher bloß in einen Nebenraum gelegt. Lunch time, keine Zeit, sagt Xu leise. Als sie später nachgesehen hätten, sei der Mann tot gewesen, gestorben an Erschöpfung. Xu selbst kann nicht mehr arbeiten, seit sich ein Knochensplit-

ter von seinem vierten Rückenwirbel gelöst hat. Wenn er steht, lehnt er mit gekrümmten Zehen schief an der Wand, ein Bild des Jammers, die Haut übersät von schwarzen Flecken. Xu ist 35.

In einem Hinterhaus in der Catherine Street, etwa fünf Minuten Fußmarsch entfernt von der Bowery, findet man einen kleinen zähen Mann mit zerzaustem Haar und schiefem Gebiss. Wing Lam. Er leitet die Chinese Staff and Workers Association, die 1000 Mitglieder hat und kriminelle Machenschaften von Arbeitgebern in Chinatown bekämpft. Wing erzählt von erschütternden Fällen. Wie von dem jenes Mannes, der in einem Sweatshop T-Shirts nähte, einmal 137 Stunden lang von Montag bis Sonntag. Wing erzählt von einem Restaurant, das seinen Kellnern nicht den Mindestlohn zahlte, Überstunden nicht vergütete und auch noch das Trinkgeld einbehielt. Und da gab es diese Baufirma, die ihre Angestellten für 60 Prozent des regulären Lohns zwei Schichten täglich arbeiten ließ. Zwei Dollar Stundenlohn, sechs Monate ausstehende Bezüge, gesundheitsschädliche Chemikalien, Staub, Chlor, dazu Aufpasser, die Schutzkleidung verweigern und bei Verletzungen des Personals leugnen, die betreffende Person jemals gesehen zu haben, das ist alles kein Sonderfall, sagt Wing. Er meint, in New York herrschten Zustände wie auf Sklavenplantagen.

Peter Kwong, ein Professor am New Yorker Hunter College, hat ein Buch geschrieben über den Zusammenhang zwischen illegalen chinesischen Einwanderern und Ausbeutung am Arbeitsplatz. In »Forbidden Workers« erläutert Kwong, dass Fujianesen zwar nur einen Bruchteil der illegalen Immigranten in Amerika ausmachten, sich jedoch wegen der Zahlung horrender Schmuggelgelder in einer besonders prekären Situation befänden. Kwong sagt bei einem Treffen

in seiner Wohnung im schicken Viertel SoHo: Wenn sie einmal hier sind, gibt es keinen Ausweg mehr, sie müssen jeden Job annehmen, um ihre Schulden begleichen zu können, sie sind erpresserischen Methoden der Unternehmer schutzlos ausgeliefert, weil sie sich nirgendwo beschweren können. Wing meint, illegale Einwanderer seien der Grund dafür, dass die Löhne in Chinatown in den letzten fünf Jahren um 30 Prozent gesunken seien. Manchmal verdiene ein Tellerwäscher im Monat nur noch 500 statt früher 800 Dollar. Sie spielten mit ihrem Leben, hat der ehemalige Parteifunktionär aus Nummer 7 im Kastenland an der Bowery gesagt, der als Maurer chinesische Restaurants renoviert; seine Daumen sind zerquetscht und die von Rissen zerfurchten Handflächen vom Zement zerfressen.
Wenn dieser kleine, ausgemergelte Mann zusammen mit seinen beiden Verwandten abends auf dem Flur sitzt, vor einer Schüssel Brühe mit Shrimps, die zu kochen sie sich gedulden mussten, weil ohne den choreographierten Einsatz der zahlreichen Kochplatten sonst die Sicherungen im Containerwirrwarr durchbrennen, dann wissen sie längst, dass sie von den Snakeheads belogen wurden. Traurig blicken sie aus ihren Verschlägen auf die lärmende Bowery, ihre kleinen Fernsehapparate sind das Fenster zu Amerika, diesem verheißungsvollen Land, das sie nicht kennen. Ihr Heimweh lindern sie mit Videos über Kung-Fu-Helden und die mysteriösen Reisen der Prinzessin Kleine Schwalbe, eine beliebte Serie in China. Den Herzschmerz hingegen können auch die Huren von der Delancey Street, die 25 Dollar für zwölf Minuten Expresskoitus nehmen, nicht lindern. Bleibt nur die Hoffnung, dass den Insassen des Kastenghettos das gleiche Kunststück gelingt wie jenem Landsmann, den Wang, der Mitbewohner des Xu, beim Hochzeitsbankett im Nice Restaurant getroffen hat. Der hatte vor zehn Jahren in Nummer 1 gewohnt und besitzt nun ein Re-

staurant mit 300 Sitzplätzen auf Long Island, der Glückliche. Die Mehrzahl der illegalen chinesischen Einwanderer leidet unter Depressionen; Erkrankungen der inneren Organe und Krebs grassieren.
Als furchtlose Geister gehen sie auf die Reise, eine Illusion im Kopf, und enden doch als Furcht erregende Gespenster. Und niemanden hat es härter getroffen als Liu Youwei aus Nummer 26. Liu, ein sehr magerer Mann, der immer erschöpft aussieht, war Bauer in Fujian, wo er Wassermelonen, Reis und Blumenkohl angebaut hat, bevor er vor sieben Jahren auf einem mit 280 Menschen beladenen Trawler an der Küste Mexikos und später in New York landete. Liu hat hart gearbeitet und seine Schulden abbezahlt. Doch seit ihm die Nieren versagen, muss er zweimal wöchentlich zur Dialyse und kann nur noch gelegentlich als Teppichbodenverleger arbeiten. Sein chinesischer Arbeitgeber engagiert ihn nur noch für 50 Dollar Wochenlohn. 30 000 Dollar, meint Liu, habe ihn die Krankheit gekostet. Er spricht nicht von Medikamenten oder Arzthonoraren, er meint den Verdienstausfall. Seine Wohnkabine, 204 Dollar monatlich, zwei Betten untervermietet, finanzierte er bis vor kurzem mit dem Verkauf von gefälschten Telefonkarten.
Es ist ein Wunder, dass Liu zurechtkam. Irgendwie. Doch dann nahm das Unheil seinen Lauf. Erst der Anruf aus Seattle, dem dortigen Harbor View Medical Center, wohin man seinen Sohn gebracht hatte. Der war von Grenzbeamten mit 14 anderen Flüchtlingen auf dem Containerschiff Cape May entdeckt worden. Sie waren halb verhungert, litten unter Flüssigkeitsverlust, Kreislaufproblemen, drei von ihnen waren tot, krepiert an der zweiwöchigen Tortur von Hong Kong bis an die Westküste Amerikas. Am nächsten Tag ging Herr Liu zu einem Immigration Lawyer, einem auf solche Fälle spezialisierten Juristen in Chinatown, der versprach, seinen Sohn vor der Deportation zu bewahren. Sein

Honorar sollte 8000 Dollar betragen plus Spesen und Kaution. Liu meinte, seine Ersparnisse seien aufgebraucht, seine Frau in China müsse Geld von Verwandten borgen. Sollte es ihr nicht gelingen, müsse er wieder arbeiten. Er würde es nicht überleben, sagten die Mitbewohner.
Am 31. Januar gegen zehn Uhr morgens hörte Liu zwei Männer in Nummer 31 erst lautstark diskutieren, dann streiten. Als die Auseinandersetzung heftiger wurde und der ältere der beiden Insassen, ein Mann namens Dong Hsu Po, verzweifelt zu schreien begann, trat Liu aus seiner Kabine. Die Etage war verwaist, weil die meisten Bewohner längst zur Arbeit gegangen waren. Er sah, wie Dong gerade von seinem Mitbewohner Zhang Shi Lian auf dem Flur mit einem 45 Zentimeter langen Küchenmesser in den Rücken gestochen wurde. Liu stellte sich dem Täter in den Weg, der ihn an den Armen verletzte und dann die Treppe hinunterstürmte, vorbei am North Pole Gold Temple, vor dem handgeschriebene Schriftzeichen hängen, die besagen: Wer aus diesem Tempel stiehlt, wird 10 000 Jahre nicht wieder geboren. Dong verblutete am Tatort, Liu kam ins St. Vincent Hospital in Chinatown. Im Krankenhaus, sagt Liu, habe er begriffen, dass er seinen Sohn nie wiedersehen würde.
Die Bewohner von Nummer 81 Bowery brachten nach dem blutigen Zwischenfall ein Schloss an der Eingangstür an. Manche verschwanden für ein paar Tage aus Furcht vor unangenehmen Fragen. Wie sich herausstellte, hatte Dong dem Zhang Geld geliehen, das dieser nicht zurückzahlen konnte, weil er es in einem Spielcasino in Atlantic City verzockt hatte. Dorthin fahren von Chinatown aus jeden Freitag Reisebusse ab, vollbesetzt mit Chinesen, die das Glücksspiel lieben. Xu sagt, einarmige Banditen und Keno seien auch für ihn schon Ablenkung und Trost gewesen. Kurz vor dem Mord an Dong hatte Xu einen Brief von seiner Tochter bekommen, die inzwischen elf Jahre alt ist. Die Tochter

schrieb, sie wünsche sich, nach Amerika geschmuggelt zu werden, damit sie ihn pflegen und für ihn sorgen könne. Xu setzte sich auf seine Pritsche, gegenüber der Kühlschranktür mit dem Kalender, auf dem im Juli 1993 die Zeit stehen geblieben ist. Xu schrieb zurück: Komme nicht, es ist alles sehr schwer hier und man fühlt sich sehr einsam.

## Bube, Dame, König, Aus

Spielsüchtige in Las Vegas

Bube. Dame. König. Ass. Fehlt die Zehn. Hold. Hold. Hold. Hold. Draw. *Mein Gott, wo sind die Kinder?* Eine Sieben. Nochmal. Draw. Zwei Buben. Ein Ass. Könnte ein Full House werden. *Irgendwo in Kanada, das war die letzte Nachricht.* Hold. Draw. Wieder nichts. Flimmernde Spielkarten auf dem Bildschirm. Sie werden größer und größer. *Einfach verschwunden, verschleppt vom Vater ohne Goodbye.* Der rechte Zeigefinger hämmert auf die Tasten. Draw. Hold. Draw. *Bloß nicht nach Hause. Der neue Freund, der schreit: »Fette Kuh! Dumme Nuss!«* Keine Ruhe nachts, immer Stimmen. *»Mama, wo ist mein Lieblingssweater?«* Pik. Karo. Kreuz. Draw. Hold. Draw. *»Mama, mein Knie blutet.«* Nicht hinhören. Spielen. Drücken. Dreimal Herz. Hold. Hold. Hold. *Hier bin ich sicher, hier sieht mich niemand. Keine schwielige Hand, die mich schlägt.* Ein Automat, ein Bildschirm, bunte, tanzende Bilder auf Knopfdruck. *Alles ist sinnlos.*

Linda B. sagt, sie habe nichts mehr gefühlt. Nichts mehr gegessen, sei tagelang nicht zur Toilette gegangen. Nur noch Sitzen, Spielen. Videopoker, ein sanftes Plopp, wenn die Spielkarten erschienen, klickende Tasten. Den Klangteppich ringsum, das penetrante Bimmeln und Stimmengewirr, hat sie nicht mehr wahrgenommen. Menschen? Die rauchgeschwängerte Halle? »Ich wusste nicht mehr, wer ich war, wo ich war«, sagt Linda. Sie vergaß sogar, dass sie am nächsten Morgen wieder in den Supermarkt gehen und pünktlich an der Kasse sitzen musste. Tasten auch dort. Gleiches Spiel, Bilder aus Zahlen. Danach wieder ins Casino. Griff zum Portemonnaie. Scheckbuch. Kreditkarte. Unentwegt, halb in Panik, halb in Trance. »Es ging nicht um

Geld«, meint Linda, »ich wollte nur nicht zu schnell verlieren, ich musste in Aktion bleiben. Nicht über mich nachdenken war alles, was ich wollte.« Nach 18 Monaten hatte sie sich ruiniert.

»Ich wäre lieber ein Heroinabhängiger«, sagt der Psychologe Rob Hunter, »als ein Spielsüchtiger.« Hunter kennt Lindas Leiden und Zusammenbruch. Ihre Geschichte ähnelt der jener 4000 Patienten, die er bei Problem Gambling Consultants Inc. in Las Vegas seit 1986 therapeutisch betreut hat. Immer handelte es sich um Menschen, die unglücklich und depressiv waren, immer haben sie sich deshalb in die Spielhöllen der Stadt geflüchtet, immer ging es schnell zu Ende mit ihnen. »Sie werden Zombies«, meint Hunter, »und sie haben kaum eine Chance auf Heilung.« Die Erfolgsquote von Hunters Team ist verschwindend gering. »Wenn sie kommen, ist es längst zu spät.« Auch weil Spieler im täglichen Leben zu lange funktionieren, die Gesellschaft sie nicht rechtzeitig aussortiert wie Alkoholiker oder Drogensüchtige. Hunter: »Spielkarten und Automaten hinterlassen keine sichtbaren Spuren, keinen körperlichen Verfall.« 25 Prozent von Hunters Patienten haben Selbstmordversuche hinter sich. »Wie viele aus Verzweiflung in den Suizid gingen, kann man nur schätzen.«

Viva Las Vegas. Leuchtendes, flimmerndes Wunderwerk der Lichter und Illusionen, gigantischer Vergnügungspark mit in Beton gegossenen Mythen. Las Vegas lockt mit Pyramide, Ritterburg, Manhattan und Paris im Kleinformat, einer Replik Venedigs mit schwarzen Gondolieren und stubenreinen Tauben, die unter ewig taubenblauem Himmel an der Decke ihre Runden drehen; über die Rialto-Brücke führt eine Rolltreppe, zwei Gehsteige entfernt davon sinkt mehrfach täglich ein Piratenschiff. Überall surreale Shows mit exotischen Tieren, Sciencefiction, Klamauk, Comedy und

Frühstücksbüfetts zu 99 Cents. Jedes Jahr kommen 36 Millionen Besucher, die Hotels, darunter die größten der Welt mit bis zu 6000 Zimmern, waren in den letzten Jahren zu 95 Prozent ausgebucht.
Hunters Büro liegt am Alta Drive, nördlich des Las Vegas Boulevard, direkt neben einem brachial zwischen die Häuser zementierten Highway. Von hier aus kann man das Szenario auf dem Strip nur erahnen. Besser so. Im gleißenden Tageslicht werden die Fassaden der Märchenpaläste zu monströsen, absurden Attrappen. Pulks von Menschen, die sich schwitzend über den brütend heißen Asphalt schleppen, in die klimatisierten Shopping Malls der Casinos flüchten und schon um acht Uhr morgens vor einem Margarita sitzen. Die Losung zum Frühstück: Happy Hour; zwei Drinks für den Preis von einem. Die »New York Times« hat den Strip einmal »eine echte Fälschung auf der höchsten, lautesten und unauthentischsten Ebene von Einbildung und Erfindung« genannt. Doch Peter Earley, der das Buch »Mega Casinos« geschrieben hat, sagt: »Im Bauch des Kunstwerks rumort es, da ist Verzweiflung, Herzschmerz und Ruin.« Jemand muss die ganze Chose schließlich bezahlen.
»Ich habe diese Stadt immer verteidigt«, sagt Hunters Assistent Bo Bernhard, Soziologe von Beruf, dessen Urururgroßvater in das letzte Refugium des Wilden Westens geriet, nachdem er aus Texas ausgewiesen wurde; er betrieb einen Saloon mit illegalem Glücksspiel. »Las Vegas war für mich immer Inbegriff von Abenteuer, Freiheit, Selbstverwirklichung«, so Bernhard, »bis ich bei Dr. Hunter landete, erst da begriff ich, welches Krebsgeschwür hier wuchert.« Es ist eines, das sich über ganz Amerika ausgebreitet hat. Hale Humphrey schreibt in seinem Buch »This must be Hell – A Look at Pathological Gambling«: »Unsere Gesellschaft hat Kreativität durch passiven Zeitvertreib ersetzt,

nichts hat mehr mit inneren Fähigkeiten und Werten zu tun.« Humphreys Schlussfolgerung: »Der Spieler ist ein Resultat dieser Abkopplung von uns selbst. Bedeutung wird ersetzt von Bedeutungslosigkeit, wir erwarten nur noch schnelle Befriedigung, Aufregung und Reize.«

Die Casinoindustrie ist im letzten Jahrzehnt eine von Amerikas rentabelsten Wachstumsbranchen geworden. Inzwischen gibt es nur noch drei Bundesstaaten ohne Spielhöllen, die fast ausnahmslos in strukturschwachen Gebieten stehen. Wie in Atlantic City, New Jersey, dieser Mischung aus Gigantismus und Slum am Meer, oder in Tunica im Bundesstaat Mississippi, der drittgrößten Spielerdestination. Tunica County war einmal der ärmste Landkreis der USA. Hunter: »Selbst South Carolina ist voller Bretterbuden mit Automaten, die verheerenden Konsequenzen werden übersehen.« 120000 Spielsüchtige, so Bernhard, gebe es in Las Vegas; sechs Prozent aller Amerikaner seien Problemfälle oder krankhafte Spieler, insgesamt 15 Millionen Menschen. Dennoch gibt etwa Nevada keinen Cent für therapeutische Einrichtungen aus, insgesamt sind es in Amerika pro Einwohner zwanzigmal weniger als in Kanada. »Was die Akzeptanz der Krankheit angeht«, sagt Hunter, »sind wir in etwa dort, wo Alkoholismus vor 35 Jahren war, sie gilt als Charakterschwäche.«

Linda hat sich schnell verabschiedet nach der zufälligen Begegnung in Hunters Büro. Sie fühle sich nicht wohl. Ja, man könne sie anrufen. Natürlich, sie würde noch mehr erzählen. Das Phänomen der Spielsucht kann der Psychologe sowieso besser erklären. Die Abhängigkeit, so Hunter, entstehe im Gehirn, der Reiz, den Gewinnen oder Verlieren auslöst, wirke ähnlich wie bei Nikotin, Morphium oder Heroin als Neurotransmitter im Zellgewebe und verändere die Gemütslage. »Er erzeugt keine Veränderung der Situation des Menschen«, so Hunter, »er schafft jedoch Ablenkung. Je mehr, je schneller, desto intensiver.« Der große blonde Mann weiß, wovon er spricht; er ist Kettenraucher. Schlimm genug, doch von nichts werden mehr und rasantere Reize ausgesendet als von Spielautomaten. 99 Prozent aller pathologischen Spieler, Compulsive Gambler genannt, sind Videopoker verfallen, 60 Prozent der Einnahmen in Casinos, neun Milliarden Dollar jährlich alleine in Las Vegas, werden mit diesen Apparaturen erzielt. »Wenn Spielen eine Droge ist, dann ist Videopoker das Äquivalent zu Crack Cocaine«, sagt Bernhard. Der Tod unter der Schädeldecke.

Tami C. war eine von Hunderttausenden, die nach Las Vegas kamen, um vom gigantischen Boom der Stadt zu profitieren. Ausgelöst wurde er 1990 vom Casinotycoon Steve Wynn, der mit seinem »Mirage« die vorläufig letzte Wandlung des Strip initiierte, welcher wiederum pausenlos danach trachtet, sich immer neu zu erfinden. Wynns Phantasie gebar weiße Tiger, eruptierende Vulkane, einen Dschungel in der Hotellobby. Und Las Vegas mutierte von der Geldwaschanlage der Mafia über die Schaubühne amerikanischen Entertainments zum Urlaubsziel für Eltern, Kind und Kegel. Eine Königsidee, endlos kopiert seither. So wurde die von Einöde, Kakteen und Mesquitebüschen umgebene Stadt zur am schnellsten wachsenden des Landes mit heute 1,4 Millionen Einwohnern. Jedes der 125 000 Hotelzimmer gibt fünf Familien ein Auskommen, jährlich ziehen 70 000 Menschen zu, bringen 15 000 schulpflichtige Kinder mit und die Hoffnung auf bescheidenen Wohlstand. »Die Häuser sind preiswert«, sagt Tami, »die Löhne sind hoch, wo sonst können Menschen wie wir schneller mehr erreichen?« Sie verdiente als Karten-Dealerin 90 000 Dollar per anno, das Trinkgeld von mindestens 100 Dollar täglich nicht mitgerechnet.
Ein italienisches Restaurant in Henderson, einem unauf-

haltsam in die Wüste mäandernden Stadtteil. Draußen Baustellen mitten im Brachland, entlang der Straßen die Insignien der amerikanischen Konsumkultur. 7 Eleven. Shell. Blockbuster. McDonald's. Es ist elf Uhr morgens. Tami trinkt Rotwein. »Wir hatten ein schönes Haus, einen Swimmingpool«, sagt sie, »aber Las Vegas hat unser Leben zerstört.« Ihr Mann Michael und sie arbeiteten im selben Casino; er vormittags, sie hatte die »Friedhofsschicht« von zwei bis acht Uhr morgens. Die beiden sahen sich kaum noch, ihre drei Kinder meistens nur einen Elternteil, auch die Freizeit des Ehepaars spielte sich in Casinos ab. »Sonst gibt es hier nichts, selbst, wenn man ins Kino will, muss man an Spieltischen und Automaten vorbei.« Freunde? »Alle kommen von Irgendwo«, so Tami, »jeder ist dem anderen fremd, auch am Arbeitsplatz.« Auf die Frage, warum sie ihre verschlafene Heimatstadt Williams in Kalifornien hinter sich ließ, antwortet Tami lapidar: »Geld.«
Irgendwann fing sie an zu spielen, erst ein paar Stunden, kleine Summen. Sie sagt, sie habe die Abwechslung gemocht, gedacht, der nächste Dollar könne ihr Leben verändern. Sie wusste, es geht; einmal machte ein Mann beim Blackjack an ihrem Tisch in vier Stunden 1,6 Millionen. »In Wahrheit«, weiß sie nun, »hatte ich andere Sorgen.« *Die Ratenzahlungen für das Haus, der Job, die Kinder – mir wird das alles zu viel.* Hold. Draw. Sie spielte länger, verlor mehr und mehr, die Streitereien mit Michael wurden heftiger. »Ansonsten hatten wir nur noch stummes Nebeneinander.« *Liebe ich diesen Mann?* Draw. Hold. Bis zu 2000 Dollar täglich verschwanden in den Automaten. *Wie soll ich es erklären? Ich fühle mich schuldig, ich schäme mich.* Nächster Geldschein in den Schlitz. Als ihre zweijährige Tochter Rylee mit einer Asthmaattacke ins Krankenhaus eingeliefert wurde, war die Familie bankrott. Haus weg, Autos gepfändet, die Altersversorgung für beide hatte Tami heimlich auf-

gelöst: »Ich fühlte mich als Rabenmutter, schlechteste Ehefrau, schlechtester Mensch der Welt.«

70 Prozent aller Einwohner Nevadas leben in Las Vegas. Familien wie die von Tami, Mittelklasse, die meisten, aber nicht nur. Die Peripherie der Stadt ist gesäumt von Wohnanlagen für Senioren. Retirement Homes, die aussehen wie aus Schablonen gestanzt. Das trockene Klima ist gut für Arthritis und andere Altersleiden. Hinzu kommt die verlockende Aussicht bei null Prozent Einkommens- und niedrigen Grundsteuern den Lebensstandard nach der Pensionierung in die Höhe zu schrauben. Zwei von drei Senioren über 55 in Las Vegas nennen Langeweile und Einsamkeit ihre größten Probleme, Glücksspiel als Hobby Nummer eins. Hunter erinnert sich an diese distinguierte Dame, die mit ihrem Mann, ehemals Bankdirektor, von Chicago aus nach Las Vegas zog, um den Lebensabend stilvoll zu genießen. Die Frau vermisste den Glamour, das kulturelle Flair Chicagos und verspielte 500 000 Dollar, die Ersparnisse der beiden, in wenig mehr als einem Jahr. Als sie sich erschießen wollte, klemmte die Trommel des Revolvers.
Las Vegas leidet unter Lehrermangel, zu wenig Kindergärten, Unterversorgung in fast allen sozialen Bereichen. Der Bundesstaat Nevada ist in den USA führend, was Selbstmorde, Tod durch Schusswaffen, Alkoholiker, Schwangerschaften unter Teenagern und Jugendliche ohne Schulabschluss angeht. Pater André vom Shrine of The Most Holy Redeemer, gelegen zwischen dem Tropicana Casino und dem goldenen Luxuspalast Mandalay Bay mit künstlichem Strand und Wellengenerator, erzählt: »Die meisten Menschen, denen ich die Beichte abnehme, sind zutiefst orientierungslos.« Zu den Gottesdiensten am Wochenende kommen im Schnitt 4000 Gläubige; die Diözese Las Vegas verzeichnet seit Jahren den größten Zuwachs in den USA.

»Dies ist eine optimistische, kulturell verödete Gesellschaft«, sagt Bernhard, »die negative Gefühle verdrängt, anstatt sie zu verarbeiten.« Wenn sie bei ihm zum Vorgespräch erschienen, antworteten sie auf die Frage, wie es ihnen ginge, stereotyp: »Fine.« Gut. Bernhard: »Die Wahrheit ist: Es geht ihnen beschissen.«

Mittwochnachmittag. Therapiestunde bei Problem Gambling Consultants Inc. Sie sitzen im Kreis, 17 Menschen aller Altersstufen, aller sozialen Schichten. Ein Bauarbeiter mit tätowierten Armen neben einer Bankmanagerin, eine adrette, junge Hausfrau und Mutter neben einer verlebten, mittellosen Schwarzen, ein Angehöriger der US Army neben einem alten Mann in zerschlissenen Segeltuchschuhen. Hunter: »Diese Krankheit ist klassenlos und lässt auch deshalb lange nicht zu, die Dimension des Biests in sich zu erkennen.« Die Gruppe sitzt verschüchtert, sie wirken ratlos und selbstmitleidig, die Schwarze fragt leidend: »Warum liebt mich keiner?« Hunter: »Bullshit! Ihr seid so bejammernswert, dass ich mich wundere, wie ihr euch heute Morgen überhaupt anziehen konntet.« Abstinenz, sagt er, sei verändertes Handeln, Heilung hingegen Abstinenz plus verändertes Denken. Linda? Nicht da. Mehrere Nachrichten auf ihrem Anrufbeantworter bleiben unbeantwortet.
Sie tun sich nicht leicht mit der Wahrheit. Alle hatten gelogen, gestohlen, ihre Partner gedemütigt, ihre Familien desavouiert. Ein ungedeckter Scheck jagte den nächsten, Kredithaie drohten, den Angehörigen könne etwas zustoßen. Liz N. etwa hatte ihrem Enkel ein Spielzeug ohne Batterien geschenkt, um selbst an Heiligabend einen Grund zu haben, das Haus zu verlassen: »500 Dollar später kam ich zurück – ohne Batterien.« Der Bauarbeiter verlor innerhalb einer Woche seinen Job, sein Auto, seine Wohnung und hatte einen Motorradunfall. »Als bei meiner Mutter Lymphdrüsen-

krebs diagnostiziert wurde«, sagt er, »fühlte ich nichts, ich war eiskalt, ich war ein Monster geworden.« Die Kinder der adretten Hausfrau flehten: »Mama, wir wollen, dass du gehst.« Nun also Schluss, Therapie als letzte Hoffnung? »Wenn sie die nächsten 100 Dollar haben, kommt die Versuchung zurück«, so Hunter. »Und erzähle nie einem Gambler, wie viel Geld er verspielt hat. Er würde dir immer sagen, wie viel er beim nächsten Mal gewinnen kann.« Bernhard: »Die Droge beinhaltet die Chimäre eines Auswegs, das ist der teuflische Aspekt.«

Ein letzter Termin. Howie C. Er kommt aus Albuquerque, New Mexico, um seine Tochter zu besuchen, die im Caesars Palace als Serviererin arbeitet. Auf dem Weg vom Flughafen zum Strip, wo wir zu Mittag essen wollen, sagt er: »Ein gutes Restaurant? Hm, ich kenne eigentlich nur gute Plätze zum Spielen.« Howie hat 18 Jahre in Las Vegas gelebt. Er kam, um professioneller Gambler zu werden, nachdem die illegalen Buchmacher in Los Angeles ihn nicht mehr akzeptierten; er setzte zu viel, gewann zu oft. »Ich dachte, hier werde ich Millionär.« Seiner Frau versprach er Windeln aus Nerz für die Kids und Reisen um die Welt, doch dann verließ ihn das Glück, seine Frau benutzte zerschnittene Küchenhandtücher als Monatsbinden, die Urlaube fielen flach. Howie verweigerte ihr einmal sogar Geld für die Reparatur des Boilers im Badezimmer: »Ich dachte, ich muss das Geld bunkern für eine Pechsträhne.« Howies Mutter opferte ihre Altersversorgung, nachdem er ihr versprach aufzuhören. »Am nächsten Tag machte ich weiter.«
Howie hat hinter den Spieltischen mehrerer Casinos gearbeitet und nach Feierabend gezockt. Er ist ein kleiner, unscheinbarer älterer Herr, er litt immer unter Minderwertigkeitskomplexen: »Geld gewinnen ließ mich groß und wichtig erscheinen, smarter, toller als alle anderen.« Er er-

zählt von den 1900 Dollar, die er einmal in einer Woche aus 50 Cents machte, von den 67 Stunden, die er ein andermal ununterbrochen am Pokertisch saß. Und von seiner ersten Sitzung bei Gamblers Anonymus in Las Vegas, zu der nur drei Leute erschienen, kein Psychologe, so dass Howie kurzerhand die Leitung übernahm. Das war vor 17 Jahren, als »ich noch glaubte, keiner außer mir kann so krank sein. Ich machte Hypnose, sie wirkte vier Tage, ich ging zum Psychiater, er erklärte mir, warum ich spiele, aber er konnte mich nicht stoppen.« Willenskraft, sagt Howie, nur das habe ihn gerettet. »Ich dachte, ich liebe das Glücksspiel, in Wirklichkeit liebte ich die Misere.« Hunter kennt außer Howie nur drei Spieler, die den Ausstieg schafften.
Wir schlendern durch den Caesars Palace. Um uns herum tobt das Geschäft. Blackjack. Bingo. Craps. Keno. Bimmelbammel. Klickerdiklacker. Rien ne vas plus am Roulettetisch. Ritschratsch an den Automaten. Hold. Draw. Der Stuck an der Decke ist aus Spritzguss, das Ambiente eine Mixtur aus schwülstig Epigonalem. Die Angestellten wissen nicht, wo die Statue von Julius Cäsar zu finden ist, im Restaurant des Starkochs Wolfgang Puck wird Pizza mit Lachs und Kaviar serviert. Gedränge in der Boutique von Gucci. Die Luft ist mit Sauerstoff angereichert, um die Kundschaft nicht ermüden zu lassen, nirgendwo eine Uhr, versteckte Videokameras überall. Howie muss weg. Die Mitbewohnerin seiner Tochter liegt nach einem Selbstmordversuch im Krankenhaus. Howie: »Schlaftabletten, Alkohol, Videopoker – ich habe es schon lange kommen sehen.«

Aus der Parkgarage ein letztes Mal hinauf auf den Strip. Es ist abends kurz nach neun. Farbenfrohes, loderndes Neoninferno. Stau auf dem sechsspurigen Boulevard, die Gehsteige und Fußgängerbrücken sind übervölkert. Aus dem riesigen Wasserbassin vor dem Bellagio Resort & Casino,

Wynns jüngste Kreation, für die er sich von seinem Lieblingsort an einem norditalienischen See hat inspirieren lassen, schießen gigantische Fontänen zu Pavarotti vom Band. Es ist schrecklich kitschig und traumhaft schön.

## Ritschratsch in den Ruin

Amerikas Obsession für Kreditkarten

Wie der amerikanische Traum aussieht? Am besten Marilyn fragen. Sie hat laut Guinness Buch der Rekorde den höchsten jemals gemessenen IQ und zerschlägt in ihrer Kolumne »Ask Marilyn«, die in Hunderten von US-Tageszeitungen erscheint, von Berufs wegen Gordische Knoten. Marilyn vos Savant sagt: »Der amerikanische Traum umfasst heute ein Haus in der Vorstadt mit einer Allee davor und einem Garten dahinter, eine Veranda für Barbecues, Campingausflüge, Angeltouren, zwei Autos, schlaue, folgsame Kinder und Internetanschluss.«

Eine gute Antwort. Aber was ist mit den vier Fernsehern, drei Computern, zwei Mobiltelefonen, Videospielen für die Kids, Restaurantbesuchen, Kinoabenden, Shopping am Wochenende und dem Kurztrip auf die Bahamas? Was ist mit dem Diamantring zum Hochzeitstag, dem Klavier für die Tochter, den Baseballtickets für den Sohn, der privaten Collegeausbildung für beide, der neuen Polstergarnitur alle zwei Jahre? Und was ist, wenn der Nachbar plötzlich den größeren Chevy Suburban fährt?

Amerika glaubt an Freiheit und Individualismus, an zweite Chancen und daran, dass es dort allen besser geht als anderswo. Hier kann jeder alles haben, und deshalb glaubt Amerika vor allem an Konsum. Lendol Calder sagt: »In dieser Kultur ist der ideale Mann, die ideale Frau Konsument. Und beim Konsumieren fühlen sie sich lebendiger und menschlicher als am Arbeitsplatz, im Gebet, auf einem Berg oder bei einem Akt der Nächstenliebe.« Calder hat das Buch »Financing the American Dream – A Cultural History of Consumer Credit« geschrieben und meint: »Der amerikanische Traum ist ein Paradox, das so tief in das alltägliche

Leben dieses Landes eingegraben ist, dass eines völlig übersehen wird: Er ist fabelhaft teuer und dennoch erschwinglich für jedermann.« Wie? Mit Kredit, Kredit und mehr noch mit Kreditkarten.

Exakt nach diesem Prinzip ruinierten sich Michael und Cynthia P., beide Ende zwanzig und beschäftigt bei der Gefängnisverwaltung in Huntsville, Texas. »Money Magazine« hat ihren Fall exemplarisch nacherzählt. Das Ehepaar P. verdiente zusammen 40 000 Dollar im Jahr und finanzierte mit insgesamt 60 Kreditkarten derart ungehemmt seine Wünsche und Michaels Fortbildung, dass es nach drei Jahren nicht mehr in der Lage war, die monatlich geforderten Mindestbeträge mit dem gemeinsamen Einkommen zu bestreiten. Am Ende standen 34 500 Dollar Ausstände zu Buche, und Michael sagt heute: »Wir wollten alles und möglichst sofort. Dabei haben wir das Geld, das wir noch gar nicht verdient hatten, ausgegeben für Dinge, die wir längst benutzten.« Endstation Konkursrichter, und keineswegs ein tragisches Einzelschicksal.

1,4 Millionen Pleiten von Privatleuten wurden 2000 in den USA registriert, statistisch gesehen doppelt so viele wie in Kanada, zwölfmal mehr als in Großbritannien. Und die meisten beginnen wie bei Familie P. mit verlockenden Angeboten. Sie kommen meistens per Post, zwei- bis dreimal pro Woche. Sie versprechen Kredit bis zu 5000, 10 000, sogar 100 000 Dollar zum Einführungszins von 1,9 Prozent, Gratisreisen, sie locken mit Rückzahlungen und Verlosungen für häufige Benutzung, manchmal mit Krimskrams, manchmal mit Pfandbriefen. Was weniger ins Auge fällt, ist das Kleingedruckte: bis zu 25 Prozent Zinsen nach der Startphase, Strafgebühren für verspätete Rückzahlung des Mindestbetrags oder Überziehung des Limits, Androhung von Gerichtsverfahren und Pfändung. Wer kapiert schon, dass die Bonusmeile für Delta Airlines pro ausgegebenen Dollar nur 2 Cents wert ist, aber 2,17 Cents Zinsen erzeugt? Und wer denkt schon daran, dass es 47 Jahre dauert, mit Mindestbeträgen 8000 Dollar abzubezahlen? Ein Dollar produziert in diesem Fall drei Dollar Zinsen.

Nichts prägt das tägliche Leben in Amerika so sehr wie das kleine, bunte Stück Plastik. 1,5 Milliarden davon sind derzeit im Umlauf, benutzt von 158 Millionen Personen. Sie kommen in normierter Form und allerlei Farben, werden ausgestellt von Firmen wie VISA, MasterCard und American Express und allen Banken, aber auch von Unternehmen wie General Electric, Mineralölkonzernen, Großhandelsketten und Kaufhäusern. Kein Hotel lässt sich ohne sie buchen, kein Mietwagen bestellen, kaum ein größerer Einkauf tätigen. Denn wer Bargeld benutzt, hat im Land der unbegrenzten Möglichkeiten den Ruch des Bankrotteurs, dem niemand Kredit gewährt. Selbst Kioske sind bewaffnet mit braunen Farbstiften, die jede Banknote über 20 Dollar auf Echtheit überprüfen. »Aber haben Sie erst einmal ein oder zwei dieser Plastikdinger, dann sind Sie zum Schuldenmachen nachgerade berechtigt«, schreibt der Soziologe Paul Watzlawick in seinem Bestseller »Gebrauchsanleitung für Amerika«, »die Art und Weise, wie dabei aus nichts etwas (Ihr Kredit) entsteht, ist ... sozusagen ein Akt der Urzeugung.«

Die Kreditkarte entspringt dem Bedürfnis der Amerikaner nach bequemen, schnellen Lösungen und ist überdies Ausdruck ihres Unternehmergeistes. »Just do it«, formuliert es der Sportartikelhersteller Nike. »Just charge it«, lautet die abgewandelte Losung, die zahlreiche Kreditkartenfirmen in pausenlosen Werbekampagnen ausgeben, mit 3,5 Milliarden Postwurfsendungen jährlich, 37 pro Haushalt. Fast eine Milliarde verschlingt die Werbeschlacht pro Jahr mittlerweile, niemand entgeht der Berieselung, keiner dem verführerischen Reiz. VISA verspricht: »Have it your way with

VISA.« American Express garantiert: »Your key … opens doors for you all over the world.« Discover lockt mit: »It pays to Discover.« Eine Einladung zum Geldausgeben ohne Rücksicht auf den nächsten Tag. Im Schnitt hat jeder Amerikaner derzeit 11 575 Dollar Kreditkartenschulden.

Eric Simons betreut mit seiner New Yorker Firma Simons Financial Network etwa 70 Privatkunden, denen er bei der Planung und noch öfter Reparatur ihrer Geschäfte beisteht. Er sagt: »Mit Geld umgehen bedeutet mathematisch denken, der menschliche Kosmos wird hingegen dominiert von Gefühlen.« Weshalb, wie Simons meint, die Leute mehr von Fitness und Rosenzucht verstünden als von ihren eigenen Finanzen. »Kredite gibt es seit Menschengedenken«, sagt Simons, »aber hier sind sie längst tägliche Routine, ohne dass sie nachvollziehbar wären. Wir haben keinen Kontakt mehr zu dem, was passiert.« Das liegt nicht zuletzt am elektronischen Zeitalter, das auch eine amerikanische Erfindung ist. Simons: »Heutzutage können sie im Internet ein Vermögen ausgeben.« Bezahlen mit etwas, das nicht da ist im virtuellen Niemandsland. Die perfekte Illusion.
»Think of it as Money«, fordert MasterCard. »Denk an die Konsequenzen«, steht nicht dabei. Deswegen hat der leitende Redakteur Vince Passaro von »Harper's Magazine« einen Essay zu Papier gebracht, in dem sich der Satz findet: »Interessant an meiner Art und Weise des Verschuldens war, dass ich keine realistische Vorstellung davon hatte, wie ich das alles jemals wieder abzahlen wollte.« Passaro hatte 63 000 Dollar Ausstände angehäuft, 28 000 davon auf Kreditkarten. Das ist insofern bemerkenswert, als er und seine Frau über ein Jahreseinkommen von 110 000 Dollar verfügten. Doch die Schulgebühren für die Töchter, die Diners in eleganten Lokalen, die Prada-Schuhe für Mrs. Passaro, kurz der Wunsch nach gehobenem Lebenswandel war stärker als

die Vernunft des hochbegabten Denkers, der kein Sparbuch besaß. Wer hat das in den USA schon? Wozu auch? Passaro: »Amerikaner leben für den Moment, die spirituellen und psychologischen Kosten dieser endlosen Spirale von ständig steigenden Ausgaben sind ihnen nicht bewusst.«

1958 betrug die Gesamtverschuldung der US-Bürger 45 Milliarden Dollar, dreißig Jahre später 666 Milliarden, und inzwischen sind es 6,5 Billionen. Zwei Drittel davon wurden für Eigenheime aufgenommen, der nächstgrößere Posten sind Darlehen für Autos. Jeder Amerikaner träumt zunächst von den eigenen vier Wänden und kann ohne seine vier Räder nicht leben. Da das aber schon einen Großteil seines Einkommens verschlingt, liegt Amerikas Obsession für Kreditkarten geradezu auf der Hand. Sie schaffen Abhilfe, wo immer das Verlangen zu konsumieren groß ist. »In einem System, das soziale Verantwortung nie gewollt hat und die Freiheit des Individuums über alles stellt«, sagt Mary Johnson, »hat das dazu geführt, dass 80 Prozent aller Amerikaner inzwischen nur einen Notfall vom wirtschaftlichen Kollaps entfernt sind. Krankheit, Totalschaden, Arbeitslosigkeit – und das Kreditkartenhaus bricht in sich zusammen.«

Johnson ist Sprecherin des gemeinnützigen Consumer Credit Counseling Service (CCCS) in New Jersey. 1200 Büros betreibt der CCCS in den USA und stellt dabei Entschuldungsprogramme zusammen und Verbindungen zu karitativen Organisationen her, die Kleidung, Nahrungsmittel und billige Wohnungen anbieten, er vermittelt außerdem Kinderkrippenplätze, damit Mütter dazu verdienen können. »Am schlimmsten trifft es die Mittelklasse und die unteren Einkommensschichten«, sagt Johnson, »für die geht es nur mit harten Einschnitten.« Sie hat allerdings in ihrem Büro in Cedar Knolls alle möglichen Kandidaten vor dem Schreibtisch gehabt: erfolgreiche Geschäftsleute, Priester,

Schauspieler und sogar Politiker. In vielen Fällen verantwortungsbewusste Eltern, keineswegs doof, selten Shopaholics. »Amerikaner können nicht mit Geld umgehen«, sagt Johnson, »denken Sie nur an Donald Trump.« Der hätte beinahe das vom Vater ererbte Immobilienimperium verzockt.

Sicher, Trumps Problem waren nicht Kreditkarten. Auf Leute wie ihn hat es die Branche auch nicht abgesehen. Wer Geld hat, für den ist Plastik eine wunderbare Sache. Bei pünktlicher Rückzahlung in voller Höhe kommt man zinsfrei davon. Solvente Klienten werden »Deadbeats« genannt. Totschläger. Lukrativ sind einzig »Revolver«. Es handelt sich dabei um Menschen, die sich quasi um die eigene Achse drehen, weil sie nie mehr Geld haben, als sie ausgeben und dadurch auf hohen Schuldständen sitzen bleiben. Die perfekten Opfer sind Angestellte in mittleren Positionen, Arbeiter, Beamte, Kleinunternehmer, Senioren und immer häufiger Studenten. VISA und Konsorten mogeln sich mit Spenden in die Hörsäle der Universitäten und tarnen ihre Verkaufsshows als Crashkurse für den vernünftigen Einstieg in die Welt des Geldes. »In Wahrheit ist es verantwortungslos, Jugendliche zu ködern«, meint Johnson, »sie haben nie gelernt, Finanzen zu managen, und bürden sich oft Belastungen auf, die sie ein Leben lang begleiten.« So gesehen kann einem VISA Buxx, die Kreditkarte für Teenager, nur Angst und Bange machen.

Nicht selten bedient sich die Branche noch dreisterer, teils sogar illegaler Methoden. Das Unternehmen Providian wurde unlängst erneut, diesmal zu 105 Millionen Dollar Schadenersatz verurteilt, weil es schamlos unberechtigte Strafgebühren (29 Dollar sind die Regel) verhängte und Zinssätze manipulierte. Überhaupt ist das Geschäft von einer Aura aus Skrupellosigkeit und Chaos umgeben. Alessandra Scalise erhielt von der Charter One Bank eine Karte mit 5000 Dollar Limit. Alessandra war zu diesem Zeitpunkt drei Jahre alt. Die Finanzexpertin Terry Savage, oft zu diesem Thema in Talkshows zu Gast, befürchtet angesichts des Kriegs gegen den Terrorismus in Zeiten weltweiter Rezession längst eine weitere Flut von privaten Pleiten: »Der Wohlstand des letzten Jahrzehnts beruht auf Krediten, die wir uns nicht mehr leisten können.« Der Schuldner Passaro meint: »Ich kann den Firmen nur viel Glück wünschen. Dass wir überhaupt noch etwas zurückzahlen, wundert mich.«

Wie? Ganz einfach. Das Spiel heißt Credit Card Shuffle. Mit anderen Worten, wie auf einem beliebten Autoaufkleber zu lesen steht: »I pay my Visa with MasterCard.« Daniel C. war ein Meister im Credit Card Shuffle. Es fing an mit 600 Dollar, als er noch studierte. Er bekam seine erste Kreditkarte ohne Sicherheiten und gegen Vorlage des Studentenausweises, der in jedem Kopierladen hätte gefälscht sein können. Als das Geld ritschratsch verbraucht war, stellte sich Daniel auf magere Zeiten ein. Und wurde für seine Unbedarftheit mit 5000 Dollar Limit belohnt. Er benutzte das Geld für seine Ausbildung zum diplomierten Buchhalter, gönnte sich ein paar Vergnügungen. Man ist schließlich nur einmal jung. Vier Jahre später hatte er fünf Kreditkarten und 15 000 Dollar Schulden. »Ich dachte mir«, sagt Daniel, »ich zahle das ab, wenn ich einen Job finde.« Er fand keinen. Seine Plastiksammlung und seine Rückstände wuchsen. 20 000 Dollar. Längst bezahlte er mit neuen Karten alte Rückstände.

Als Daniel endlich eine Anstellung fand mit 50 000 Dollar Jahresgehalt, kaufte er sich ein Apartment. »Ich betrachtete es als lukratives Investment, und die Zinsen für das Darlehen konnte ich von der Steuer absetzen.« Er erwarb ein Auto auf Kredit. Ein Träumer auch er. Kassensturz: 30 000 Dollar minus. »Am Schluss konnte ich mit meinem Gehalt nur noch die Kosten für die Wohnung und die Mindestbeträge der Kreditkarten bezahlen. Für den Supermarkt, das

Kino, an der Tankstelle benutzte ich Kreditkarten.« Die logische Folge: Konkurs, Apartment weg, Auto weg, alles weg. Daniel hat während dieses ganzen Schlamassels gearbeitet, er hat auch jetzt wieder einen passabel dotierten Job und will erneut Kreditkarten beantragen, wenn der Vermerk über sein Desaster nach sieben Jahren aus dem Credit Report getilgt ist. Den Kollegen hat er nichts von alledem erzählt: »Ich will nicht, dass jemand glaubt, ich sei nicht vertrauenswürdig oder Geldprobleme würden meine Arbeit beeinflussen.«

Als ich im Oktober 1996 nach Amerika zog, war es anfangs nicht möglich, eine Kreditkarte zu bekommen. Mein Name war nicht verzeichnet im Credit Report, ich hatte keine Credit History. Meine Bank weigerte sich trotz einer Bareinlage von 15 000 Dollar, mir ihre Karte auszustellen. Anträge, deren Formulare jeder Zeitschrift beiliegen, wurden stets mit der grotesken Begründung abgelehnt, es fehle der Nachweis von Verschuldung in Amerika. Mein erstes Plastik amerikanischer Prägung kam von Providian. Deren Werbeslogan: »No credit, bad credit, no problem«. 300 Dollar Limit, 24,99 Prozent Zinsen plus monatlich 7 Dollar Pflichtversicherung für den Fall meiner Zahlungsunfähigkeit. Nach meinen ersten drei vollständigen Rückzahlungen erhielt ich innerhalb der nächsten zwei Monate 17 Kreditkartenangebote. Ich nahm einige an, wenngleich ich die Offerte von First USA ausschlug, ein Foto meines Haustieres in die Karte einarbeiten zu lassen.
Neulich klingelte das Telefon. Dran war ein gewisser Randy von Integrated Credit Solutions in Florida und bot mir Hilfe an, denn ich gehöre »zu den vielen Amerikanern, denen es schwer fällt, ihre Rechnungen zu bezahlen«. Randy eröffnete mir, dass die ausstehenden Beträge auf meinen US-Karten das Guthaben auf meinem New Yorker Bankkonto

um 4000 Dollar überstiegen, ich über keine Ersparnisse, kein Haus, kein Auto und damit keine Sicherheiten verfüge. Woher er das wüsste? »Wir haben Ihre Daten wohl gekauft, vielleicht auch von Ihren Kreditkartenfirmen bekommen, keine Ahnung.« Von meinem Bankkonto, Sparbuch, Aktienportfolio und meiner Lebensversicherung in Deutschland konnte Randy natürlich nichts wissen. Er sagte: »Sie passen in das Muster unserer Fälle.« Ich sagte, er solle am nächsten Tag wieder anrufen. Auf der Website der Firma fanden sich keine brauchbaren Hinweise, was sich hinter dem Unternehmen verbirgt und mit wem es kooperiert.

Ein Bankgeheimnis wie in europäischen Ländern gibt es in den USA nicht. Zugang zum Credit Report, einer Auflistung von Schulden, Zahlungsgewohnheiten, Konkursen, Offenbarungseiden und dergleichen, hat praktisch jeder, der sich für die finanzielle Situation eines x-beliebigen US-Bürgers interessiert: Arbeitgeber, Vermieter, Banken, Behörden, Geschäftspartner. Randy bot mir anderntags einen Kredit über 10 000 Dollar an, rückzahlbar in sechs Jahren, mit dem ich meine Ausstände tilgen und »ganz von vorne anfangen« könne. Integrated Credit Solutions arbeite mit den Ausstellern meiner Kreditkarten zusammen und habe bereits deren Einverständnis eingeholt. Der Zinssatz lag bei knapp über 12 Prozent, 6 Prozent unter dem durchschnittlichen Zinssatz meiner Kreditkarten, deutlich über dem gängigen Zinssatz der Banken. »Ich bin stolz, hier zu arbeiten«, sagte Randy, »ich rette lieber das Leben von Menschen, als es zu zerstören, wie die Kreditkartenfirmen es machen.«

Randys Anruf hatte Sinn. In den Augen meiner Kreditkartenfirmen war ich ein Problemfall geworden, einen Verdienstausfall, kostspieligen Krankenhausaufenthalt oder eine unüberlegte Anschaffung vom Pleitegeier entfernt. Man wollte mich loswerden. Was weniger Sinn machte, war die Post, die in den folgenden zwei Wochen in meinem

Briefkasten landete. Ein Angebot für eine Delta Sky Miles Gold Card von American Express, obwohl ich bereits selbige, allerdings in Platinum-Version, besitze; eine Gold Advantage World MasterCard der Citibank, obwohl ich exakt dieselbe schon habe; für die neue ging mir von der Citibank gleichzeitig ein Gutschein über zehn Dollar zu, der bei Einlösung den Abschluss einer Versicherung gegen Liquiditätsprobleme nach sich ziehen würde. Dazu erhielt ich Antragsformulare für eine Business Card von MasterCard, bis zu 100 000 Dollar Limit, Zinssatz je nach Höhe des Limits zwischen 9,99 und 24,99 Prozent; und Discover lud mich ein, die Privilegien seiner Gold Card zu testen.

Überraschende Vertrauensbeweise für einen Problemfall. Doch damit nicht genug. Die Household Bank schickte einen Scheck über 5000,31 Dollar, rückzahlbar in 60 Monatsraten, insgesamt 7858,80 Dollar. Als ich dort anrief und fragte, wie ich denn dazu käme, sagte eine nette Dame: »Sie sind uns als verantwortungsvoller Schuldner empfohlen worden.« Eine charmante Lüge. Wenig später erreichte mich ein Scheck von H.C.G. Financial Services in Höhe von 29 500 Dollar, wofür ich mir bei einem Autohändler in New Jersey einen Toyota hätte kaufen können, monatliche Belastung 600 Dollar. Die CCCS-Schuldnerberaterin Johnson: »Es ist, als gäbe man einem Alkoholiker eine Flasche und sagte: ›Betrink dich nicht‹.« Finanzexpertin Savage sagt: »Kreditkartenschulden bringen einen um, es ist die bittere Wahrheit.« Erst kürzlich hat ein Mann in einem Postamt in New Jersey mehrere Menschen und dann sich erschossen, weil er seinen Job als Briefträger wegen persönlicher Finanzprobleme verlor.

Das ist er also, der amerikanische Traum. Geborgt, gepumpt, geliehen. Ein scheinbar endloses Konsumfestival bis zum bösen Erwachen. Eric Simons erzählt: »Als ich 21 war, dachte ich, ich werde Millionär, das Glück liegt nur um die

Ecke.« Auch er ist ein Opfer des Wohlstandswahns Amerikas. Als seine erste Firma pleite machte und er wegen ausstehender Kreditkartenschulden vor dem Nichts stand, verließ ihn seine Frau. »Sie sagte, weil ich ihr meine Vermögensverhältnisse nicht korrekt offenbart hätte, sei die Grundlage unserer Ehe nicht mehr gegeben.« Er hat nie wieder geheiratet. Simons: »Heute weiß ich, wahrer Reichtum bemisst sich nicht in Dollars und Dingen.« Zwischen den Kontaktanzeigen des Washington City Paper fand sich vor einiger Zeit eine Annonce. Sie war von einer Kreditkartenfirma. Der Text: »Money can't buy you love, but a Credit Card can get you started.«

## Dein Feind, kein Helfer

### Polizeibrutalität und ihre Opfer

Die Frage, ob ihr Kampf Sinn macht, hat sich Margarita Rosario nie gestellt. Nicht, als die Staatsanwaltschaft die Beweisaufnahme einstellte, nicht, nachdem ein Zivilgericht ihre Klage gegen die beiden Beamten des New York Police Department (NYPD) abwies. Und dass vor zwei Jahren jemand einen Christbaum an ihren blauen Ford Taurus lehnte und anzündete, hat sie auch nicht aufgehalten. Auf dem Kofferraum befanden sich Porträts ihres Sohnes Anthony und dessen Cousin Hilton Vega. Darunter: »Ermordet von der Polizei.« Sie erinnert sich an den Feuerwehrmann, der den Brand löschte und sagte: »Madam, Sie haben bekommen, was Sie verdienten.« Der Kommentar hat sie erschüttert. Aber aufgeben? »Es ist hart für eine Mutter loszulassen, wenn sie ein Kind verloren hat.«

Mrs. Rosario sitzt auf der Treppe ihres Hauses in der Bronx, ein paar Blocks entfernt von der Subwaystation Knightsbridge Road. Es ist ein bescheidenes, zweistöckiges Gebäude mit einem Stückchen Rasen davor. Ein Hauch von Wohlstand, das Lebenswerk der Rosarios, deren Sohn Anthony es einmal besser haben sollte. Sie blättert in einem Aktenordner, kramt Zeitungsartikel mit Todesfällen hervor, in denen die New Yorker Polizei eine dubiose Rolle spielte, sagt empört: »Lesen Sie! Unglaublich!« Man kann sehen, dass sie als junge Frau sehr schön war. Sie legt immer noch Wert auf apartes Erscheinen. »Innerlich bin ich zerbrochen«, sagt sie, »oft fühle ich mich zu schwach, um von meinem Schmerz zu erzählen«.

Man könnte die kleine Versammlung, die sich an diesem Nachmittag in der stillen, beschaulichen Nebenstraße zusammengefunden hat, in der die Rosarios wohnen, für eine

Gartenparty halten. Ein Campingtisch steht neben einem Gipsengel mit der Inschrift »Thou shalt not kill, said the Lord«. Es gibt Nudelsalat und Tee mit Zitrone. Wäre da nicht dieses Haus wie ein Mahnmahl. An seiner Backsteinwand prangt ein buntes Graffito mit 51 Namen, jeder versehen mit Geburts- und Sterbedaten. Davor ein Dutzend Frauen und ein paar Aktivisten mit Pappschildern, auf denen Parolen stehen wie »No Justice – No Peace«. Gleich werden sie losmarschieren zum 46th Precinct, jenem Polizeirevier, in dem Patrick Brosnan und James Crowe stationiert waren, die Margarita »Mörder« nennt. Es ist der 12. Januar, sonnig, nicht zu kalt. Anthonys sechster Todestag.

Amadou Diallo. Den Namen kennt jeder. 41-mal feuerten vier New Yorker Detectives im Februar 1999 auf den Immigranten aus Guinea, der im Vestibül seines Apartmenthauses stand. 19-mal trafen sie. Der Körper des Opfers drehte sich im Kreis unter dem Kugelhagel. Die Beamten glaubten, Diallo habe nach einer Waffe gegriffen. Der vermeintliche Revolver war eine Brieftasche, und der Fall machte weltweit Schlagzeilen. Diallos Eltern wurden aus Afrika eingeflogen und in ihren landestypischen, wallenden Gewändern von einer Pressekonferenz zur nächsten gezerrt. Man sah ein tragisches Paar, zerrüttet von Kummer und Ratlosigkeit über ein unfassbares Unglück. Es wurde zum Sinnbild für Polizeibrutalität in den USA. Der Rockmusiker Bruce Springsteen schrieb ein Lied: »Forty-one Bullets«.
Anthony Rosario? Kennt kaum jemand. Doch auch sein Sterben ist dokumentiert, 19 Seiten hinter Diallos, in einem Kompendium der October 22nd Coalition to Stop Police Brutality. Das Handbuch mit dem Titel »Stolen Lives« ist eine Auflistung von 2023 Opfern, die im Namen der Verbrechensbekämpfung zwischen 1990 und 1999 in Amerika starben. Das sind im Schnitt vier pro Woche. Darunter: Kids, die

mit Schreckschusspistolen spielten; unbewaffnete Teenager; eine Frau, die bewusstlos in einem Auto lag und von 24 Kugeln getötet wurde; ein junger Mann, der angeblich die Waffe eines Beamten ergriff, um sich selbst zu richten. Das Studium von »Stolen Lives« lässt einen sprachlos zurück. Häftlinge, die in Polizeigewahrsam starben, Todesursache Herzversagen oder unbekannt; Gesetzeshüter, die sich von Füllfederhaltern bedroht fühlten; Polizisten, die keine Durchsuchungsbefehle hatten, außer Dienst oder betrunken waren. Ein orthodoxer, geistig verwirrter Jude wurde niedergestreckt, weil er einen Hammer über dem Kopf schwenkte.

Carl Dix vertritt die October 22nd Coalition in New York. Er sagt: »Polizeibrutalität ist eine amerikanische Epidemie.« Nirgendwo in der westlichen Welt, so Dix, in keinem demokratischen System außerhalb der USA sitze der Colt bei Polizisten so locker, sei das Ausmaß an Gewalt gegen Bürger größer. »Und nirgendwo sonst geht der Staat so selbstgefällig und selbstgerecht mit seinen Verfehlungen um.« Dix erzählt, seine Mitarbeiter hätten jahrelang gegen den Widerstand der Behörden recherchiert. Die Polizei hätte keine oder nur unzureichende Angaben gemacht, Ämter, sogar Krankenhäuser hätten Informationen verweigert, obwohl das Justizministerium ein Gesetz erlassen hat, das die Freigabe von Daten und Fakten vorschreibt. Und wenn die Coalition Material erhielt, wurden ihre schlimmsten Befürchtungen übertroffen. Dix: »In Chicago etwa wussten wir von 133 fragwürdigen Todesfällen, die Polizei gab uns über 200. Über die Dunkelziffer will ich nicht spekulieren.«

Angeführt von Margarita Rosario, die zusammen mit Iris Baez und Milta Calderon ein Transparent mit der Aufschrift »Parents Against Police Brutality« trägt, setzen sie sich in Bewegung. »Ich will, dass man uns hört«, ruft Margarita ins

Megaphon. Und man kann ihren Zorn hören. »What do we want?«, ruft Milta. »Justice!«, antworten die anderen. »When do we want it?« »Now!« Passanten bleiben stehen. Aus den Gemüseläden treten Menschen auf die Straße. Die Gegend wird überwiegend von Latinos und Afroamerikanern bewohnt. Manche skandieren mit, die geballte Faust nach oben gereckt. Der Eisverkäufer preist nicht mehr »Delicioso Choco Helado« an, er schreit »Policia Asesino!«. Polizisten sind Mörder. Autos rollen hupend ein Stück an der Seite des Zuges mit. In einem Schönheitssalon machen die Mädchen Victory-Zeichen. »Bei unserem ersten Marsch«, so Margarita, »waren wir anfangs 25, als wir am Polizeirevier ankamen, waren wir 250.«

Anthony hatte seinen Cousin Hilton, der zwei Jahre älter war und sein großes Vorbild, bei einem vermeintlich harmlosen Geschäft begleitet. Es ging um Geld, das Hilton für die Vermittlung einer Scheinehe bekommen sollte. Doch die Sache ging schief. Im Apartment des Schuldners, der das 46. Revier angerufen hatte, warteten die Detectives Brosnan und Crowe. Als die beiden Latinos und ein dritter Junge namens Freddie Rivera durch die Türe kamen, wurden sie überwältigt. Freddie sollte später aussagen, dass Anthony und Hilton gefesselt am Boden lagen, Gesicht nach unten, als Schüsse fielen. Anthony fing an zu weinen, flehte um sein Leben. Einer der Polizisten habe gesagt: »Du bist der nächste, Motherfucker.« Anthony wurde von 14, Hilton von acht Kugeln getroffen. Keiner der beiden trug eine Waffe. Bürgermeister Rudolph Giuliani gratulierte anschließend telefonisch, einer der Beamten ist ein Jugendfreund, beide waren mal seine Bodyguards. Margarita sagt: »Hätte Anthony mit Hilton mitgehen sollen? Nein. Aber sie durften ihn nicht hinrichten.«
Das 46. Revier befindet sich an der Kreuzung East 181st

Street und Ryer Avenue. Die Straße vor dem Revier ist abgesperrt. Der verdorrte Baum davor wirft einen langen Schatten. Die diensthabenden Beamten stehen mit verschränkten Armen daneben, während die Gruppe auf dem gegenüberliegenden Gehsteig Aufstellung nimmt. Die Demonstranten riskieren damit eine Verhaftung. Alles schon passiert. Diesmal nicht. Die Polizisten ziehen ab, manche grinsen, manche blicken verlegen auf den Boden. Einer sagt: »Sehen Sie hier viele Leute? Ich sage Ihnen was: Es gibt Hunderte, die mir die Hand geschüttelt und mir für meine Arbeit gedankt haben.« Dix meint: »Für mich sind diese Frauen Helden. Was muss in ihnen vorgehen, wenn sie wissen, dass sie nichts erreichen können, außer verhöhnt und eingesperrt zu werden?« Er weiß, dass Milta neulich auch in der Zelle nicht aufgehört hat zu rufen. No justice, no peace.

Der Schriftsteller Gore Vidal hat sein Land unlängst einen »Polizeistaat« genannt. Und die Vorkommnisse von Cincinnati, wo Ausschreitungen nach dem Tod mehrerer unbewaffneter Jugendlicher im Frühjahr 2001 zu einer Ausgangssperre im Ghetto führten, sind nur ein Beleg für diese These. Ein Viertel aller Gefängnisinsassen weltweit, zwei Millionen, sitzt in US-Haftanstalten, nur in China werden mehr Menschen hingerichtet als in Amerika, darunter Täter, die ihre Tat als Minderjährige verübt haben oder aufgrund fragwürdiger Indizien, Falschaussagen von Polizisten und getürkter Beweise verurteilt wurden. Das behauptet zumindest David Protess von der Northwestern Law School in Chicago. Protess sagt: »Es ist immer dasselbe Muster: Polizei und Justiz haben es in den Großstädten vornehmlich auf Schwarze, Latinos und andere Minderheiten, oftmals Jugendliche, abgesehen.« 80,5 Prozent der Toten in »Stolen Lives« gehören zu dieser Kategorie. Protess: »Bei Schwarz,

Braun und Gelb wird erst geschossen und dann gefragt.«
Amnesty International spricht in diesem Zusammenhang immer wieder von Menschenrechtsverletzungen.

Insbesondere New York City zeichnete sich unter der Ägide des konservativen Bürgermeisters Rudolph Giuliani durch bleihaltige Luft und rüde Polizeipraktiken aus. Die Stadt mit ihren zahlreichen Armenvierteln und einem extremen Gefälle zwischen Arm und Reich ist hoher Kriminalität und enormen sozialen Spannungen ausgesetzt. Und obwohl das auch auf Los Angeles, Dallas oder Chicago zutrifft, wo ebenfalls gnadenlos um Recht und Ordnung gerungen wird, hat es das NYPD zu zweifelhaftem Ruhm gebracht. Diallos Tod war nur der größte anzunehmende Vorfall in einer Serie von Skandalen. Sie sind so gewöhnlich geworden, dass sie von den Medien nicht mehr aufgegriffen werden, solange es sich nicht um solche Übergriffe handelt wie bei dem Haitianer Abner Louima, der mit einer Klobürste sexuell missbraucht wurde. Ein hoher Polizeibeamter des NYPD sagte einmal: »Man muss ein paar Eier aufschlagen, um ein Omelett zu machen.« Eine inoffizielle Äußerung, versteht sich. Für Journalisten ist das NYPD ohnehin selten und in Sachen Polizeibrutalität gar nicht zu sprechen.

Chris Johnson von der New York Civil Liberties Union Campaign to Stop Police Brutality kann wenig anfangen mit dieser Eiertheorie. Er sagt: »Soll das heißen, der Zweck heiligt die Mittel? Sie wollen uns weismachen, dass es sich bei ihren Schandtaten um isolierte Einzelfälle handelt, dass Diallo eine Panne war, Louima eine Ausnahme, und alle anderen zurecht belästigt, gequält und getötet wurden. Die Wahrheit ist, die Polizei tyrannisiert ihre Bürger.« Johnson weiß, dass Giuliani mit seiner Politik seit 1993 die Zahl der Morde um 65 Prozent und die Kriminalität insgesamt um 52 Prozent gesenkt hat. Vergangenes Jahr empfing das NYPD zu Schulungszwecken 250 Abordnungen aus aller

Welt, von Norwegen bis Botswana. »Von den Kalamitäten beim NYPD steht allerdings nichts in den Statistiken« so Johnson, der auf 5000 Beschwerden jährlich verweist, die bei der Beschwerdestelle der Polizei, dem Civilian Complaint Review Board (CCRB) eingehen.

Der schwarze Bürgerrechtler spricht auf der Podiumsdiskussion eines Bürgerbüros in der Bronx. Neben ihm sitzt Raymond Patterson, der das CCRB vertritt. Patterson, ein seriöser Herr in Jackett und Krawatte, hört ungerührt zu, während Johnson feststellt, dass 70 Prozent der 41 000 Beamten des NYPD Weiße sind, aber 63 Prozent der Einwohner einer ethnischen Minderheit angehören; dass die meisten Beamten von außerhalb New Yorks kommen, die Ghettos und ihre Probleme nicht verstehen und schlecht instruiert werden. Zwei Seiten Basisinformation sind alles, was der angehende Detective im Lehrbuch des NYPD über die Dominikanische Republik findet. Johnson: »Dabei stellt dieses Land hier die zweitgrößte Latinogruppe. Was sie lernen? Dass wer in einer armen Gegend wohnt, potenziell kriminell ist.« Patterson sagt gelassen: »Das ist Unfug. Es sind gewiss schreckliche Dinge passiert, aber das Gesetz wird angewendet, Recht wird gesprochen, glauben Sie mir.« Polizeibrutalität, Rassismus beim NYPD? »Unberechtigte Unterstellungen«, sagt Patterson.

In der zweiten Reihe des Saals sitzt Iris Baez und schüttelt den Kopf. Sie flüstert: »Er weiß, dass er lügt.« Und Patterson sollte wissen, dass Iris allen Grund hat, das zu sagen. Sie ist gewissermaßen eine Kronzeugin der Anklage gegen das NYPD, hat einen der zahlreichen Zivilprozesse angestrengt, die in den ersten sechs Jahren von Giulianis Amtszeit zu Zahlungen in Höhe von 169,7 Millionen Dollar Schadensersatz geführt haben; 11 300 schwebende Verfahren mit einem Volumen von 40 Milliarden Dollar waren 1999 aktenkundig. Schließlich bearbeite der Polizeikommissar vom

CCRB, so Johnson, nur maximal zwei Dutzend Beschwerden pro Jahr und habe bislang keinen einzigen Beamten wegen erwiesener Brutalität oder rassistisch motivierter Übergriffe suspendiert. Die »Detroit News« berichtete vielmehr, dass Polizisten schneller befördert würden, wenn sie sich mit harter Gangart profilieren. Iris meint: »Es ist, als ob man einem Kind sagt: ›Es ist gut, wenn du böse bist‹.«
Gegen Detective Francis Livoti lagen 17 Beschwerden beim CCRB vor, als er im Dezember 1994 mit seinem Streifenwagen vor dem Haus der Familie Baez hielt. Eine Weile beobachtete er Iris' Söhne, die auf der Straße Football spielten. Irgendwann prallte der Ball gegen die Stoßstange des Polizeiautos. Livoti stieg aus, fragte, wer der Anführer der Bande sei und nahm, als alle auf Anthony Baez deuteten, diesen in den Schwitzkasten. Livoti hielt ihn im Würgegriff, bis er blau im Gesicht war. Sein Kollege hatte inzwischen Verstärkung angefordert, die den anderen Kids Handschellen anlegte. Als Iris auf den Gehsteig rannte und schrie: »Bitte, lassen Sie meinen Sohn los, er hat Asthma!«, antwortete Livoti: »Was macht er dann auf der Straße?« Iris' Forderung nach einer Ambulanz blieb unbeachtet. Bei seiner Ankunft im Krankenhaus war Anthony Baez tot. Er war 29. Das CCRB sah keine Veranlassung, Livoti zu disziplinieren, die Staatsanwaltschaft konnte kein rechtswidriges Verhalten erkennen; erst ein Zivilprozess brachte den Polizisten hinter Gitter.
Wenn man bei Iris in der Küche sitzt, dann weiß man nicht, was einen mehr erschüttert – das Elend oder die Trauer, die sie umgibt. Überall schmutzige Wäsche, Hot Dogs in Zellophan, Plastikmöbel. Anthonys Frau hat sich längst mit den drei Millionen Dollar Schadensersatz nach Florida abgesetzt, die Mutter ist zurückgeblieben mit ihren elf Kindern, fünf davon adoptiert. »Dass wir arm sind, wusste ich erst, als wir die 6000 Dollar für Anthonys Beerdigung nicht zahlen

konnten.« Verwandte, Freunde und Nachbarn haben damals geholfen, und nun hat Iris die Anthony Baez Foundation gegründet, um anderen beizustehen. »Die Leute haben kein Geld, Sprachprobleme, sie haben Angst vor Behörden, kennen weder Gesetz noch Anwälte. Ich reise durch das ganze Land, halte Ansprachen, wo immer man mir zuhört.« Und natürlich war sie auch dabei, als Margarita Rosario Parents Against Police Brutality ins Leben rief. Längst werden sie verglichen mit den Müttern der Plaza de Mayo, die seit Jahrzehnten um Gerechtigkeit für die Opfer der Militärdiktatur in Argentinien kämpfen. Margarita sagt: »Wir klopfen bei allen Betroffenen an die Türe. Es hilft, jemanden zu haben, der das Leid kennt.«

Gerechtigkeit ist ein großes Wort. Im Fall Diallo »hatte Justitia keine Chance«, stellte selbst die konservative »New York Post« fest. Zuerst wurde der Prozess in die Provinzhauptstadt des Bundesstaates New York, Albany, verlegt, wo die Bronx als eine Hölle auf Erden gesehen wird und das NYPD den Ruf von Drachentötern hat. Dann wurde ein Staatsanwalt nominiert, der zehn Jahre lang keinen Fall mehr bearbeitet hatte, was dazu führte, dass Prozessbeobachter beim Kreuzverhör der Todesschützen das Gefühl hatten, der Ankläger sei der Verteidiger. Und am Ende bläute der Richter den Geschworenen mehrfach ein, dass die Anwendung der Schusswaffe nicht nur das Recht, sondern vielmehr die Pflicht jedes Polizisten sei. Urteil: Freispruch. In dubio pro reo. »Für Diallo hat das nicht gegolten«, sagt Alan Dershowitz, Rechtsprofessor an der Harvard University, »ich habe zudem Richter erlebt, die Aussagen von Polizisten glaubten, die nach menschlichem Ermessen nicht möglich sein konnten.«

Blue Wall of Silence. Blaue Mauer des Schweigens. So wird, angelehnt an die Farbe ihrer Uniformen, die Strategie der Polizei in diesem Zusammenhang gerne genannt. Von 13

Beamten etwa, die in den Fall Baez involviert waren, gaben zwölf eine gleich lautende Version zu Protokoll. Ohne die Aussage einer Kollegin, die sich weigerte, die Verschwörung mitzumachen, wäre es nie zu einem Zivilprozess gekommen. Die Frau arbeitet nicht mehr beim NYPD, musste den Bundesstaat verlassen. Und welchen Reim soll man sich auf die Telefonüberwachung des Chefs von »100 Blacks in Law Enforcement Who Care« machen oder auf die Aussage des New Yorker Polizeikommissars, der vor Gericht eine aus Latinos bestehende Polizistenvereinigung, die Polizeibrutalität anprangert, belastete?

22. Januar. Der sechste Todestag von Anibal Carrasquillo, genannt Junior, Milta Calderons Sohn. Sie wollen diesmal die Coney Island Avenue runter, zum 70. Revier, immer auf dem Gehsteig, völlig harmlos. Zweimal war Milta an diesem Montag bereits auf dem Revier, um die Erlaubnis für ihre Demonstration einzuholen. Erst hieß es, der zuständige Beamte sei nicht anwesend, dann, sie hätten kein Personal für eine Patrouille, und eine Patrouille sei Bedingung. Da sagte Milta, eine kleine, drahtige Person, stur und stark, sie käme so lange zurück, heute, morgen, übermorgen, bis sie einen Wagen schickten. Nun ist sie wieder zu Hause und sitzt mit Margarita und Iris zusammen auf dem Sofa. Vor der Tür harrt eine kleine Schar in der Kälte aus. Es ist der harte Kern von Parents Against Police Brutality. Dazu ein paar Kids, Miltas Tochter mit dem Baby Jordan. Bis die Streife vorfährt und ein freundlicher Beamter sagt, okay, sie könnten marschieren, vertreiben sich die Frauen die Zeit mit Erzählungen. Sie reden über ihre verstorbenen Kinder. Ihre Lieblingsgerichte, die Ausflüge ins Baseballstadion, die erste Freundin. Margarita: »Sie hatten so viele Träume.«
Junior starb mit 21. Die beteiligten Polizisten gaben an, er habe verdächtig gewirkt, an Autos herumgeschnüffelt und

eine Position eingenommen, als wolle er auf die Polizisten schießen. »Sie haben ihre Aussage dreimal geändert«, sagt Milta, »ich glaube ihnen kein Wort.« Junior war gegen Mitternacht alleine auf dem Weg nach Hause und unbewaffnet. Eine unabhängige Autopsie ergab, dass die Projektile im Rücken eintraten, und konstatierte Verletzungen an Kopf, Brust und Händen. 300 000 Dollar Abfindung hat die Stadt Milta angeboten, wenn sie ihre Klage zurückzieht. Sie sagt: »Ich will keine Almosen.« Sie will ein Gerichtsverfahren, auch auf die Gefahr hin, »dass sie Junior und unsere Familie vor Gericht öffentlich durch den Dreck ziehen, uns als asoziales, kriminelles Pack diskreditieren«. Ein Richter, der ihr wohlgesonnen sei, habe angedeutet, genau das würde passieren. Man verurteile nicht gerne Polizisten, habe er gesagt. Milta: »Mich können sie nicht stoppen. Die Toten können nicht mehr sprechen, wir können und wir müssen es.«

Warum sich Margarita, Iris und Milta nicht die Frage nach dem Sinn ihres Kampfes stellen? Vielleicht ist es einfach nur so: Ohne ihn bliebe von ihren Söhnen nichts mehr am Leben.

## Ungute Besserung

Straflager für kriminelle Teenager

Der Tag, an dem sie Juk fertig machten, den Häftling K 73665, Daniel Juk, ein bleiches, schmächtiges Bürschchen von 19 Jahren, war ein Mittwoch. Draußen vor den gemauerten Baracken schien die Sonne, Vögel zwitscherten in den Bäumen und in der beschaulichen Landschaft ringsum schimmerten silberne Weizensilos.

Sie hatten ihn nach dem Lunch erwischt mit einem halb vollen Tablett. Reste von Fleischklopsen, Kartoffelpampe und verkochtem Gemüse lagen darauf, angebissene Pancakes und zwei ungeöffnete Kartons mit Milch. Auf so was hatten sie bloß gewartet, der ruppige Lieutenant Landis und Officer Branche, ein Typ von der Statur eines Kühlschranks.

Juk hörte, wie sie seinen Namen plärrten, zuckte zusammen und wäre beinahe gestolpert. Natürlich hatte er versucht, alles rechtzeitig runterzuwürgen. Aber die auf acht Minuten festgelegte Essenszeit war zu kurz gewesen für seine aus Gier und Übermut angehäufte Portion. Er wusste, dass er den Verstoß, nicht fertig geworden zu sein, büßen würde.

»Oh«, sagte Landis, »der Herr braucht wohl wieder eine Abreibung.« Branche stand daneben, schmunzelte.

Es war unser dritter Tag in DuQuoin, und wir hatten bereits allerhand erlebt. Das brutale Wecken um 5.30 Uhr morgens, als die Wärter wie eine Horde Irrer in die Schlafsäle trampelten und mit ihren schweren Stiefeln gegen die blechernen Spinde und Bettgestelle traten. Wie die inhaftierten Jugendlichen für Duschen, Rasieren und Frühstücken nur eine halbe Stunde Zeit hatten und fortan in diesem Tempo durch den Tag gehetzt wurden. Da waren die erbarmungslose Treibjagd durch den Hindernisparcours aus Bretterwand, Autoreifen und Kletterseil am Vormittag, später die endlosen Runden im Laufmarsch um das Camp, begleitet von monotonen Sprechgesängen: *Today's like every day / Only hard work pays / … until we're going home / Oh, yeah, it won't be long.* Ein ständiger Wechsel aus Schreien und Rennen, Ruhe kehrte nur ein, wenn Arbeitstrupps im Gemüsegarten Unkraut jäteten oder in einer nahe gelegenen Provinzstadt umgeknickte Bäume und abgedeckte Dächer wegräumten, die ein Tornado hinterlassen hatte.

Wir hatten schnell begriffen, was Superintendant Jeff Meyer, der Chef des Lagers, während unserer Begrüßung meinte. Er hatte in seinem Büro gesessen, zwischen Adlerskulpturen und einem gerahmten Bild von sich, Frau, zwei Kindern, eine adrette Bilderbuchfamilie. Lässig hatte er sich in seinen Sessel gelümmelt und halb sachlich, halb zynisch gesagt: »Wir können mit diesen Kerlen hier machen, was wir wollen. Wenn es sein muss, können wir sie sogar dafür bestrafen, dass sie atmen.« Vor den Schlafsälen stand an der Wand geschrieben: »Schmerz ist Schwäche, die den Körper verlässt.«

Es war nicht schwer zu verstehen, wie das in DuQuoin interpretiert wurde. Denn wir hatten gesehen, wie die Häftlinge bestraft wurden. Wie sie stundenlang Baumstämme tragen oder in der Ecke strammstehen mussten, weil sie verbotenerweise gesprochen hatten, hunderte von Liegestützen und Klimmzügen machten oder 15 Minuten auf der Stelle liefen, immer weiter, weiter, nur weil sie vergessen hatten zu sagen: »Excuse me, Sir.« Und wir hatten gesehen, wie sie beschimpft, gedemütigt, drangsaliert wurden, weil sie im Speisesaal ihr Plastikbesteck nicht akkurat auf dem Tablett platziert hatten. Die Vorschriften waren zahlreich bis hin zu geputzten Schuhen und gebügelten Hemden. Und jeder Fehltritt hatte Konsequenzen. Doch mit niemandem waren sie so schlimm umgegangen wie mit Daniel Juk aus Naperville in DuPage County.

Das Impact Incarceration Program von DuQuoin, Illinois, ist ein Erziehungslager für jugendliche Straftäter. Und wer hier landet, geht drei Monate durch ein Martyrium. Denn die Anstalt an der Interstate 51, gleich hinter dem Gelände einer Landwirtschafts-Ausstellung gelegen, wurde konzipiert nach der Grundausbildung der Marines. Das sind die Frontschweine der US Army, die das Programm Boot Camp nennen. Es klingt harmloser als es ist. Hinter dem griffigen Namen verbirgt sich eine Art militärischer Gulag.
Die Variante im Strafvollzug unterscheidet sich von der Fron der Rekruten kaum, außer dass Scheitern hier katastrophale Folgen hat. Jeder Marine kann die Sache bleiben lassen, wenn er die Schnauze voll hat, die Häftlinge in DuQuoin nicht. »Es ist ganz einfach«, sagte Superintendant Meyer, »sie schaffen unser Boot Camp, sie gehen nach drei Monaten nach Hause und haben eine zweite Chance im Leben. Oder sie schaffen es nicht, und wir schicken sie zurück in den regulären Knast, wo sie mehrere Jahre abbrummen und vor die Hunde gehen.«
DuQuoin ist eines von drei Lagern in Illinois, in dem jeweils 200 Jugendliche untergebracht sind, deren Polizeiakte bestimmte Kriterien aufweisen muss: zwischen 16 und 32 Jahre alt, zum erstenmal verurteilt, das Delikt ist weder Mord, Totschlag, bewaffneter Überfall noch Vergewaltigung oder Brandstiftung. Vorausgesetzt, die Verurteilten entscheiden sich freiwillig dafür, können sie ihre Haftstrafe von durchschnittlich sechs bis acht Jahren auf 120 bis 180 Tage verringern, gefolgt von einem Monat elektronischer Überwachung mittels einer Körpersonde und zwei Jahren Bewährung danach.
Entwickelt wurde das Programm Anfang der achtziger Jahre. »Unsere Gefängnisse sind ohnehin schon überfüllt«, meinte Brian Fairchild vom Ministerium für Strafvollzug in Illinois' Hauptstadt Springfield, »so nehmen wir den Druck

von der Verwaltung, und weil ein Jahr Haft 35 000 Dollar kostet, sparen wir auch noch Geld.« Allein in DuQuoin jährlich 7,3 Millionen. Und so sind im Zuge einer boomenden Gefängnisindustrie in den USA 400 dieser Sonderanstalten entstanden. Wenngleich die Idee nicht wirklich neu ist. In den fünfziger Jahren wurden jugendliche Straftäter auch in Boot Camps geschickt, allerdings bei der Army. Fairchild: »Es war immer schon eine gute Idee, Leuten mit Härte und Disziplin beizubringen, dass es eine smartere Berufswahl gibt als Krimineller.«

Daniel Juk war mit 17 von zu Hause abgehauen. Probleme mit den Eltern, sagt er. Und er sagt, jede Arbeit, die er danach ausprobiert habe, hätte ihn gelangweilt. Und weil er Geld haben und »kein beschissener Loser« sein wollte, dealte er irgendwann mit Drogen, überwiegend Special K, ein Ketamin, das im Gehirn Reaktionen hervorruft wie ein explodierender Atompilz, aber auch Koks, Speed und Ecstasy hatte er im Angebot. Und die Geschäfte liefen prima. Er machte wöchentlich 10 000 Dollar Umsatz, fuhr eine Corvette, bewohnte ein großes Haus. Juk operierte in den Vororten von Chicago, und seine Komplizen von der Street Gang Maniac Latin Disciple sorgten für Nachschub und Protektion. »Ich genoss das Leben und die Girls«, sagt er, »ich fühlte mich unschlagbar: King of the World.«
Vielleicht brach er deshalb in die Wohnung eines seiner Laufburschen ein, der ihm ein bisschen Geld schuldete. Juk wollte ein Exempel statuieren. Niemand schuldet seinem Dealer ungestraft Geld. Das sind die Regeln im Drogenmilieu. Ein Dealer, der sich bescheißen lässt, wird nicht respektiert. Noch während Juk im Apartment des Typen nach der versteckten Kohle suchte, haben die Bullen ihn hochgenommen. Sein Drogenring flog auf, es kam zum Prozess. Der Urteilsspruch lautete sechs Jahre oder Besserungsanstalt.

Und es war klar, dass Juk sich für DuQuoin entschied. »Ich dachte, die Zeit reiße ich locker ab und dann gehe ich zurück und baue mein Geschäft wieder auf.« Er hatte sich getäuscht.
Mittwoch gegen 11.45 Uhr war Juk fällig. Landis und Branche nahmen ihn in die Mitte. Sie ließen ihn in die Hocke gehen. Hastig musste er das auf seinem Tablett übrig gebliebene Essen in sich hineinstopfen. Löffelweise Senf hinterher. Juk kaute mit vollen Backen. Juk schluckte. Juk würgte. Er mühte sich, das Gleichgewicht zu halten, das Tablett in einer Hand balancierend. Sie ließen ihn aufstehen. Er musste auf der Stelle laufen. »Was ist dein Problem, Clown?«, schrie Landis. »Ich habe kein Problem, Sir«, antwortete Juk. Milch und zerkautes Gemüse rann aus seinem Mundwinkel. »Du bist das Problem!«, schrie Branche. Sie ließen ihn 50 Liegestütze machen. Aufstehen. Wieder essen. Nochmal 50 Liegestütze. Wieder essen.
Superintendant Meyer stand ein paar Meter daneben und beobachtete das Drama. Meyer meinte, er hätte es diesem Bürschchen schon am ersten Tag angesehen, dass er sich nur durchlavieren wollte. Das versteckte Grinsen, wenn sie ihm Befehle erteilten, die Schlampigkeit, wenn er ihre Aufträge ausführte. Und ständig diese verachtenden Blicke. »War gar nicht zu übersehen«, sagte Meyer, »ich wusste, den müssen wir brechen.« So wie sie alle erst einmal gebrochen werden müssen? Meyer: »Jeden erwischt es so hart, wie er es verdient.« Und manche verdienen es besonders hart. »Das sind die, die denken, wir sind ein Haufen Idioten, die bloß zu oft Full Metal Jacket gesehen haben. Aber das ist hier kein Kinofilm. Wir machen neue Menschen aus ihnen, und dazu fangen wir ganz von vorne an.« Die Anwendung von körperlicher Gewalt, so Meyer, sei natürlich verboten.
Als wir ankamen, war Daniel Juk schon drei Wochen im La-

ger. Und wir wussten nicht, was sie bereits mit ihm angestellt hatten. Wir erfuhren nur, dass er 18 Eintragungen in seiner Karteikarte hatte, die die Häftlinge immer in der Brusttasche ihres Hemdes mit sich führen müssen und in der jeder Regelverstoß notiert wird. Und wir hörten, dass Officer Branche ihn »ein besonders hartnäckiges Arschgesicht« nannte, aber meinte, die Statistik spräche dafür, dass sie den schon hinkriegen würden. Nur fünf Prozent aller Insassen des Lagers, die absolut hoffnungslosen Fälle, werden in reguläre Gefängnisse zurückgeschickt.
Disziplinierungen, Demütigungen und Drohungen, dieses fiese Trio des Terrors, zermürbt sie am Ende fast immer. Lieutenant Landis belferte: »Willst du ins Gefängnis zurück?« Juk: »Nein, Sir.« Landis: »Willst du mich im Arsch haben?« Juk: »Nein, Sir.« Sie ließen ihn wieder aufstehen. Branche: »Beweg deine Füße, du Flasche!« Juk lief und lief und lief. Er ächzte. Sie hieben ihm ihre Fingerknöchel gegen die Stirn. Landis: »Du denkst wohl, du kannst uns verarschen.« Sie rammten ihm die beinharte Krempe ihrer Hüte ins Gesicht. Branche: »Wer nicht lernen will, muss leiden.« Liegestütze. Laufen. Brüllen. Plötzlich wurde der Junge weiß im Gesicht. Er atmete schwer, zwang sich, nicht zu heulen. In seinen Augen war Abscheu, Ekel und Verzweiflung. Sie sagten ihm, er solle in zehn Minuten vor der Baracke antreten, dann würden sie weitermachen. Branche: »Heute ist dein Glückstag, Milchgesicht.« Juk lief in die Toilette und kotzte.

Wer in einem Impact Incarceration Program landet, hat im richtigen Leben selten eine viel versprechende Perspektive gehabt. Die Hälfte der Insassen besitzt keinen Schulabschluss, ein Drittel befindet sich auf dem intellektuellen Niveau von Zwölfjährigen. Fast alle sind in einem gesetzlosen Milieu aufgewachsen. Die Psychologin Carley Myers sagt:

»Sie haben Drogenprobleme, extrem geringe soziale Fähigkeiten und kommen aus einer kaputten Welt, die die falschen Ideale hat.« Wenn sie ihren Vater überhaupt kannten, war er häufig Alkoholiker oder selbst kriminell. Myers: »Diese Kids müssen erst mal herausfinden, wer sie sind und in welcher Beziehung sie zur Welt stehen.«
Mrs. Myers ist Psychologin und arbeitet zusammen mit vier Kolleginnen als Therapeutin in DuQuoin. Der militärische Drill im Straflager wird ergänzt durch Schulunterricht, Gesprächstherapie und Drogenberatung. Viele Häftlinge lernen erst in DuQuoin, wie man eine Sozialversicherungsnummer oder eine Kreditkarte beantragt und wie ein Bewerbungsschreiben zu verfassen ist. Vor der Entlassung muss jeder einen Zukunftsplan vorlegen. »Juk ist ein gutes Beispiel«, so Myers, »der hat keine Ahnung von Disziplin, Respekt und Verantwortung. Der hat nicht kapiert, welch schlimme Dinge er getan hat und dass er hier ist, weil er so in unserer Gesellschaft nicht funktionieren kann. Wenn er es nicht begreift, verspielt er seine Zukunft.«

Am Montag, als wir ankamen, war Einlieferung. Und die jener 15 Burschen, die in einem Kleinbus herübergekarrt wurden vom Joliet Correctional Center, dem nächstgelegenen Untersuchungsgefängnis, hat wohl genauso ausgesehen wie die von Daniel Juk. Die Beamten hatten hinter der Turnhalle des Lagers Aufstellung genommen, zupften an ihren Uniformen und schoben ihre spitzen Hüte zurecht. Sie mussten sich keine Mühe geben, Furcht erregend dreinzublicken, sie waren sichtlich angespannt und schwiegen. Es war die Ruhe vor dem Sturm.
Plötzlich flog die Seitentür des Kleintransporters auf und zwei Wärter trieben die Häftlinge den Kollegen in die Arme. Diese schleuderten sie gegen die Mauern. Sie schrien, sie bellten ihnen Befehle ins verschüchterte Ge-

sicht. »Nase und Fußspitzen an die Wand!«; »Umdrehen, zurück, nochmal!«; »Das heißt: ›Yes, Sir‹!«; »Ab sofort ist dein Vorname Häftling, du Holzkopf!« Die Jugendlichen wanden sich in Entsetzen. Ihre Antworten klangen wie Jammerlaute. »Ich kann dich nicht hören, Miststück!«, kam es zurück. So ging das 20 Minuten. Verbale Attacken nonstop. Meyer erzählte, es sei schon vorgekommen, dass sich Häftlinge dabei in die Hose gemacht hätten.

Die nächste Station war die Turnhalle, wo alteingesessene Häftlinge mit elektrischen Rasierapparaten warteten. Mit rohen Schnitten wurde den Neuankömmlingen der Schädel geschoren. Man zog ihnen den Stuhl unter dem Hintern weg. Auf den Knien rutschend mussten sie ihr Haar zusammenkratzen, sich im Eiltempo die Fingernägel schneiden, die winzigen Schnipsel zusammensuchen und in die Hosentasche stecken. Danach Appell beim Anstaltsarzt in einem Nebenraum. Der Doc schrie: »Läuse? Syphilis? Homosexuell? Aids? Selbstmordversuch? Drogen?« Nichts, Sir, antworteten alle, nein, auch keine Drogen, Sir. »Was? Lügner!«, dröhnte es zurück, »wieso bist du überhaupt hier, hä? Also, hau bloß ab, du Schwuchtel!«

Irgendwo in dem lärmenden Tumult hatte sich Lieutenant Mabrey einen Schwarzen mit Afrofrisur herausgepickt. Er schubste ihn von einer Seite der Halle auf die andere. »Was ist dein Name?«, krakeelte Mabrey. »Vasquez«, wimmerte der. Mabrey: »Ab sofort heißt das ›Häftling Vasquez, Sir‹, du Wurm! Was hast du ausgefressen?« Vasquez: »Drogen verkauft, Sir.« Mabrey: »Wie? Du Scheißkerl! Hast Drogen verkauft an Kids, das Leben von Kindern zerstört, du Ratte, ich schicke dich nach Menard, wo sie deinen kleinen Negerarsch pimpern, bis du nicht mehr gehen kannst.« Vasquez' Augen waren schreckgeweitet, er schwitzte. Dort, wo vorher die Afrofrisur war, lief Blut aus einem Dutzend kleiner Wunden.

Es gibt in DuQuoin ein paar Beamte, denen man nicht in die Hände fallen möchte. Lieutenant Tim Mabrey ist so einer. Ein bulliger, resoluter Mann, Bodybuilder, der meint: »Ich quäle Menschen, ja, aber nicht, weil es mir Spaß macht.« Mabrey ist seit vielen Jahren im Strafvollzug tätig und arbeitete auch in Menard. Das ist das Maximum Security Prison in Illinois, der Hochsicherheitsknast für die ganz harten Jungs. »Irgendwann«, sagt er, »habe ich es nicht mehr ertragen und mich hierher versetzen lassen. In Menard gab es nur Waffen, Gangs, Vergewaltigungen. Nur Druck, nur Konflikt.« Wer dort inhaftiert sei, so Mabrey, werde ganz sicher zum Monster, »wenn er es nicht schon ist«. DuQuoin hingegen sei ein konstruktiver Versuch der Resozialisierung. Mabrey: »Ist es okay, dass ein 20-Jähriger fragen muss, ob er aufs Klo gehen darf? Nein, ist es nicht. Aber diese Typen haben nie Regeln kennen gelernt. Diese Kids sind noch nicht komplett versaut, die können wir noch retten.«

Mabrey glaubt an die Mischung aus Disziplin und körperlicher Ertüchtigung und auch daran, die Jugendlichen würden hier lernen fürs Leben. Die Arbeitsprogramme in DuQuoin umfassen Schnee schaufeln für alte Leute, Einsätze bei Flutkatastrophen, Säuberungsaktionen in öffentlichen Parks; an Weihnachten lässt man sie Geschenkkörbe an sozial Schwache verteilen. Mabrey: »Die Bevölkerung reagiert positiv, das spüren die Häftlinge, die haben doch nie erlebt, dass es Anerkennung gibt für gute Taten. Wir fördern Selbstwertgefühl, Selbstvertrauen.« Ein Insasse hat in DuQuoin einen Rekord aufgestellt mit 117 Liegestützen in zwei Minuten, ein anderer hat 102 Kilo abgenommen in drei Monaten. »Das sind Erfolge, die nehmen sie mit, wenn sie gehen.« Und die Erkenntnis, dass nicht alles, was sie hatten, selbstverständlich ist. »Früher feierten sie Partys in Nachtclubs, trugen Goldschmuck und Designerklamotten«, so Meyer, »bei uns lernen sie Bescheidenheit und Demut.« Am Wochenende ist der Kauf einer Dose Coca Cola, eines Schokoriegels oder eines Stücks Seife erlaubt, nach einem Monat dürfen die Häftlinge erstmals telefonieren, nach zwei Besuch empfangen.

Dienstag. Entlassungstermin. Acht Häftlinge nahmen Aufstellung auf dem Exerzierplatz. Ein Officer hielt eine Ansprache. »Niemand bringt den Erfolg zu euch«, sagte er feierlich, »ihr müsst ihn euch überall selber holen, das habt ihr hier gelernt.« Und: »Lasst euch nicht mehr auf die Stufe runterziehen, auf der ihr wart. Heute wisst ihr, dass ihr alleine etwas erreichen könnt, dass ihr es nicht nötig habt, euch mit falschen Freunden und falschen Werten zu umgeben. Wer in diesem Programm Erfolg gehabt hat, hat auch Erfolg im Leben.« Jeder Entlassene sprach ein paar Worte. Manche dankten Jesus Christus, manche dankten ihren Eltern, alle priesen das Lager. Joshua Kahl sagte zu den Wärtern: »Danke, ihr habt mich aufgeweckt.« Per Handschlag verabschiedeten sie sich von ihren vormaligen Peinigern, rannten und schrien. Diesmal vor Freude. Nebenan stand Deanna Kahl, Joshuas Mutter. Sie weinte.

Joshua saß wenig später im Büro von Superintendent Meyer. Er erzählte, dass er sich vornehme, nie wieder Drogen zu nehmen, geschweige denn welche zu verkaufen. Er wolle wieder als Dachdecker arbeiten, bei seiner Mutter wohnen und Kontakt mit seinem Vater aufnehmen, den er nach der Scheidung der Eltern nicht mehr gesehen habe. Dessen Anerkennung wolle er mit ehrlicher Arbeit gewinnen. Erst während der Therapie in DuQuoin habe er begriffen, dass das Geld, das er mit der Dealerei verdient hätte, kein Ersatz für Liebe sei. Wie war seine Zeit in DuQuoin? »Hart, sehr hart«, sagt Joshua, »aber es kommt darauf an, was man daraus macht.« Und die Demütigungen, die Strafen, die Selbstaufgabe? »Ja, sie brechen dich, aber danach bauen sie dich wieder auf.« Man zweifelt ein wenig daran, dass er das alles gesagt hätte, wenn Meyer nicht daneben gesessen hätte. Dennoch meinte der jovial: »Kahl kann es draußen schaffen, wenn er wirklich will.«

Es dämmerte bereits am Mittwochabend, als Häftling K 73665 immer noch mit einem Holzklotz auf der Schulter entlang der Gefängnisbaracke auf- und abmarschierte. Den ganzen Nachmittag über hatten Landis und Branche ihn gequält. Klimmzüge. Hindernisparcours. Toiletten putzen. Zwischendurch ließen sie ihn zwei Stunden mit dem Gesicht zur Wand stehen. Nun konnte er kaum noch laufen. Lieutenant Mabrey rief ihn zu sich: »Hey, Juk, komm her!« Juk wackelte ihm entgegen. »Juk«, sagte Mabrey, »wie lange gehst du in den Knast, wenn du draußen nochmal Scheiße baust?« Juk: »8 bis 30 Jahre, Sir.« Mabrey: »Was hast du vor, wenn wir dich gehen lassen?« Juk sagte: »Ich werde aufs College gehen, wenn mich meine Eltern wieder zu Hause aufnehmen, Sir.« Mabrey: »Woher dieser Geistesblitz?« Juk: »Ich will nie wieder, dass mir so was passiert wie hier, Sir. Es ist so peinlich und entwürdigend, das alles mitmachen zu müssen, Sir.« Mabrey sagte wohlwollend, er solle den Klotz fallen lassen, eine Dusche nehmen und ins Bett gehen. »Für heute ist es okay, ein Tag näher an zu Hause.« Juk nickte und schlich davon.

P.S: Seit 1980 sind in Erziehungslagern in den USA 31 Teenager gestorben. Drei Todesfälle aus dem Jahr 2001: Tony Haynes, 14, starb, nachdem er von mehreren Wärtern körperlich missbraucht und gezwungen wurde, Erde zu essen; Ryan Lewis, 14, erhängte sich, nachdem die Anstaltsleitung mehrfach die Hinweise seiner Eltern auf dessen Depression ignoriert hatte; und die Todesursache von Michael Wiltsie, 12, ist unklar, Zeugen berichteten jedoch, dass ein 320 Pfund schwerer Anstaltsbeamter fast eine halbe Stunde auf dem Jungen gelegen habe.

## Tränen ins Glas

Eine Nacht mit New Yorker Singles

Nathan sitzt in seinem Büro bei Amerindo Inc., 399 Park Avenue und blickt aus dem Fenster. Nathan mag den rhythmisch zuckenden Strom der bunten Karossen und Lichter. »Man muss sich nichts vormachen«, sagt Nathan, während der Feierabendverkehr die Häuserschluchten erleuchtet, »wer das New Yorker Tempo nicht mithalten kann, bleibt auf der Strecke.« Von neun bis fünf arbeiten? »Vergiss es«, sagt Nathan, »nicht in New York. Damit kommst du nicht voran.« 14 Stunden sind sein Durchschnittspensum. Okay, diese Woche war es nicht so schlimm. Zweimal bloß bis elf Uhr abends, aber jeden Morgen um halb sieben klingelt der Wecker. Bei Nathans Investmentkonzern müssen Kunden mindestens 10 Millionen Dollar auf den Tisch legen. Nathan sagt: »Die wollen Ergebnisse, das ist eine Menge Verantwortung, aber ich will auch etwas erreichen.«

Warum sollte er sonst in dieser bescheuerten Stadt leben? Nathan hasst New York nicht. Doch für einen nüchternen Denker wie ihn hat es keinen Sinn, freiwillig hier zu bleiben. Zu teuer, zu laut, zu hektisch, die Wohnungen sind Abstellkammern mit Kochnische und Kabelfernsehen. Das Schlimmste jedoch: kaum Zeit für Privatleben. »Aber heute ist Freitag, heute«, sagt Nathan, »bewege ich meinen Arsch so schnell als möglich hier raus.« Es ist kurz nach 18 Uhr, der Abend fängt gerade erst an. Er ruft seinen Kumpel Tim an und fragt, ob sie sich auf ein Bier in der Typhoon Brewery treffen. Klar, sagt Tim, auch im Geschäft mit Aktienfonds und Renditen tätig. Tim ist 30, ebenfalls Single. Nathan sagt, der Tag, an dem er heirate, sei der Tag, an dem er aus dieser Stadt abhaue. Er ist 26, noch hat es keine Eile.

Die New Yorker Marktforscher Penn, Schoen & Berland haben eine Untersuchung durchgeführt, derzufolge das große private Glück in Gotham ungefähr so leicht zu finden ist wie ein Taxifahrer, der Englisch spricht. 60 Prozent aller New Yorker Singles sind nicht an einer ernsthaften Beziehung interessiert; 20 Prozent behaupten, sie hätten keine Zeit dafür; für 43 Prozent ist der Job wichtiger als der Partner; 59 Prozent hatten höchstens einen Sexualpartner in den letzten zwölf Monaten; 74 Prozent haben Angst vor Erkrankungen, die durch Geschlechtsverkehr übertragen werden; und 49 Prozent glauben, in New York sei es schwieriger, einen Lebensgefährten zu finden als in jeder anderen Stadt Amerikas, bei Frauen über 30 Jahre beträgt diese Quote 65 Prozent.

Die Typhoon Brewery liegt zwischen den Bürosilos von Midtown Manhattan. Gute Adresse, sagt Nathan, manchmal ließe sich hier durchaus was aufreißen. Obwohl Donnerstag besser wäre, am Samstagmorgen hat man es schwerer, die Tussen wieder loszuwerden, weil sie nicht zur Arbeit müssen. »Gute Titten vorne rechts«, sagt Tim, kaum durch die Tür. Ringsum Männer in Anzügen, Schlips, konservativer Haarschnitt, Seitenscheitel. Sie sehen alle aus wie durch dieselbe Schablone gestanzt. Dazu scharenweise Frauen in Pumps und Kostümchen, sie haben sich zu kleinen Grüppchen formiert, sind geschminkt, plaudern zu aufgeregt und lachen zu oft. »Die Frauen sind super in der Stadt«, sagt Tim, »heißer als der Dow Jones in seiner besten Zeit.« Sein Krawattenknoten ist nun offen, das Jackett liegt verknittert in der Ecke, über die Last der Verantwortung plätschert schmerzstillend der erste Martini.
»Die guten Titten vorne rechts«, sagt Tim, »schätze ich auf 250 Dollar, asiatisch essen gehen, Theater, Drinks, damit ist sie zu knacken. Hier dreht sich alles um Geld, du zahlst, du

fickst. Und jeder weiß, was gespielt wird.« Nathan meint, die guten Frauen wüssten, dass sie gut sind, und nützten das aus. Tim sagt: »Das Groteske ist nicht, dass sich Frauen hier bezahlen lassen, das Groteske ist, dass sie sich nicht mal bedanken.« Aber was soll's? Man hat sowieso vier, fünf Frauen im Rennen, die Frauen haben vier, fünf Typen im Rennen. In New York geht es ständig um den besseren Job, mehr Gehalt, schickere Klamotten – und um die hübschere Braut, den tolleren Kerl. Das Rattenrennen reicht bis ins Schlafzimmer. Niemand, meint Nathan, würde seine Favoritin auf eine Party mitnehmen, damit keiner seiner Freunde sie angraben kann. »Du arbeitest hart, du spielst hart«, sagt Tim. Auf dem Fernseher über seinem Kopf läuft ein Footballmatch.

Das Spiel der Geschlechter heißt Dating. Dating ist schwer zu erklären. Wenn man zwei New Yorker fragt, bekommt man drei Definitionen. Aber im Prinzip läuft es nach einem gewissermaßen standardisierten Muster. Wenn zwei Singles Interesse aneinander haben, verabreden sie ein Date. Dazu gehören immer gute Garderobe, romantische Restaurants und andere kostspielige Vergnügungen. In 71 Prozent der Fälle bezahlt in New York der Mann für das Ganze. Ab dem dritten Date schläft man miteinander. Nathan sagt: »Am Anfang lügt man drauflos, um sich interessant zu machen, wenn die Frau die Wahrheit über einen herausbekommen hat, verpisst sie sich oder bleibt, weil sie einen inzwischen wirklich gern hat.« Bis es soweit ist, sind Gefühle Ware. Dating ist ein Geschäft, eine generalstabsmäßige Annäherung an den Geschlechtsverkehr, ein Patentrezept gegen Verdruss und Hormonüberschuss. Wenn man sich ganz doll mag, heiratet man und zieht nach Upstate, Westchester County oder Long Island, da wo die schönen Golfplätze liegen.

Wann Laura ihr letztes Date hatte? Lange her. »Die Sache mit der Scheidung hing mir lange nach«, sagt sie, »außerdem war ich nie ein großer Dater.« Sie ist 36. Die Auswahl wird knapp. Sie hat 20 Pfund zugenommen im vergangenen Jahr. Nicht gut. Aber jetzt sitzt sie hier. 20.30 Uhr, Restaurant Delphini's an der Columbus Avenue. Ihr gegenüber das Date. Curt, 37. Er würde ihr gefallen, sieht passabel aus, selbständiger Kaufmann, macht in Softwareprogrammen. Sie hat ihn durch ihre Assistentin kennen gelernt. Ist ein Bekannter deren Mannes. 30 Prozent der New Yorker Singles lernen ihr Date durch Freunde kennen. Das gibt Sicherheit. So kommt es nicht zu Vorfällen wie bei ihren Freundinnen, die Kerle trafen, die erst nur über sich redeten, dann nicht bezahlen konnten und zum Abschied sagten: »Ab 30 ist eine Frau in New York nur noch die Hälfte wert, also überleg's dir gut, Baby. »Ihre Freundinnen? Alle hübsch, alle Single. Eine hat gesagt: »Laura, ich werde jetzt lesbisch.« Ernsthaft.
Curt redet über dies, Curt redet über das, Curt redet über Exfreundinnen und alte Freunde, Curt redet über sich. Curt bezahlt 157 Dollar für zweimal Salat, Lachs, Thunfisch, zwei Desserts, Kaffee, eine Flasche Rioja. Sie nehmen in einer Bar noch zwei Drinks, die Laura spendiert, obwohl sie das nicht müsste. Curt versucht Laura zum Abschied zu küssen, legt ihr die Hand auf die Brust. Sie windet sich aus seiner Umarmung, geht zurück in ihre Eigentumswohnung mit zwei Schlafzimmern auf der Upper West Side, denkt daran, dass sie sich bis zur Chefdesignerin Handtaschen und Portemonnaies bei einem bekannten Lederwarenhersteller hochgeboxt hat. Und ist frustriert. Wenn sie vor zehn Jahren bei dem Mann geblieben wäre, den sie geliebt hat, wäre sie heute in einer anderen Situation. Denkt sie. Aber der wollte nicht weg aus Pittsburgh. Sie wollte Karriere machen. Für New-Yorker-Single-Männer steht der Job der Partnerin auf der Liste der wichtigen Kriterien an siebter Stelle.

Das »New York Magazine« hat vor ein paar Monaten in einer Titelgeschichte versucht, den Wahnsinn im Beziehungsleben der Stadt zu ergründen. New Yorker, räsonierte die Autorin Lily Burana in einem Essay, hätten bei der Partnerwahl Vorstellungen, die in jeder anderen Stadt lachhaft erschienen. Es müsse mindestens ein junger Akademiker sein, der als Rechtsanwalt tätig ist und in seiner Freizeit Oboe in einem Jazzklub spielt, natürlich nur, wenn er nicht gerade an einem Roman arbeitet. Das wünschten sich Frauen. Männer seien einfacher gestrickt. »Die wünschen sich Cindy Crawford«, sagt Tim. Man sei weniger am Menschen als am Image interessiert, das der Partner zu bieten hat, meint Burana, Realismus passe nicht zu Gotham, hier gehe es um Hyperreales, stratosphärische Höhen, unendliche Gelegenheiten, die Ambitionen passten sich der Topographie an: hoch, höher, am höchsten.

23 Uhr. Noch ein Wodka mit Grapefruitsaft. Davon könnte Ingo immer einen Kübel voll trinken. Er steht im Odeon, Bar und Edelbistro, eindeutig überteuert, aber eine New Yorker Institution. Es ist Ingos Lieblingskneipe, sein zweites Wohnzimmer. Hier kennt er jeden Barkeeper, die Stammgäste, und es ist sein bevorzugtes Jagdrevier. Inmitten von Edelholz, Neon und dezentem Schummerlicht fühlt er sich wohl wie ein Reptil in der Sonne. »Viele schöne Frauen«, sagt Ingo, »und wenn nichts läuft, Läden wie Teddy's, Liquor Store, Bubble Lounge oder Robert de Niros Restaurants Layla und Tribeca Bar & Grill sind gleich um die Ecke.« Am Tresen hört man Männer Sätze sagen wie: »Ich bin gut aussehend, charmant und reich.« 59 Prozent aller New Yorker Singles halten sich für gut aussehend bis sehr attraktiv. Ingo ist 30, gut aussehend, charmant und hat eine eigene Firma. Medienbüro. Manchmal ackert er wie ein Irrer, schneidet bis vier Uhr morgens Radiobeiträge.

Ingo sagt, New York sei eine schnelle, eine triebgesteuerte Stadt, ein Zoo. Alle Farben, alle Formen, von jeder Spezies etwas: Weiße, Schwarze, Asiatinnen, Europäerinnen, jüdische Frauen. »Zu viele Optionen«, sagt Ingo. Er steht am Tresen, gegenüber räkelt sich eine rothaarige Frau in engen Jeans und Stiefeln im burgunderroten Polster. Ingo lächelt sie an. Prophylaktisch. Sie lächelt zurück. Wer weiß, warum. Ingo sagt, in New York laufe die Sache schneller als sonstwo. Besonders wenn man Europäer sei und tolle Storys auf Lager habe, die beknackten Ami-Jungs hätten nur Baseball, Börsenkurse und Saufereien mit ihren Kumpels im Kopf. »Als Europäer«, sagt Ingo, »kommst du immer gut an. Ich habe in zwei Jahren New York mit mehr Frauen rumgemacht als jemals zuvor.« Erst gestern wieder hat er in Brooklyn ein zuckersüßes Mädchen kennen gelernt. Single, einsam, seit zwei Jahren in Therapie. »Wahnsinn«, sagt Ingo, »die einzige Beziehung, die sie hat, hat sie mit ihrem Shrink.« New York ist berühmt für seine Shrinks. Hat nicht fast jeder Film von Woody Allen eine passable Szene, in der sich von Beziehungsmüll geplagte Menschen für teures Geld auf der Couch die traurige Beichte abnehmen lassen?
Das Geschäft mit der Einsamkeit boomt auch anderweitig. 109 Dollar etwa kostet eine dreizeilige Kontaktanzeige im »New York Magazine«, doch die Zeitungen sind gerammelt voll mit Personal Ads. 43 Prozent aller New Yorker Singles haben es damit bereits versucht, wiederum 42 Prozent davon haben mit den Anzeigen schlechte Erfahrungen gemacht. Es gibt Beratungsfirmen wie First Impressions, die für 195 Dollar ein fingiertes Date analysieren; Partnervermittlungen wie etwa It's Just Lunch, die für 1000 Dollar Mitgliedsbeitrag 16 Dates vermittelt und bereits 2000 Hochzeiten initiiert hat. Bücher mit Dating-Tips sind Bestseller. Die private Lehranstalt Learning Annex, eine Art amerikanische Volkshochschule, hat über ein Dutzend Kurse im

Segment Relationships im Angebot, darunter einen so genannten »Singles Mixer« oder den Kurs »How to make someone fall in love with you« für jeweils 29 Dollar. Im Dating-Café DRIP auf der Upper West Side liegen über 19 000 Personalbögen mit Angaben von suchenden Singles aus, den Kontakt zum gewünschten Partner stellt der Kellner per Telefon her. Und bei der Hilfsorganisation New York Cares gehen betagtere Singles auf Brautschau, während sie Obdachlosen Suppe servieren oder im Central Park Unkraut zupfen.

Ingo war mal mit einer New Yorkerin verheiratet. Na ja, ein paar Monate wenigstens. »Katastrophe«, sagt er, »tagsüber hatte ich beruflich mit Leuten zu tun, die mich von einer Ausstellung zur nächsten schleppten, rein in die Vernissage, raus aus der Vernissage, Nice to Meet You, Visitenkartentausch. Abends saß ich auf dem Sofa und fragte mich: Kenne ich meine Frau?« Sie hieß Sarah. »Für Sarah«, sagt Ingo, »war es nur wichtig, dass ich der tolle Typ mit der eigenen Firma war, der ihre Probleme löst.« Und ansonsten haben sie und ihre Freundinnen sich aufgeregt darüber unterhalten, dass er in Deutschland mal mit einer Rollstuhlfahrerin liiert war. »Das fanden sie cool«, sagt Ingo, »von meinen Problemen wollte Sarah nichts hören.« Irgendwann war er völlig kirre. Jetzt hat er was mit einer Journalistin. Neulich lief während des Sex CNN im Fernseher vor dem Bett. Inhaltsleere Begegnung, gefühlloser Sex, gehaltloses Fernsehen. »So ist das hier, völlig abgefahren«, sagt Ingo.

Ein Uhr morgens, zwei Blocks entfernt vom Odeon. Tribeca Bar & Grill. Auf dem Tresen ein Margarita, vor dem Tresen Stapel von Einkaufstüten, dazwischen Beverly. Eine lustige Person, die trinkt ohne Rücksicht auf den nächsten Tag. Beverly erzählt, dass sie Sekretärin sei bei dem bekannten

Schauspieler Harvey Keitel, der gleich um die Ecke sein Büro habe. Dass sie italienische Vorfahren habe. Dass sie mal Baletttänzerin gewesen sei. Dass sich ein Single in New York nicht einsam fühlen müsse. Dass die Stadt ihr keine Partnerschaft schulde. »Mir geht es blendend«, sagt Beverly. Zwei Stunden später heult sie in ihr Glas Merlot, erzählt, dass Keitel ein egomaner Tyrann sei, sie schlecht behandele und bezahle, weshalb sie sich keine eigene Wohnung leisten könne. Momentan schläft sie bei ihrer Schwester auf dem Sofa. Beverly fragt, ob man ihre Beine schön finde und warum sie die Männer nie zurückriefen. Warum sie immer nur benutzt werde? Warum sie nie jemand heiraten wolle? Sie sei doch attraktiv, oder? Sie ist 42. Sie ist total blau. Ihre Nylons haben Laufmaschen, ihre Schminke ist verwischt. Beverly rutscht vom Barhocker und sagt: »Fuck it.«

Es ist 3.30 Uhr morgens, und das ist das Finale von neun Stunden im Leben von vier New Yorker Singles. Hinter den imposanten Fassaden der Stadt träumt man von Karriere, Geld und Liebe, vom ganz großen Glück. Hoch, höher, am höchsten. Im Taxi auf dem Weg nach Hause sagt Ingo: »New York ist wie ein Tornado, der dich verschluckt, herumwirbelt, durchs Leben rasen lässt, aber am Ende des Soges wirst du hinausgeschleudert in eine universelle emotionale Armut.«

## Dead men talking

### Unschuldige Todeskandidaten klagen an

Am liebsten fährt sie ans Meer. Santa Monica oder Malibu. Es ist immer eine mühsame Fahrt über meistens verstopfte Highways, denn sie wohnt weit entfernt, an der östlichen Peripherie von Los Angeles. Doch Sunny liebt das Meer. Dieses Gefühl von Sehnsucht und Weite. Sie erinnert sich noch wie heute an den Tag im Oktober 1992, als man sie endlich gehen ließ, als ihre Freundin Micki sie abholte und sie sich danach in Miami Beach im Hilton Hotel Fontainebleau einquartierten. Es erschien ihr wie ein Märchenschloss, und sie fühlte sich wie eine lange verwunschene Prinzessin. Die Abendsonne tauchte Floridas Atlantikküste in warmes, weiches Licht. Sie saßen die ganze Nacht auf dem Balkon, tranken Rotwein, weinten, lachten, und am nächsten Morgen ist Sunny, aufgedreht wie ein Kind, zum Strand gelaufen und in die Fluten gesprungen. »Ich brauchte einen ganzen Ozean, um all den Horror abzuwaschen.« Sonia Jacobs, genannt Sunny, ist 52 Jahre alt, eine kleine Person mit einem schmalen Gesicht, wachsamen Augen hinter einer runden Brille. Manchmal wirkt sie so zerbrechlich, dass man sie in den Arm nehmen möchte. Aber Sunny will das nicht: »Von fürsorglicher Belagerung habe ich genug.« Sie sagt es mit dieser Mischung aus ansteckender Fröhlichkeit und kindlicher Naivität, die ihr zum Verhängnis geworden war. Und anschließend lobt sie ihr pampiges Ratatouille auf Polenta, als sei es gehobene Küche, jubelt über das karge Interieur des Schnellrestaurants in Downtown Chicago: »Ach, wie schön.« Wo Sunny ist, ist stets gute Laune. Und mussten nicht vorher schon alle vergnügt lachen, als sie auf der Straße auf den berittenen Polizisten losstürmte, dem Pferd die Flanken streichelte und strahlte? Das

Pferd rieb seine Nase an ihrer Schulter, und der Polizist grinste. Pferde haben viel Gefühl, und der Polizist hatte keinen blassen Schimmer. Der wusste nicht, wer die lustige Frau ist.
Sonia Jacobs war 16 Jahre in Florida im Gefängnis, fünf davon auf Death Row, dem Trakt der Todeskandidaten, verurteilt wegen Mordes an zwei Polizisten. Es ist ein Fall, der sich wie ein Kapitel aus einem schlechten Actionfilm liest. Sunny und ihr Lebensgefährte Jesse Tafero waren im Februar 1976 zusammen mit ihrem Bekannten Walter Rhodes in dessen Camaro unterwegs auf der Interstate 95. Irgendwann streikte der Motor. Das Trio verbrachte zusammen mit Sunnys Sohn Eric, neun damals, und Töchterchen Tina, zehn Monate alt, die Nacht auf dem Parkplatz einer Raststätte. Als eine Highway Patrol morgens die Papiere des vorbestraften Rhodes kontrollieren wollte, begann das Drama. Rhodes hatte eine Pistole unter dem Fahrersitz. Zwei Schüsse, zwei Tote, Flucht im Polizeiwagen, Straßensperre, wilde Ballerei, Verhaftung. Rhodes sagte im Prozess gegen seine Freunde aus, bekam lebenslänglich. Tafero und Jacobs, von den Gazetten als »Floridas Bonnie und Clyde« verunglimpft, wurden zum Tode verurteilt.

Chicago im November 1998. Die Northwestern Law School veranstaltete die erste National Conference of the Wrongfully Convicted, zu der sich 29 unschuldig zum Tode Verurteilte einfanden, die zwischen einem und 21 Jahren eingekerkert waren und erst freikamen, nachdem den jeweiligen Gerichten, Anklägern und Polizeibeamten bisweilen groteske Betrügereien und Verfehlungen nachgewiesen wurden. Der Veranstaltungsort des dreitägigen Kongresses war nicht zufällig gewählt worden. Die Northwestern Law School macht sich seit Jahrzehnten zum Anwalt von Justizopfern und bietet einen Kurs für Studenten an, in dem dubiose Fäl-

le nachrecherchiert werden. So gelang es etwa, den der »Hillside Four« aufzuklären, die ebenso unschuldig verurteilt wurden wie Amerikas mittlerweile berühmtester ehemaliger Todeskandidat, Rolando Cruz, für den sich der Dekan und Leiter der Tagung, Lawrence Marshall, einsetzte. Marshall sagte: »Es war an der Zeit, zu zeigen, was sich hinter Statistiken und Zahlen verbirgt, es war an der Zeit, diesen Geschichten Gesichter zu geben.« 75 Fälle wegen erwiesener Unschuld entlassener Todeskandidaten waren bis dahin bekannt gewesen.
Es wurde ein bedrückendes Wochenende. Die Tagungsstätte am Lake Michigan war bevölkert von Rechtsanwälten, Jurastudenten, Bürgerrechtlern; von morgens bis abends gab es Vorträge, Symposien und Fragestunden mit den ehedem Todgeweihten. Piers Bannister von Amnesty International geißelte die USA als »mörderischen Unrechtsstaat, der die Menschenrechte verletzt wie sonst nur der Irak«. Barry Scheck, Mitglied von O. J. Simpsons Verteidigungsteam, referierte über DNA-Tests, ohne die manche der Anwesenden der Exekution nicht hätten entkommen können. Cruz beispielsweise, dessen DNA-Struktur nicht mit der des Spermas auf der Kleidung des Opfers übereinstimmte. Ruben »Hurricane« Carter war da, jener Boxer, der 20 Jahre wegen dreifachen Mordes unschuldig hinter Gittern saß, wenngleich nicht auf Death Row, über den Bob Dylan ein Lied geschrieben hat und dessen Schicksal später verfilmt werden sollte mit Denzel Washington in der Hauptrolle. Der Schauspieler Mike Farell (»M*A*S*H«) tobte: »Die Feigheit der Medien deckt die Lügen der Politik.« Ein Redner nannte die Versammlung »einen lebendigen Friedhof«, ein anderer »eine Anklageschrift gegen die USA«.
Am Samstagabend schließlich gaben die Veranstalter den Statistiken und Zahlen, den tragischen Geschichten ein Ge-

sicht. Einer nach dem anderen kamen sie auf die Bühne der großen Aula, stellten sich vor, bekamen eine Sonnenblume und schlossen unisono mit dem Satz: »Wenn der Staat seinen Willen bekommen hätte, wäre ich heute tot.« Sie wirkten traurig, müde, erschöpft, und der enthusiastische Empfang des Auditoriums mutete peinlich an. Joseph Burrows sagte: »Wofür der Applaus? Mein Leben ist zerstört.« Joseph Green Brown, der 13 Stunden vor seiner Hinrichtung gestanden hatte, sagte: »Wie soll man erklären, wie man sich fühlt, wenn Maß genommen wird für das eigene Totenhemd?« Rolando Cruz, verurteilt aufgrund der Falschaussage eines Polizisten, der behauptete, Cruz habe mit einer »Traumvision« ein Geständnis abgelegt, änderte den stereotypen Schlusssatz und rief zornig: »Der Staat hat seinen Willen bekommen, sie haben mich gekillt.« Dead Man Talking. Dazwischen stand die kleine Sunny und hielt tapfer die Tränen zurück, als sie sagte: »Leider kann mein geliebter Jesse heute nicht hier sein, er hatte nicht so viel Glück.«
Jeder hatte seine Geschichte, nicht alle konnten oder wollten ihre in Chicago erzählen. Über ein Jahr lang hatten die Organisatoren nach Konferenzteilnehmern gesucht. Manche verstecken sich seit ihrer Entlassung, andere mussten mühsam zur Reise nach Illinois überredet werden, die meisten wollten einfach nicht kommen. Sie fürchteten, mit der Präsentation ihrer Vergangenheit die mühsam erarbeitete neue Existenz zu bedrohen. Viele der Justizopfer leiden nach Jahren im Todestrakt unter schweren Depressionen, Verfolgungswahn und sind extrem kontaktscheu. Wie Perry Cobb, der viermal zum Tode verurteilt wurde, erst beim fünften Verfahren wies der Richter das Beweismaterial zurück und sagte: »Im Namen der Menschlichkeit, gehen Sie nach Hause.« 29 Menschen. 29 Gesichter. 29 Anklageschriften gegen das Justizsystem eines Landes, das sich für den Gralshüter von Gerechtigkeit, Freiheit und Demokratie

hält. »Im Wesentlichen läuft es immer auf das Gleiche hinaus«, sagte die Anwältin Kathleen Zellner. »Unterdrückte Beweise, Zeugen und Polizisten, die Meineide schwören. Das Gericht will eine Verurteilung, egal wie. Die Wahrheit interessiert nicht.«

Mrs. Zellner hat Burrows' Freilassung bewirkt. Es war nur einer der allesamt bizarren Fälle, die in Chicago publik wurden. Burrows wurde von einer Kokaindealerin und krankhaften Lügnerin, die den Mord an einem alten Mann begangen hatte, bei der Polizei angeschwärzt, weil sie ihn nicht leiden konnte, mal Streit hatte mit dessen Bruder. Dem Staatsanwalt kam das gelegen. Er fürchtete nach Pleiten, Pech und Pannen um seine Wiederwahl. Er brauchte schnell einen Täter, möglichst einen Mann, so Zellner, »weil es nicht so populär ist, eine Frau hinzurichten«. Der Rest ist ein widersinniges Schauspiel, das die amerikanische Justiz der Lächerlichkeit preisgibt. Siebenmal änderte die Frau ihre Aussage, die Polizei setzte einen geistig leicht behinderten jungen Mann unter Druck, gegen Burrows auszusagen. Dessen Geständnis mangelte es an Logik und Überzeugungskraft. Burrows Pflichtverteidiger war ein Alkoholiker, der zuvor für die Staatsanwaltschaft gearbeitet hatte, sein Alibi wurde vor Gericht nicht berücksichtigt, seine Entlastungszeugen strategisch von der Anklage diskreditiert. Und wies der Angeklagte nicht alle Attribute eines Killers auf: Tätowierungen, faulige Zähne, kein fester Job, Gefängnisstrafen wegen diverser Einbrüche?

Was am Ende heraus kam, war ein perfekter Deal: lebenslänglich für die Dealerin, Freiheitsentzug für den tumben Zeugen, Todesstrafe für Burrows. Richter und Staatsanwalt ließen sich feiern, Pluspunkte satt für den anstehenden Wahlkampf. Zellner: »Moral und Ethik bleiben bei Justizkarrieren oft auf der Strecke.« Auf der Strecke blieb auch ein Mann, den sie früher mal Big Joe nannten, der jetzt abgemagert, erschöpft, gemütskrank und mittellos ist. Er kommt nicht über die lähmende Erinnerung hinweg, drei Hinrichtungstermine vor sich gehabt zu haben. Er kann nicht vergessen, wie sie Mithäftlinge wegbrachten, die für immer wegblieben. Seine drei halbwüchsigen Kinder verstehen ihn nicht, er versteht sie nicht. Seine Frau Sherri, übergewichtig und depressiv, leidet unter ihrem verpfuschten Leben. Burrows bräuchte therapeutische Hilfe und kann sie sich nicht leisten, er bräuchte Arbeit und bekommt keine. »Die Leute weigern sich zu glauben, dass ich unschuldig bin.« Nach ständigen Morddrohungen hat er seinen Heimatort verlassen. Burrows: »Mein Freispruch bedeutet bloß, dass ich ein paar Jahre später sterbe.«

Sunnys Glück war Micki, die nun im Restaurant neben ihr sitzt und schmunzelt, während ihre Freundin plappert, plaudert, Polenta löffelt, nicht zu bremsen ist. Micki Dickoff ist eine kleine, robuste, resolute Frau. Zwei Jahre hat sie um ein Revisionsverfahren für Sunny gerungen, obwohl ihr alle sagten: »Lass' es bleiben, du schaffst es nie.« Doch sie wühlte und wühlte in den Prozessakten, fand den Lügendetektortest, in dem Rhodes versagte, fand die Laborergebnisse, die dokumentierten, dass nur Rhodes Schießpulver an den Händen hatte, und konnte beweisen, dass den ballistischen Untersuchungen zufolge Sunny und Jesse niemals geschossen haben konnten. Zu Mickis Erkenntnissen gehörte auch, dass alle Vertreter des Justizsystems in diesem Fall erst türkten und dann mauerten. Der Richter bekämpfte Sunnys Rehabilitierung bis zum Schluss. Sein Name: Daniel Futch jr., genannt Maximum Dan, ein glühender Anhänger der Todesstrafe, die er im Fall Jacobs verhängte, obwohl die Geschworenen auf lebenslänglich plädiert hatten. Maximum Dan hatte auf seinem Schreibtisch die Miniatur eines elektrischen Stuhls, der bei Berührung Stromstöße verteilte.

Micki sagt: »Irgendwann war mein Hass gegen diese Leute sogar größer als meine Freundschaft zu Sunny.«
Dickoff und Jacobs sind gemeinsam auf Long Island, New York, groß geworden, musizierten in ihrer Kindheit zusammen, ritzten sich mit einem Pfadfindermesser die Finger auf, pressten sie aneinander und wurden »Blutsschwestern«, so Micki. »Wir waren wie Tom Sawyer und Huck Finn.« Dann trennten sich ihre Wege. Die Dickoffs zogen nach Florida. Micki wurde Dokumentarfilmerin, gewann einen Emmy für ein Projekt über Aids-Kranke. Sie zog nach Los Angeles, der Karriere wegen. Irgendwann schickten Mickis Eltern Zeitungsausschnitte von Sunnys Prozess. Micki schrieb einen Brief, der nie beantwortet wurde. Jahre später nochmal einen, auch diesmal keine Antwort. Micki sagt: »Ich glaubte, sie ist schuldig.« Was Micki nicht wusste: Sunny schämte sich zunächst, und kurz vor der zweiten Post waren ihre Eltern bei einem Flugzeugabsturz ums Leben gekommen. In Sorge um ihre Kinder, die bei ihnen gelebt hatten, war sie dem Wahnsinn nahe. Doch eines Tages schrieb sie: »Micki, nun werden sie auch noch meinen Mann umbringen.«
Jesse Tafero war Sunnys große Liebe. Ausgerechnet Jesse, dieser charmante Windhund und Lebenskünstler, der nie einen anständigen Job hatte und den kleine Gaunereien immer wieder ins Gefängnis gebracht hatten. Als Sunny ihn kennen lernte, dealte er mit gestohlenen Waffen. »Aber mit Jesse war immer Zeit, am Straßenrand zu halten und die Blumen zu betrachten«, sagt Sunny. Sie waren glücklich, stromerten durchs Leben, bekamen eine Tochter. Sie arbeitete als Telefonistin für einen Babyfotografen und verkaufte Zeitschriften-Abos, er wäre gerne Künstler geworden, verkaufte ab und an ein Gemälde. Bis sie eines Tages wieder mal knapp bei Kasse waren und bei Jesses altem Knastkumpel Walter Rhodes unterkamen. Sie wollten nur ein paar Wochen bleiben.

Die nächste Station war Death Row, der real existierende Vorhof zur Hölle. Die Zellen nichts als Beton, Stahl, in aller Regel nicht größer als sechs Quadratmeter, vor dem Fenster Maschendraht über Gitterstäben. Die Todeskandidaten sind 23 Stunden eingekerkert, dürfen ihre Zelle nur in Handschellen und Fußketten verlassen, selbst auf dem Weg zur Dusche. Berichte über schlecht ausgebildetes, gewalttätiges, menschenverachtendes Wachpersonal sind keine Seltenheit. Sadismus grassiert. Die Gefangenen revanchieren sich, indem sie die Wärter mit einer Mischung aus Urin und Kot bespritzen. Wer einmal im Todestrakt war, wird den Geruch dort nie wieder vergessen. Es ist ein abgestandenes Odeur aus Kernseife, Schweiß, Exkrementen und Desinfizierungsmitteln. Könnte man Angst und Verzweiflung riechen, dann auf der Death Row. Sunny: »Man fühlt sich wie menschlicher Abfall.«

Die Zustände in US-Gefängnissen sind, gemessen an anderen zivilisierten Staaten, ohnehin erschütternd. Mit Sunny hat fünf Jahre lang keiner der Schließer gesprochen. Dafür hätte in der Nachbarzelle eine junge Frau tagelang hysterisch geschrien, eine andere Gefangene habe sich, weil aus disziplinarischen Gründen zu einer Hungerration aus fader Gemüsesuppe verdonnert, Hautstreifen von Bein gekratzt, diese getrocknet und dann gegessen. Doch Sunny hatte Jesse, ihre Liebe machte vor den Mauern nicht Halt, der tägliche Briefkontakt erhielt sie am Leben. Sie wurde eine vorbildliche Gefangene, erhielt Hafterleichterung, lernte mittels Fernsehsendungen Yoga, gab Englischunterricht für Kubanerinnen und Kolumbianerinnen. Sie lernte Spanisch und Fußballspielen. »Ich dachte, wenn das mein Leben sein soll, wird es schon einen Grund haben.«

Mai 1990. Jesses Hinrichtungstermin wurde bestätigt, sein letztes Gnadengesuch abgelehnt. Vor der Exekution durfte Sunny ein letztes Mal mit ihm telefonieren. Zehn Minuten.

Sunny: »Ich sagte nur, ich liebe dich, liebe dich, liebe dich.« Jesse antwortete: »Wenn es einen Weg gibt zurückzukommen, werde ich zurückkommen. Ich werde größer sein als der große Houdini.« Sunny sagt: »Ich wollte am Telefon nicht weinen, ich wollte nicht, dass es das Letzte ist, was uns verbindet.« Jesse wollte, dass Sunny zuerst auflegt, aber sie konnte nicht. Als sie schon minutenlang nur noch Rauschen hörte, führte man sie in ihren Zellentrakt zurück. Sie ging in den Duschraum, drehte den Hahn auf und weinte, weinte, weinte. Eine halbe Stunde lang. »Niemand sollte sehen, wie weh es tut, und es tat so schrecklich weh.« Während Sunny in der Dusche stand, schaltete der Henker dreimal den Strom an. Der elektrische Stuhl hatte eine Panne. Das Kopfhaar des Verurteilten brannte, aus Mund, Nase und Ohren schlugen Funken. Erst nach 13 Minuten verstummte das Ächzen und Jammern des Häftlings Tafero. Der Vorfall machte weltweit Schlagzeilen, und die Justizbehörden von Florida wechselten die Apparaturen aus.

Es ist dunkel geworden vor den Fenstern des Restaurants in Downtown Chicago. Und Sunny hat das, was von Ratatouille und Polenta übrig war, von sich geschoben. Alle hatten aufgehört zu essen, als sie von Jesses Tod erzählte. Micki sagt: »Ich werde mir nie verzeihen, zu spät gekommen zu sein, um Jesse zu retten.« Quälende Stille. Und als ob sie darunter am meisten leiden würde, fängt Sunny einfach wieder an zu plappern ohne Punkt und Komma. Darüber, wie verrückt die ersten Jahre nach ihrer Haftentlassung waren, als sie bei Micki wohnte. Sie hatte alles verlernt: einkaufen, Kleidung auswählen, Essen bestellen, sich in der Öffentlichkeit bewegen und mit Geld umgehen. Micki lächelt und sagt: »Sie war wie ein kleines Entlein, es war, als ginge sie nochmal durch Pubertät, Adoleszenz und ein neues Leben.« Sunny kichert: »Oh, wir hatten Kämpfe wie Mutter und

Tochter.« Und dann zwinkert sie Micki zu, und Micki zwinkert zurück. Blutsschwestern.

Sonia Jacobs kam als Mutter, Tochter und Verliebte ins Gefängnis, als man sie gehen ließ, war sie Großmutter, Waise und Witwe. 16 Jahre waren ausgelöscht. »Du wirst im Gefängnis nur älter, ansonsten passiert, wächst, entwickelt sich nichts.« Weshalb sie froh ist um das bisschen Leben, das ihr übrig geblieben ist, um den Kontakt zur Tochter, die in ihrer Nähe lebt und nun nicht mehr glaubt, was man ihr früher stets erzählt hat: dass sie schlechte Gene habe und böse sei wegen ihrer verdorbenen Eltern. Sunny unterrichtet Yoga und will ihre Autobiographie schreiben. Es soll auch ein Gedicht darin stehen, das mit den Zeilen endet: »Der Tod kommt in vielen Formen/Aber wir werden immer wieder zum Leben erweckt/Bis zum großen Tod/Und dann wissen wir nicht, was kommt.« Ob sie Hass empfunden hat für die Menschen, die ihr das alles antaten? »Wenn ich hassen würde, wären diese Menschen noch in meinem Leben, und das will ich nicht. Ich habe das hinter mir gelassen.«
So oft sie kann, fährt sie ans Meer, aber ganz sicher wieder an Jesses Geburtstag. Der neunte ohne ihn steht bevor. Santa Monica oder Malibu, vielleicht auch Venice Beach. Sie wird den Wellen entgegengehen, sie wird alles abwaschen, sich einfach fallen lassen. Sunny sagt: »Und dann stelle ich mir vor, Jesse kommt zurück und nimmt mich in die Arme.«

# TRAGISCHE HELDEN

## Maskenball im Untergrund

Wenn schwarze Zuhälter feiern

Seine Biographie beginnt mit einem Zitat aus der Bibel, King James Version, 1 Timothy 6:10: »Die Gier nach Geld ist die Wurzel alles Bösen, und während sie es begehrten, sind sie abgefallen vom Glauben und haben sich gepeinigt mit vielen Sorgen.«

Darauf sollte man ihn eigentlich ansprechen. Denn da steht er nun, in mehrere grüne, golddurchwirkte Schichten schimmernden Stoffs gehüllt, über und über bedeckt mit Knöpfen aus Edelsteinen. An seinen klobigen Händen absurde Schmuckstücke wie Schlagringe, am Hals baumelt eine goldene Kette, robust wie ein Abschleppseil. »Wie scharf du dich auch immer anziehst«, sagt er, »der Bishop sieht immer besser aus.« Und dann nimmt er einen tiefen Zug von seiner Marihuanazigarette und bleckt die Zähne vor dem Spiegel. Wonach er bestimmt nicht aussieht, sind Pein und Sorgen.

»Ich habe«, sagt Don Campbell, »immer gewusst, was ich aus meinem Leben machen wollte.« Schon als Kind sei ihm klar gewesen, dass Reichtum, Pelze, Diamanten und Luxuskarossen sein Ziel sein würden. Sonst nichts. Das war es, wofür die Luden und Gauner in seiner Nachbarschaft bewundert wurden. Das waren die schillernden Insignien der Helden des Ghettos. Und so ist aus dem kleinen Donald aus der West Side in Chicago der Pimp »Bishop Don Magic Juan« geworden, Amerikas berühmtester Zuhälter, der in seiner besten Zeit ein Dutzend Frauen auf den Strich schickte. Wobei sein Credo lautete, dass sie erst zurückkommen durften, wenn sie 1000 Dollar verdient hatten. Sonst schlug er ihnen die Brüste blutig. »Ich wollte Geld«, sagt er, »und jemand musste es mir geben.«

Es ist Samstagnacht gegen halb elf, und der Bishop macht sich auf den Weg zum East of The Ryan Show Club. Dort findet wie jedes Jahr die Famous Player Birthday Party statt. 1974, als er noch am Anfang seiner zweifelhaften Karriere stand, hat der Bishop sie zum ersten Mal organisiert. Inzwischen ist es das gesellschaftliche Nonplusultra für alle, die sich Player nennen. All jene, die im nebulösen Kosmos der Gesetzlosigkeit agieren. Es sind Zuhälter, Diebe, Dealer, Nepper, Schlepper, Betrüger – »aber ein wahrer Player bist du nur, wenn du im GAME bist«, sagt der Bishop. GAME steht für General Amount of Money Earned. »Richtig Schotter, mindestens eine halbe Million jährlich.«
Die Formel mag simpel klingen, ihre Umsetzung ist es weniger. »Gefängnis, Drogen, eine Kugel«, sagt der Bishop, »eines erwischt dich. Die meisten sind nach zehn Jahren entweder erledigt oder tot.« Er jedoch habe mehrere Bauchschüsse überlebt, sei der Polizei aus dem Weg gegangen und habe nie mit Drogen gehandelt. Er habe immer im richtigen Moment die Kurve gekriegt, eine neue Einnahmequelle gefunden. »Du musst mobil sein, es gibt immer eine andere Straßenecke, wo du wieder neu anfangen kannst.« So sei es ihm gelungen, dreißig Jahre im GAME zu bleiben, deshalb nennen sie ihn den König der Players. »Keiner«, sagt er, »macht mir das nach.«
Auf den ersten Blick ist der Bishop kein beeindruckender Mann. Nicht übermäßig groß, runder Bauch, tiefe, seltsam ausdruckslose Augen in einem runden Gesicht. Seinen Bewegungen mangelt es an Eleganz und seinem Auftreten an Charme. Er hört anderen kaum zu, spricht wenig und wenn, dann sind es oft nur schlampig hingeworfene Satzfetzen. Er kommt grußlos, geht grußlos und wirkt meistens desinteressiert. Und wenn er nicht mehr da ist, fragt man sich: Was war da? Da war ein bisschen ungelenke Prahlerei und viel

kitschiger Pomp. Und dennoch ist um den Bishop herum diese Aura, die einen an Filmstars und Aristrokraten erinnert.
Der Bishop ist 49 Jahre alt. Er ist ein Mann ohne Moral, er ist es immer gewesen. Niemand, heißt es, war konsequenter in seinem Geschäft, niemand hat rauschendere Partys geschmissen und natürlich ist es ein Kunststück, das dreißig Jahre lang durchzuhalten. Umso mehr, als es ein Leben auf Kosten anderer ist. Doch je länger man ihn beobachtet, umso mehr ist man gefangen von dieser Symbiose aus Gehabe, Gerede und zirkusreifer Aufmachung. Jeder Player hat seine Erkennungszeichen, seine Farben. Für den Bishop sind es Grün und Gold: »Green is for the Money, Gold is for the Honey.« Man sagt, sogar seine Schamhaare seien golden getönt. Ein Mann als Gesamtkunstwerk.
Wenn der Bishop einen Raum betritt, wird er schlagartig zum Mittelpunkt. Wenn er in Pelzmantel, Samt, Seide und farblich dazu abgestimmte, maßgefertigte Cowboystiefel schlüpft, dann wird er zur Märchengestalt. Seine Zähne funkeln vor Brillanten und Smaragden, und sein unter einem Nylonstrumpf geglättetes Haar schimmert wie polierter Onyx. Einmal steuerte er seinen Chevrolet nachmittags durch die West Side. Fußgänger bestürmten den Wagen, reichten Geld und Drogen durchs Fenster. Der Bishop verteilte Dollarscheine an Kids, murmelte Bibelsprüche und segnete jeden. »Church!«, rief er. »Church!«, riefen die Menschen.
Heute ist sein großer Tag. Der größte Tag in seinem Leben, wie alle um ihn herum wichtigtuerisch raunen. Denn heute soll es im Show Club nicht beim traditionellen Stelldichein großer Gangster und kleiner Ganoven bleiben. Man hat etwas geplant. Eine gewaltige Zeremonie. Eine einmalige Ehrerbietung. Und natürlich weiß der Bishop Bescheid. Vermutlich war das alles sogar seine Idee. Nichts liebt er

mehr als fulminante Auftritte. Sein ganzes Leben, sagt er, sollte eine Show sein mit ihm in der Hauptrolle.
Dazu gehört auch die Story, die er besonders gerne erzählt. Wie ihm Jesus erschienen sei, der ihn geläutert habe vor 15 Jahren. Schwarzer Rotz sei aus seiner Nase gelaufen, der Allmächtige habe zu ihm gesprochen. Deshalb, sagt er, sei er nun kein richtiger Zuhälter mehr, sondern nehme nur noch Geschenke von Frauen an und wirke als Prediger. »Damit auch die Pimps und Player einen Hirten haben.« »From Pimp Stick to Pulpit« heißt folglich das Buch des Bishop. Vom Ludenzepter zur Kirchenkanzel. Was für eine Geschichte. Was für ein Humbug. Die Frage ist nicht, ob der Bishop an Gott glaubt, die Frage ist, warum er sich benimmt, als sei er Gott.
Im Show Club, einer schummrigen, mit Luftballons und Papierschlangen geschmückten Halle, tummeln sich am frühen Abend bereits jede Menge großer, schlanker Männer in Biberpelzen und mit Sonnenbrillen. Scheinbar gelangweilt lassen sie sich am Eingang von Bodyguards nach Waffen abtasten. Ihre Begleiterinnen stehen in kurzen Röcken und transparenten Blusen daneben und mustern einander missgünstig. Es ist laut, stickig. Die Luft geschwängert von Parfüm. Hosenbeine vibrieren im Gewummer der Lautsprecher. Tief dekolletierte Serviererinnen verkaufen Tombolalose. Der Hauptgewinn ist ein Geschenkkorb mit Schaumbad, Dessous und einem schwarzen Gummidildo. Auf den Tischen Einladungskarten für Weihnachtsfeiern, die Fotomontagen zeigen leichtgeschürzte Damen, das Gesäß über Tannenbäumen räkelnd.
Ein beleibter Conferencier begrüßt die prominentesten unter den prominenten Gästen. »14 Karat ist im Haus! Macht Lärm für 14 Karat!« Anerkennendes Pfeifkonzert. »Hey, hier sehe ich Pimp JoJo mit seiner Familie.« Man erkennt einen jungen Schwarzen und drei Mädchen, alle einheitlich

von Kopf bis Fuß in kackbraunes Leder gekleidet. »Bravo«, ruft der Conferencier, »JoJo lässt seine Ho's heute nicht arbeiten, auch sie dürfen feiern.« King Boo ist im Haus. Lärm. Good Game aus Cleveland schreitet unter einem türkisen Lichtkegel über die Tanzfläche. Gejohle. Big Daddy Kane aus New York kommt. Da dröhnt es von der Bühne: »Hello, ich bin Fasz, die neue Ho von JoJo!« Schreit einer: »Hier ist der einzige Platz, an dem man stolz sein kann, eine Hure zu sein.«

Die erste Begegnung mit dem Bishop hatten wir Donnerstagnacht. Red's Barber Shop, sagte er. Um zehn sei er da. Er war nicht da. Ein eisiger Wind strich über die vernarbten Häuserfassaden und düsteren Hinterhöfe. Vor der großen Glasfront des Friseursalons standen schweigsame Typen und hypnotisierten die Parkuhren. Ein Penner mit verfilztem Haar und gelbbraunen Stummeln im Mund lag auf einem zerschlissenen Sofa. Aus der Musicbox röhrte Curtis Mayfield: »I'm your Pusherman.« Der Penner grölte mit. Passanten glotzten aufdringlich. Sprachlose, feindselige Atmosphäre. Keine Gegend, in der sich Fremde wohl fühlen. Hier öffnen sich Türen nur auf geheime Klopfzeichen.
Wir fragten uns, warum der Bishop uns hierher bestellt hatte. Schließlich besitzt er Apartments in Chicago und Los Angeles, ausgestattet mit dicken Teppichen, opulenten Polstermöbeln und Klobrillen, in die 100-Dollar-Scheine eingelassen sind. Dort hängen auch die Fotografien, die ihn an der Seite von Basketballidol Michael Jordan, dem Musiker Ice-T und Talkmaster Jay Leno zeigen. Stars unter sich. Der Bishop hat Rap-CDs mit religiösen Tiraden veredelt, in mehreren Kinofilmen mitgewirkt und erst neulich wieder eine kleine Rolle in Pamela Andersons TV-Serie »VIP« gehabt. Warum nur kein Empfang in standesgemäßerer Um-

gebung? Warum dieser Termin im Slum? In die Frage platzte die Polizei.
»Hey, ihr da!« Es war ein Streifenwagen mit zwei weißen Beamten. »Wartet ihr auf einen Haarschnitt?« Äh, nein. »Dann wartet ihr auf euren Drogendealer!« Auch nicht. »Herkommen!«, knurrte der Beamte auf dem Beifahrersitz. »Was zum Teufel geht hier ab, ihr Komiker?!« Er musterte uns in einer Mischung aus Misstrauen und Ungläubigkeit. Weiße haben in dieser Gegend nichts verloren. Zwei Journalistenausweise und ein paar Minuten später fuhr der Gesetzeshüter wieder weg, nicht ohne eine Warnung: »Ihr habt 'nen Knall, hier abzuhängen, das ist eine extrem gefährliche Gegend.«
Man konnte ihm nicht völlig widersprechen. Die West Side Chicagos ist ein übel beleumundetes Viertel einer Stadt, die in den USA nicht erst seit Al Capones Zeiten ein Synonym für Verbrechen ist. Vier der fünf größten Street Gangs Amerikas operieren in Chicago, nirgendwo im Land außer in Jersey City gibt es so viele bewaffnete Jugendliche. »Gangster ist hier die einzig lukrative Karriere«, sagte einer in Red's Barber Shop, als die Bullen weg waren. Und dann fragte er: »Braucht ihr Weed, 'n Mädchen, Smack? Eine Knarre?« Weed ist Marihuana, Smack ist Heroin, bei Knarre kommt es auf das Modell an.
Der Bishop kam nicht weit von Red's zur Welt. Hier ist er aufgewachsen, hierher kommt er immer wieder zurück. Sein Vater betrieb an der West Madison Avenue einen kleinen Diner, in dem sich Hehler, Diebe, Zuhälter und Prostituierte die Zeit vertrieben. Als seine Mutter von den Schlägen und Demütigungen ihres Gatten genug hatte und weglief, war der Junge drei. Den Rest seiner Kindheit verbrachte er damit, das Milieu zu studieren. Mit 13 hatte er erstmals Sex; sie war 26, und der Bishop sagt: »Frauen haben mich immer geliebt, und ich wusste, wozu sie zu gebrauchen waren. Ich

war dazu bestimmt, Pimp zu werden.« Ein Plattenladen gegenüber von Red's wurde seine erste Geschäftszentrale. Plötzlich war er da, gefolgt von seiner Entourage. Money war dabei, den er schon von Kindesbeinen an kennt und der einen Limousinenservice betreibt. »Auf Wunsch legen wir euch die Mädels auf den Rücksitz.« Ein Mann in einer purpurnen Robe stellte sich als Prince Seamore vor: »Ich bin der Kardinal des Bishop.« Er wirkte mehr wie Leibwächter und Claqueur in Personalunion. Zwei Frauen begleiteten den Bishop. Eine sah sehr verlebt aus und sagte, sie sei die berühmte Angel, »die Queen of Queens, ihr habt sicher schon von mir gehört«. Die andere, wesentlich jünger, behauptete, sie sei Tänzerin und nannte sich Sin'sation. Man hätte fragen wollen, welche Art von Bühne zu diesem Namen passt, doch da lief der Bishop auch schon wieder zum Auto.
Wer den Bishop begleitet, befindet sich auf einem schier endlosen Parforceritt. Immer in Bewegung. Drei Tage ging das so. Erst Schneider. Dann Schuster. Zum Hutmacher. Zur Maniküre. Zum Flughafen, wo Pimps und Players aus ganz Amerika ankamen. Lärmende Begrüßungen, große Gesten, anzügliche Bemerkungen über die schüchtern dreinblickenden Mädchen, die sie mitgebracht hatten, und wieder ab. Zwischendurch ein hastig hinuntergewürgter Hamburger in einem Stehimbiss, Besuche zu nachtschlafener Zeit bei irgendwelchen Leuten, die den Bishop stets beschenkten. Dazu düstere Nightclubs. Drogen. Champagner ohne Ende. Nie schien er genug zu bekommen.
Angel saß bei diesen scheinbar planlosen Reisen ans Ende der Nacht stets schüchtern dabei und bezahlte jede Rechnung. Ihr goldenes Paillettenkleid um die Hüften zu eng, ihre abgekauten Fingernägel unter dem goldenen Handtäschchen versteckt. Angel ist erheblich älter als der Bishop und war seine erste Prostituierte, das Fundament seines Stalls. Sie lernte die neuen Ho's an, sie ging für ihn ins Ge-

fängnis, als man ihn wegen Hehlerei drankriegen wollte, und sie bekam zwei Kinder von ihm. »Ich hätte ihn nie verlassen, er ist der Mann meines Lebens.« Man glaubte es ihr. »Ohne den Bishop hätte ich all das nicht gehabt: die Kleider, die Feste, ich habe Menschen kennen gelernt, die ich sonst nie getroffen hätte. Ich war immer seine Königin. Viele kamen, alle gingen, nur ich bin geblieben. Er hat ein gutes Herz.« Nun, alles konnte man ihr nicht glauben.

Wie wird man ein großer Pimp, Bishop? »Okay«, sagte er, »zuerst musst du dich fragen, ob du ein Problem hättest, wenn du nach Hause kommst und da sitzt ein fremder Mann auf dem Gesicht deiner Freundin.« Oh, vermutlich schon. »Dann kannst du kein Pimp sein.« Und wenn es kein Problem wäre? »Dann musst du eine Frau finden, ihr Vertrauen gewinnen und sie motivieren, für dich anschaffen zu gehen.« Aber wie? »Du sagst ihr: ›Baby, ich mache dich zum Star meines Stalls, ich erfülle deine Träume.‹« Wer macht das mit, bei null Prozent Gewinnbeteiligung? Da winkte der Bishop indigniert ab. »Falsche Frage«, sagte Seamore, und als ich mich nach den richtigen Namen der Umstehenden erkundigte, blaffte er: »Was bist du: das FBI? Du brauchst keine Namen, white boy.«

Dann halt nicht. Im Buch des Bishops, diesem Sammelsurium von Sex- und Drogenexzessen und Prügelarien, steht sowieso alles. Es gab Hiebe, wenn seine Frauen ausrasteten, wegen Unterleibsblutungen und vor Liebeskummer durchdrehten. Es gab Hiebe, wenn sie aus Angst vor Triebtätern nicht auf die Straße wollten. So simpel, so brutal. Der legendäre Robert Beck alias Iceberg Slim erzählt in seinen Memoiren: »Ein Pimp muss immer Druck ausüben, niemand darf ihn kennen, er muss Gott sein.« Und: »Bitches sind für ihn nur menschliche Schmalzkübel, in die die Weißen ihre Peitschen stecken.« Einmal hatten wir Pimp Ju-Ju aus Washington D. C. im Auto. Der sagte: »Es ist kein Spiel mit Sex, es ist ein Spiel mit der kaputten Psyche deiner Ho. Du musst ihre Schwächen kennen, sie fertigmachen.«

Es gibt allerlei Theorien, mit denen sich die Evolution schwarzer Pimps und Players erklären und ihre Existenz quasi rechtfertigen ließe. Man sagt, nach Beendigung der Sklaverei hätten Schwarze weiße Plantagenbesitzer für Sex mit ihren Frauen zahlen lassen und damit ihre Familien ernährt. Später, so jedenfalls die am häufigsten verbreitete These, blieb den Afroamerikanern in den Ghettos der Großstadt nur der Weg in die Kriminalität, um den amerikanischen Traum von Reichtum und Anerkennung zu verwirklichen. Und im Harlem der dreißiger Jahre wurde diese Rache am weißen Establishment erstmals mit der manischen Zurschaustellung von Luxus und phantastischer Bekleidung zelebriert. Der Schriftsteller Norman Mailer erkannte im Lifestyle dieser schwarzen Unterwelt sogar einen »Fahrplan zu Souveränität und Männlichkeit«.

Für junge Schwarze ist es bis heute ein verlockendes Modell geblieben. Bei Red's trafen wir einen Mann Anfang zwanzig, der sich Jazzy Joe nannte und sagte: »Uns bleibt keine Wahl. Sie stecken uns in schlechte Schulen und geben uns miese Jobs. Wenn du als Schwarzer nicht zum Verlierer werden willst in diesem System, dann orientierst du dich besser an Leuten wie dem Bishop. Er war nie ein Uncle Tom, einer von diesen Schwächlingen, die den Weißen die Scheiße vom Arsch kratzen.« Der Bishop sagt, er sei stolz darauf, nie ein Bankkonto, nie eine Sozialversicherungsnummer gehabt zu haben: »Ich brauche das nicht, ich bin ein König in meiner eigenen Welt.« Der kalifornische Sozialwissenschaftler Todd Boyd meint: »Der Pimp ist in der afroamerikanischen Kultur das, was die Mafia in Italien ist. Er kritisiert die Gesellschaft, indem er sie negiert. Er ist der klassische Antiheld.«

Kein schlechter Vergleich. Ähnlich dem Mobsterboss John

Gotti ist der Bishop mit grenzenlosem Geltungsdrang und allerlei Eskapaden zu einer Kultfigur außerhalb des Milieus geworden. Wenn das Wort »pimp« in Amerika seinen negativen Beigeschmack verloren hat, Surfer, Skateboarder und Extremkletterer es inzwischen an der Stelle von »cool« verwenden, dann liegt das auch an der Popularität des Bishop, den kürzlich sogar das »New York Times Magazine« feierte. Dort hieß es, er habe mit seiner Art sich zu kleiden Häuser wie Gucci und Versace inspiriert. Der Bishop ist zum Zuhälterdarsteller geworden, der geschickt ein verruchtes Image vermarktet und so den Voyeurismus der spießigen Massen befriedigt. Wenn Iceberg Slims Buch demnächst verfilmt werden wird, ist der Bishop als Berater am Set. Er hat seine nächste Straßenecke gefunden. Vom Ghetto nach Hollywood, das macht ihm wirklich keiner nach.

Samstagnacht kurz nach elf. Ein Konvoi weißer Stretchlimousinen gleitet die 79th Street entlang. Der Bishop kommt an. Die Famous Player Birthday Party wird endlich zum Happening. Der dicke Conferencier zählt 95 Pimps aus allen Bundesstaaten. Pimp JoJo lässt sich wiederholt mit seinen Ho's ablichten, zwei davon führt er an Hundehalsbändern. Andere Pimps posieren vor einem roten Vorhang und machen dabei grimmige Gesichter. Dann gibt es Pokale. King Boo wird Player of the Year. Warum? Egal. Angel bekommt eine Trophäe. Warum? Egal. Ein älterer Komiker trägt Verse vor, in denen jedes erdenkliche schweinische Wort mehrfach vorkommt. Hört jemand zu? Egal. Es ist eine ebenso chaotische wie schillernde kollektive Selbstdarstellung. Dennis Hof, der weiße Besitzer des berühmtesten Bordells Amerikas, der BunnyRanch in Carson City, Nevada, steht mit leuchtenden Augen dazwischen und sagt: »Sie sind voller Leben und Charisma. Welche Frau würde für sie nicht ans Ende der Welt gehen?«

Gegen ein Uhr morgens ergreift Seamore das Mikrofon. Feierlich verkündet er, dass der Bishop der »anerkannteste Pimp Amerikas« sei und daher als erster in die eigens dafür gegründete Pimp & Player's Hall of Fame aufgenommen werde. Seamore schreit: »Pimpin', pimpin' and more pimpin'!« Die Menge antwortet: »Church! Church! Church!« Tumulte auf der Bühne. Angel ruft: »Nochmal dreißig Jahre, ich werde dafür sorgen, dass du hast, was du brauchst.« Sin'sation macht eine ähnliche Versprechung, denn: »Du hast mich von einem Niemand zu einem Jemand gemacht.« Später wird sie im Holiday Inn, wo der Bishop seine Freunde untergebracht hat, Rundrufe starten und gegen Bares Massagen anbieten. Dem Bishop wird ein Scheck über 33 000 Dollar überreicht, Ergebnis einer spontanen Kollekte. Tränen rinnen ihm auf sein Seidenhemd. »Ich liebe euch, ich danke allen Frauen, die dieses Leben für mich möglich gemacht haben.« Seine ehemalige Ho Chocolate kann das nicht mehr hören. Sie wurde vor Jahren von einem Freier erschossen.

Als wir uns am Sonntagnachmittag verabschieden, ist der Bishop schlecht gelaunt. Er liegt auf einem Bett im Holyday Inn, wo weitergefeiert wurde bis zum Morgen, und bedauert seinen emotionalen Ausrutscher: »Pimps zeigen keine Gefühle. Schlecht für den Respekt.« Überall leere Schampuspullen, ausgedrückte Joints, mit Ketchup und Senf verschmierte Teller. Der Bishop mault, die jungen Kollegen hätten nicht mehr die Klasse seiner Generation. Kein Stehvermögen. »Die Party muss weitergehen«, sagt der Bishop. Er kann sein Mobiltelefon nicht finden. Die Leitung im Hotelzimmer ist gesperrt. Pimps zahlen prinzipiell bar, im Hotel gilt jedoch: ohne Kreditkarte kein Anschluss. Zu einem öffentlichen Fernsprecher laufen? Nicht der King der Pimps und Players. Da steckt Ron, ein Pornoschauspieler aus Los Angeles, den Kopf zur Tür rein. Der Bishop begrüßt ihn erfreut und schickt ihn zum Geldautomaten. JoJo hatte gesagt: »Pimps leben im Heute, weil das Morgen nicht garantiert ist. Es bleibt uns nichts anderes übrig.«

Iceberg Slim landete fünfmal im Gefängnis. Am Ende war er heroinsüchtig, krank und einsam. Seine Frauen hatten ihn im Stich gelassen, ihm den Cadillac und die Ersparnisse geklaut. Iceberg Slims Fazit: »Ich hatte mehr als ein halbes Leben in einem wertlosen, gefährlichen Geschäft verbracht. Ein Pimp ist der einsamste Bastard auf der Welt. Alle warten auf seinen Absturz. Und hier war ich, jenseits der 40, vielleicht ausgebufft, aber nicht smart. Ich hatte keine Ausbildung und keine Zukunft. Was für ein Verlierer war ich geworden.«
Iceberg war ein großer Player. Der Bishop ist ein großer Player. Jedes Spiel geht einmal zu Ende.

## Frohsinn im Wald

Mit behinderten Jägern auf Pirsch

Die Kugel trat hinter der linken Schulter ein, bildete beim Aufprall einen pilzförmigen Klumpen und zerfetzte die Eingeweide. Gut getroffen, wenngleich kein brillanter Schuss. Der Weißwedelhirsch taumelte ein paar Schritte, knickte ein, verendete mit glasigen Augen. Nun hängt er mit aus dem Maul baumelnder Zunge kopfüber an Fleischerhaken. Mark vom Y'All-Mart, einem Kolonialwarenladen in der Nähe von Jasper, Florida, hatte sie ihm zwischen Sehnen und Gebein der Hinterläufe gerammt. »Schätze 175 Pfund, fünf Jahre alt«, sagt Mark lapidar, »stattlicher Bursche.«

Marks Messer dringt durch das Fell der Bauchdecke. Schlieren von geronnenem Blut, schleimig glänzende Innereien und fauliger Geruch quellen ihm entgegen. Mit einer Handwerkersäge trennt er die Beine vom Torso, mit einer massiven Stahlzange die Wirbelsäule vom Kopf; am Geweih eine frische, die neunte und letzte Hornsprosse. Nach etwa einer halben Stunde bleiben von dem Tier nur noch Trophäe, Fleischbrocken, Gerippe und Abfall übrig. Es ist makaber und faszinierend zugleich, wenn Metall durch Knochen dringt, knackend das Rückgrat zerbirst.

David, Henry, Troy, Phil und Barry sitzen stumm und beobachten die Prozedur. Woran sie denken? Man geniert sich zu fragen, denn es könnte schon sein, dass in Momenten wie diesen glühend heiß der Schmerz, das eigene Martyrium zurückkommt, die dumpfe Ohnmacht nach dem ersten Schock. Doch von ihren Begegnungen mit dem Tod erzählen sie nicht gerne, und wenn, dann in knappen, technischen Formeln. Jetzt schwatzen sie über Jay, der das Tier erlegt hat, loben seine Talente in Wald und Feld. »Jay ist ein böser

Mann«, sagt Henry, »er tötet brave, schöne Hirsche, wir hassen ihn.« Alle lachen und finden, es war ein toller Tag am Holton Creek im Suwannee River State Park, Hamilton County, nordwestlich von Jacksonville.

»Blut war überall, die Qualen unerträglich. Die erste Kugel, die durch mich hindurchraste, zerstörte meinen rechten Arm. Ich spürte einen gewaltigen elektrischen Schock, als das letzte Projektil meine Beine und Blase nutzlos werden ließ.« So beginnt die Aufzeichnung der Ereignisse, die Henry Flores' Leben veränderten, die Mechanismen seines Körpers und seine Perspektive auf Gott und die Welt. Rein technisch betrachtet, sank sie auf Brusthöhe und beschränkte sich nun auf den Wendekreis eines Rollstuhls. »Dreiviertel meiner Leber war hinüber, meine Vena Cava (*die das Blut aus der Arm-, Kopf- und Thoraxregion zum Herzen führt*) war verletzt, ich wurde neun Stunden operiert, die Ärzte sprachen von Amputation, normalerweise überlebt das niemand.« Der Drogendealer Henry Flores jedoch, der von einer konkurrierenden Gang überfallen, ausgeraubt und fünfmal angeschossen wurde, überlebte, gelähmt vom siebten Rückenwirbel abwärts. »Jeder hat ein Handicap«, sagt er, »alles, was du machen kannst, kann ich auch, ich mache es nur anders.«

Um fünf Uhr morgens hatten sie sich an der Station des Parkwächters getroffen. Es sah aus wie der Aufmarsch einer lädierten Armee. Überall Krücken, Gehstöcke, Rollstühle, dazu Tarnkleidung und ein bizarrer Fuhrpark. Jays Gefährt etwa wurde zusammen gebastelt aus dem Rahmen eines Golf Cart, der Ladefläche eines Kleinlasters, wulstigen Geländereifen und Überrollbügeln; per hydraulischem Kran und Seilzug kann er seinen Rollstuhl vom rückwärtigen Aufbau neben den Fahrersitz manövrieren.

David nennt sein Vehikel Brush Buggy, es wirkt wie ein Schützenpanzer ohne Karosserie. Troys Transporter verfügt über Hebebühne und abgesenkten Führerstand. »Wir sind Technikfreaks«, sagt Jay, »unser Problem ist Mobilität, Mobilität, Mobilität.« Nur Barry geht stets in einem schrottreifen Chevrolet auf Pirsch. Mit feuchten, eisblauen Augen späht er erwartungsfroh in den Wald. Niemand kann sich erinnern, ihn jemals im Rollstuhl gesehen zu haben.

David ist halbseitig gelähmt. Troy wurde im Alter von zwölf Jahren von einem Lastwagen angefahren; klassischer Querschnitt, seine Arme kann er nur mühsam bewegen. Phil erkrankte am Beugers'schen Syndrom, einer Durchblutungsstörung, die zur Amputation beider Unterschenkel führte. »Dabei habe ich nie viel geraucht«, meint er, »vielleicht eine Schachtel täglich.« Barry verschätzte sich bei einem Hechtsprung von einem Dock mit der Wassertiefe; fünfter, sechster und siebter Rückenwirbel gebrochen; er war 19 damals. Und Jay, der unbestrittene Held der Truppe, der nette, smarte, ehrgeizige Jay fiel vom Hochstand und schlug rücklings auf den Stumpf einer frisch gefällten Zypresse. »Wir sind die Ausnahme«, sagt er, »die anderen sitzen doch nur zu Hause vor dem Fernseher und vergammeln bei Soap Operas.« Knapp daneben diesmal, um im Jargon zu bleiben. 550000 behinderte Amerikaner gehen zur Jagd, einem Volkssport, der hier zu Lande 14 Millionen Anhänger hat und geprägt ist von laschen Vorschriften; Lizenzen gibt es sogar an Tankstellen und in Supermärkten.

»Wenn sie Auto fahren wollen, lass sie Auto fahren«, sagt Dave Baskin, »wenn sie jagen wollen, lass sie jagen – ganz einfach.« Baskin leitet die Disabled Shooting Services der National Rifle Association, mit vier Millionen Mitgliedern einer der einflussreichsten Interessenverbände der USA und heftig angefeindet wegen seines sturen Lobbyismus im Dienste der Waffenindustrie. Darüber eine Grundsatzdiskussion anzuzetteln wäre jedoch unsinnig, wenn Baskin von seinen Besuchen in Krankenhäusern und Rehabilitationszentren berichtet, wo er Schießübungen für Unfallopfer und Behinderte veranstaltet. »Schießen«, sagt Baskin, »schult die Hand-Augen-Koordination, fördert den Gleichgewichtssinn und vermittelt unmittelbare Erfolgserlebnisse.« Gut für Körper und Geist. »Doch von allen therapeutischen Methoden in diesem Zusammenhang ist die Jagd in der Natur am wertvollsten, das positive Feedback ist schlicht enorm«. Frische Luft, Bewegung, Schuss, Treffer, Tier tot. Baskin: »Diesen Effekt erzielen sie nicht mit Dartpfeilen in einer Turnhalle.«

Gegen Mittag. David ist auf dem Weg zu Henry, der zwischen Weißeichen, Magnolien und Hickorybäumen ausharrt in der Sonderanfertigung eines Hochsitzes mit batteriebetriebener Hebevorrichtung. David Jones, 47, ist Vorsitzender der Florida Disabled Outdoors Association (FDOA) in Tallahassee. Gegründet hat er sie 1991, sechs Jahre nach der verfluchten Truthahnjagd mit seinem Freund Jimmy. Sie waren wie immer im Busch unterwegs, David lockte mit kehligen Lauten, gekleidet in Camouflage, die Kappe war dem Kopf des Vogels nachempfunden. Als er Jimmy zurief, er würde aufstehen und aus der Deckung kommen, »machte es Bumm«, so David. »Jimmy war mal Panzerfahrer bei den Marines, der hörte nicht gut.« Zielte umso besser. 16 Schrotkugeln trafen David an Kopf, Hals und Schulter, acht drangen ins Gehirn; zum Glück Entenmunition aus Edelstahl. »Blei hätte mein Gehirn zermanscht«, sagt David, »ganz sicher aber wäre ich an einer Infektion krepiert.« Er erzählt es ohne Wehleidigkeit, ohne Verbitterung. »Ich kann nicht rennen, ich kann nicht Ballspielen, ich kann nicht auf einen Baum klettern, aber ich liebe mein Leben und ich bin optimistisch bis zur Verblödung.«

Der Brush Buggy holpert über Sandpisten und durch Gestrüpp. David steuert einhändig und referiert über sein Leben. Mit 16 habe er angefangen in einem Lebensmittelladen mit kleiner Kneipe zu arbeiten. Mit 19 bekam er eine Tochter, heiratete. »Alkohol, Drogen, Frauen, Partys«, sagt David, »ich war völlig überfordert, die Ehe ging schief, nur in der Natur konnte ich mich entspannen.« Schon als Teenager war er Angler und Jäger. »In der Rehabilitation gab es nur Korbflechten, Töpfern und Gesellschaftsspiele – das war nichts für mich. Ich wollte einfach nicht akzeptieren, auf meine Leidenschaft zu verzichten, bloß weil ich ein Krüppel war.« Zehn Jagden für Behinderte veranstaltet David jährlich, humpelt pausenlos zwischen den Hochständen hin und her und genießt das Gefühl, gebraucht zu werden. »Du weißt gar nicht, was du für uns tust«, sagte ein querschnittsgelähmter Weidmann einmal zu ihm, »ich wollte mich umbringen vor Selbstmitleid und Langeweile.« Als David es erzählt, fängt er an zu weinen. Wenig später demonstriert er minutenlang Lockrufe. »Wha-ooh, tschakatschakatschak, wah-ooh.« David sagt, er sei emotional sehr labil: »Hat mit der Birne zu tun.«
Henry kommt surrend herunter von seinem luftigen Ausguck, wo er im Morgengrauen Position bezogen hat. »Ihr könnt euch gar nicht vorstellen, wie das Adrenalin pumpt, wenn du die Welt einmal nicht aus der Perspektive eines Kindes sehen musst.« Dennoch: kein guter Tag für ihn. Kopfschmerzen, irgendeine Infektion im Anmarsch. »Kann alles sein, Magen, Darm, wahrscheinlich aber die Nieren.« Henry will nach Hause, vermisst seine Frau, die Arbeit an seinen Messinglampen, mit der er sich die Freizeit vertreibt. »Vor die Flinte gekommen ist mir auch nichts, vielleicht, weil sie mich riechen können.« Behinderte transpirieren intensiver, heftiger. David: »Hat mit dem veränderten Stoffwechsel zu tun.« Henry jedenfalls ist deprimiert, erzählt, die

Remington 342 Woodsmaster über den abgemagerten Oberschenkeln, lieber ein wenig über die Flucht aus Kuba. 31 Menschen und sein Chihuahua Yute auf einem zwölf Meter langen Boot; nach fünf Tagen hatten sie kein Wasser und kein Essen mehr, »außer Kaugummi«. In Miami angekommen, setzten andere Probleme ein: die neue Sprache, die fremde Kultur, die Isolation in der kubanischen Gemeinde. »Ich nahm Drogen, und durch die Dealerei konnte ich pompös leben.«

Baskin von den Disabled Shooting Services hält David Jones für einen »Helden« und die FDOA für eine »wunderbare Sache«, nicht zuletzt weil Floridas Bevölkerung überaltert ist, dort überdurchschnittlich viele Menschen mit Behinderungen leben. Davids letzte Sportsability, eine mehrtägige Veranstaltung mit Angeltouren, Wasserski- und Luftgewehrturnieren, hatte 300 Besucher. Baskin sagt: »Sport ist der Anfang, er gibt Behinderten neues Selbstwertgefühl und Selbstvertrauen.« Deshalb hat der Pensionär, der früher medizinische Geräte entwickelte, eine Reihe von technischen Hilfestellungen für Behinderte entworfen – von einer Zielvorrichtung für Augenkranke bis zu einer Apparatur für Rollstuhlfahrer, deren Schussmechanismus per Zehendruck ausgelöst wird. »Ob die Leute dann auch treffen, ist eher nebensächlich«, meint Baskin, »stellen Sie sich vor, was es für einen vermeintlich hilflosen, sozial ausgegrenzten Menschen bedeutet, wenn ihm ein potenziell gefährlicher Gegenstand anvertraut wird.«
Vor einigen Jahren hat das US-Gesundheitsministerium einen Report über das Freizeitverhalten der insgesamt 43 Millionen behinderter Amerikaner erstellt; 37 Prozent der Bevölkerung fallen unter diese Kategorie, wenn Hör-, Seh-, Bewegungsschwäche und mentale Defizite berücksichtigt werden. Das Fazit: »Jagen reduziert Symptome von Angst

und Depression, es steigert das psychische und körperliche Wohlbefinden.« Und David Sullivan von Buckmaster, einer Jägervereinigung, hat das vor allem bei Blinden erlebt, auch wenn denen von Helfern die Waffe geführt und Instruktionen gegeben werden müssen: »Einen Blinden beim Töten zu erleben, gibt dir die größtmögliche Befriedigung.« Sullivan, selber amputiert, meint: »Ich halte mich für einen passionierten Jäger, doch ich kann mir nicht vorstellen, dass irgendjemand das Jagen mehr genießt als diese Menschen. Als Erstes wollen sie das Tier fühlen, das Geweih berühren.«

Es ist später Nachmittag, als der Hirsch in Sichtweite kommt. Jay hat ihn erwartet. »Ich war vor meiner Lähmung schon ein guter Jäger, ich kenne mein Gelände.« Und er hat seine Tricks, hängt mit dem Urin läufiger Hirschkühe getränkte Stofflappen an Büsche, zerstäubt Talkumpuder, um die Windrichtung zu prüfen. Nun bringt er die Videokamera in Position, mit der er jeden seiner Schüsse dokumentiert, die Aufnahmen wertet er zu Hause aus. »Sie werden mir später Freude machen, wenn ich zu alt bin.« Und natürlich werde Mary-Lou dann bei ihm sein, seine Frau, die er sich im Katalog ausgesucht und in Mindanao auf den Philippinen abgeholt hat. »Menschen sind Menschen«, sagt Jay, »ihr Denken und ihre Wünsche ändern sich nicht, nur weil sie im Rollstuhl sitzen.« Ihr Humor offenbar auch nicht. »Was charakterisiert einen Amerikaner?«, fragt Jay. Keine Ahnung. »Na, wenn wir es nicht ficken können, bringen wir es um.« Der Hirsch schnüffelt an dem Stofflappen. Bumm. Jays Gefährt rumpelt zum Kadaver, vom Rollstuhl aus legt er einen Strick um den Hals des Hirsches. Die Seilwinde schnurrt. »Töten«, sagt Jay, »ist wie Sex.«
Es war Jays zweiter Hirsch an diesem Wochenende, tags zuvor hatte er auch schon getroffen. Man brachte die ausge-

weidete Beute zum Campingplatz, wo Mary-Lou in Töpfen mit Bohnen und Mais rührte und Hirschkoteletts auf den Grill legte. Sie hatte Angel, sieben Monate alt, auf dem Arm, ihr vierjähriger Sohn Juven spielte auf der Ladefläche des Lastwagens, den Jay für seine Jagdausflüge umgebaut hat. Früher hatte er einen Teppichladen, nach seinem Unfall ist er technischer Zeichner geworden. »Ich lebe nur für die Jagdsaison.« Es ist ein rührendes Bild, wenn er Angel auf den Schoß nimmt, Juven zärtlich übers Haar streichelt. »Es war Liebe auf den ersten Blick«, sagt Jay, Mary-Lou würde ihn nicht verlassen wie seine vierte Frau. 75 Prozent aller Ehen zerbrechen, wenn Männer zu Behinderten werden, ihre Sexualität bestenfalls, wie bei Jay, von einem Implantat im Penis getragen wird. Natürlich hat er Juven adoptiert, liebt Angel abgöttisch, erst recht, nachdem ihm die Ärzte sagten, die Wahrscheinlichkeit, dass er sie gezeugt habe, betrage 1:1000. Jay sagt: »Meine Familie macht alle Schmerzen wett.« David glaubt: »Jay hat großes Glück gehabt.«
Eigentlich wissen sie nicht viel voneinander, treffen sich nur ein paarmal zwischen Anfang Oktober und Ende Januar, noch nicht mal die Nachnamen der anderen sind ihnen geläufig. Wenn sie übereinander sprechen, benutzen sie Attribute wie »der Kubaner«, »der Schlammloch-Typ« oder »der Doppelamputierte«. Doch wenn sie zusammensitzen, sind sie eine kameradschaftliche Truppe, in der sich jeder für den Hirsch des anderen freut. Troy hat zwei Freunde mitgebracht, die für ihn den Forst auskundschaften, seinen Schießstand aufbauen, und die ihm Gesellschaft leisten, wenn auf dem Campingplatz Jägerlatein und Späße die Runde machen. »Also, David schießt einen Hirsch«, erzählt Henry, »er wird drei Meter groß und seine gelähmte Seite schlackert wie Wackelpeter.« David lacht darüber am meisten. Und Phils Kumpel, der ihm assistiert, seinen für Amputierte entwickelten Stahlrohrsitz an Bäumen zu befesti-

gen, scherzt: »Was hat wohl die letzte Frau gedacht, als sie dich im Schlafzimmer sah?« Selbst solche Bemerkungen steigern den Frohsinn im Wald. »Alles, was sie tun, wird überhöht, zu einem historischen Ereignis«, sagt Baskin, »ihr normaler Alltag ist leider demoralisierend.«
Darüber hatten wir mit Henry am ersten Abend im Huddle House gesprochen, einem schlichten Restaurant mit speckiger Speisekarte zwischen Tankstellen und Motels am Rande von Jasper. Wie, meinte Henry, ließe sich sonst erklären, dass Barry drei Tage in seinem Auto verbringe, eingepfercht zwischen Kühlboxen mit Sandwiches, Kartoffelchips und Tomaten, ausgerüstet mit einer Stange Zigaretten, Lotion gegen Mückenstiche und einer 44er Magnum? Dass Barry dabei zu einem olfaktorischen Unikum werde, das dem Geruchssinn keines Hirsches verborgen bliebe, ist nahe liegend. Auch dass Barry im Wagen ohnehin keinen lukrativen Standort erreicht. »Der Punkt ist«, sagt Henry, »dass Barry Aufmerksamkeit bekommt, für kurze Zeit Mitglied einer Gemeinschaft wird.« Und sei es auch nur als Mittelpunkt von Spötteleien. Vor einigen Jahren fuhr sich der Chevrolet in einem Schlammloch fest, und sie mussten einen Suchtrupp losschicken. Sie erzählen die Story immer und immer wieder, und man kann sehen, wie stolz Barry ist, wenn er sagt: »Ich dachte schon, ich verfaule in meiner Kiste.«
Henry ist ein sanftmütiger Mann mit breiten Schultern, gelernter Bäcker. Inzwischen ist er Sozialarbeiter, hat in seiner Kirchengemeinde in Quincy, Florida, in den letzten fünf Jahren hunderte von Jugendlichen betreut; fast alle in gewalttätigen Familien aufgewachsen, misshandelt, missbraucht, abgestellt. »Sie sind auf andere Weise Behinderte«, sagt er, »für jeden Außenseiter ist Selbstwertgefühl, Anerkennung, überhaupt jede Form von Erfolg überproportional wichtig.« Und Henry weiß von seinen Kids, dass Gewalt ein Ventil für die erlittenen Demütigungen und die psychi-

schen Folgen ist. »Sie zerstören ihr Spielzeug, sie quälen Schwächere, sie töten sogar Haustiere.« Umso mehr, sagt Henry, müsse man Männer wie David bewundern. »Er hätte seine Familie terrorisieren, seine Umwelt belasten können aus Frustration und Hass, statt dessen ist er für Menschen wie uns ein Segen geworden.« David, der vor acht Jahren zum zweitenmal Vater wurde, sagt: »Ich bin heute ein besserer Ehemann, besserer Freund, besserer Mensch.« Henry meint: »Was bleibt dir anderes übrig?«

Mark hat sein Werkzeug eingepackt und trägt die letzten Eimer mit Eingeweiden und Knochen zum Komposthaufen. Das Jagdwochenende am Holton Creek geht zu Ende. Troy strahlt, hat den »größten Hirsch meiner Karriere erlegt«. Es war sein zweiter. Barry hat zwar kein einziges Tier gesehen, doch er konnte für eine Weile seine Medikamentenabhängigkeit verdrängen und die Sorge um seine Leber, die von Schmerzmitteln und Antibiotika sukzessive zerstört wird. Jay ist schon aufgebrochen samt Buggy, Lastwagen, Kind und Kegel. David will sich noch schnell bedanken und vom Parkwächter verabschieden, dessen Haus am Rande des Campingplatzes liegt. Als er vorfährt, kommt ihm dessen Frau entgegen. Sie wirkt bedrückt. Ob er diesen Mann mit der asiatischen Frau kenne? »Jay? Ja, wieso?« Und dann erzählt die Frau, dass Mary-Lou, während alle im Wald waren, zu ihr gekommen sei und gefragt habe, ob sie die Kinder mit dem Gartenschlauch abspritzen dürfe. Und dann habe sie den Rücken des Jungen gesehen. »Er war voller Blutergüsse, da waren Abdrücke von Fäusten und Händen. Als ich fragte, ob alles in Ordnung sei, drehte sich die Asiatin um und weinte.« Bumm. Wackelpeter.

## Bei Anruf Sektion

Leichen erzählen Geschichten

Der schwarze Amerikaner Jeffrey Wiley Johnson* war 170 Zentimeter groß, 74 Kilogramm schwer. Er lebte in einer Altentagesstätte in South Central, Los Angeles. Die Pflegerinnen behaupten, er sei ein schwieriger Patient gewesen. Hätte wirres Zeug gesprochen und das Essen verweigert, sich dumm gestellt und nur Arbeit gemacht. Eines Morgens lag er tot im Bett. Der herbeigerufene Arzt besah sich die Leiche, Plastikkanüle im faltigen Bauch, durch die der Tote künstlich ernährt worden war, und diagnostizierte Herzversagen infolge Altersschwäche. Noch am selben Tag gab die Gerichtsmedizin den Fall mit der Registriernummer 99-01627 nach kurzer Visitation zur Bestattung frei.

Zapp. Latex schnalzt an Vidal Herreras linker Hand. Zapp. Rechte Hand. Herrera, ein Baum von einem Mann, breite Schultern, steht, Mundschutz vor dem buschigen Schnauzer, hinter einer Keramikpritsche in einer Leichenhalle in Riverside, L. A. County. Neben einem Tischchen, auf dem Pinzetten, Knochensägen und Edelstahlgabeln mit krallenförmigen Spitzen liegen, ein kleiner, robuster Mann in himmelblauer Schürze. Häubchen auf dem Kopf. Dr. David Posey. Herrera öffnet den Reißverschluss des grauen Plastiksacks. Umwickelt von einer weißen Kordel, erscheint eine Lage trüber Kunststofffolie. Herrera entfernt sie und blickt auf ein geschwollenes Gesicht mit schiefem Mund und aufgeplatzter Unterlippe. Dr. Posey murmelt: »Großer Gott.«

* Name geändert

Die Tochter des Toten sagt, sie habe nicht geweint, als die schreckliche Nachricht eintraf. Ihr Vater sei krank gewesen. Nie ganz richtig im Kopf. Vermutlich Alzheimer, murmelt sie am Telefon, der Tod müsse für ihn wie eine Erlösung gekommen sein. Sie beauftragte das billigste Bestattungsunternehmen, das sie finden konnte und orderte Einäscherung. Das sparte den Sarg. Das Geld reiche ohnehin kaum zum Leben, sagt die Tochter. Doch irgendwann seien ihr immer mehr Zweifel gekommen. Habe ihr Vater eine Woche vor seinem Ableben nicht wimmernd unter einem schmutzigen Laken gelegen? Und kam das Delirium und schließlich der Exitus nicht zu plötzlich für einen Mann von 61 Jahren und eigentlich robuster Natur? Sie wählte 1-800 288 6779.

Als Herrera die Klinge ansetzt, ist der Raum bereits erfüllt von Verwesungsgeruch. Vom linken Schlüsselbein, wo sich über der Arteria carotis communis eine mit rotem Faden zusammengeflickte Wunde befindet, gleitet das Messer zum Brustbein. Von dort zum rechten Schlüsselbein. Dann hinunter zum Nabel. Ein grober Schnitt unterhalb des Musculus pectoralis major. Herrera legt den Brustkorb frei. Das Körperfett ist gelblich. Dr. Posey besieht sich den linken Rippenbogen, von dem sich die darüber liegende dunkle Haut in schleimigen Fetzen abgelöst hat, blickt auf die von feuchten, zentimetertiefen Wunden übersäten Beine, schüttelt den Kopf und sagt: »Der Mensch ist das einzige Tier, das so was geschehen lässt.«

Die gebührenfreie 1-800-Nummer gehört Herreras Firma Autopsy/Post Services Inc., die jährlich über tausend Obduktionen durchführt. Der Chef greift dabei fast immer selbst zu Skalpell und Seperateur, aus rechtlichen Gründen an der Seite eines von 13 Ärzten, die er unter Vertrag hat.

Herrera seziert im Akkord, denn das Geschäft boomt. Immer mehr Leute, sagt er, suchten nach Antworten, die ihnen sonst niemand liefern wolle. »Ich hätte ihn früher da rausholen sollen«, sagt die Tochter in später Reue. Jetzt wolle sie wenigstens wissen, woran er gestorben sei. Warum aus dem Leichnam nun, während Herrera mit einer schweren Zange die Rippen durchtrennt, safranfarbenes Sekret läuft, ist kein Geheimnis. Das Bestattungsunternehmen hat den Toten nicht einbalsamiert und eine Woche ungekühlt liegen lassen. Der Besitzer erklärt, bei Feuerbestattung hätte sich die Mühe nicht gelohnt.
Jährlich sterben in den USA 2,4 Millionen Menschen, Tendenz steigend. 1965 wurden 42 Prozent davon obduziert, inzwischen sind es selbst in Universitätskliniken nur noch 10 bis 12 Prozent, in öffentlichen Krankenhäusern 5 bis 7 Prozent. Dr. Posey sagt, das Interesse an Autopsien sei bei den Kollegen aus drei Gründen rückläufig. Erstens Ekel; zweitens vermindertes akademisches Interesse; drittens Furcht vor unliebsamen Erkenntnissen. Das National Center for Health Statistics hat herausgefunden, dass 10,5 Prozent aller Toten Opfer von medizinischen Kunstfehlern sind, bei 20 Prozent falsche oder unzureichende Behandlung vorliege. Dr. Posey meint: »Logisch, die Ärzteschaft scheut Obduktionen, weil in den USA heutzutage jeder jeden wegen allem verklagt. Wo keine Indizien, da kein Prozess. Und die Gerichtsmedizin ist heillos überlastet.« Im Medical Examiners Office von L. A. County, so Herrera, hätte der Coroner, der zweifelhafte Todesfälle untersucht, nur acht Ärzte im Dienst, dafür täglich 180 Tote. Leichen wie am Fließband, sieben Tage die Woche, rund um die Uhr.
Herrera und Dr. Posey sind ein eingespieltes Team, das Ergebnis von 500 gemeinsamen Einsätzen. Herrera entnimmt Herz, Leber, Lunge, säubert den Darm, durchtrennt den Ösophagus, die Speiseröhre, führt sie über den Kopf des To-

ten. Dr. Posey schneidet Gewebe aus einer Wunde an der Hüfte, die so groß ist wie ein Pfannkuchen. Er sagt: »Überall Decubitus, wund gelegen, es ist eine Schande.« Dr. Posey injiziert eine Nadel in den zu einem monströsen Geschwulst aufgeblähten Hodensack und entnimmt Flüssigkeit. Herrera fotografiert die vereiterten Öffnungen an rechter Wade, Sprunggelenk und Ferse. Dr. Posey meint, der Tote sei über eine Türschwelle geschleift und in den Unterleib getreten worden, ein Hämatom am Rücken deute auf Stockschläge hin. Herrera meint, wenn er sich beeile, erwische er im TV noch seine Lieblingsserie. L. A. Law. Es ist acht Uhr abends, und Herrera summt die Melodie eines mexikanischen Schlagers.

Vidal Herrera, 47, ist aufgewachsen im Elendsviertel Boyle Heights, East L. A., weit weg von der Traumfabrik Hollywood und den Traumstränden von Malibu. Sein Vater dealte mit Drogen, landete im Gefängnis, die Mutter lebte mit sechs Kindern von der Sozialhilfe. Als sie an Tbc erkrankte, kam Vidal zu Pflegeeltern. Er war drei, und woran er sich erinnert, ist sexueller Missbrauch. Aber mehr erzählt er nicht. Mit 13 fing er als Schuhputzer an. Er wurde Laufbursche bei einem Pizzaservice, Tellerwäscher, Autowäscher, Leichenwäscher. Er sagt, er habe frühzeitig eine gesunde Arbeitsmoral entwickelt: »Ich bin mir für nichts zu schade.« So landete er als Autopsie-Assistent in der Gerichtsmedizin, wurde irgendwann dort Investigator, eine Art Kadaverdetektiv mit Polizeimarke und Beamtenstatus. Keiner war engagierter als Vidal, keiner machte mehr Überstunden. Er war dabei, als die Opfer des berüchtigten Hillside Stranglers obduziert wurden, Paul Newmans Sohn, der sich das Leben nahm, und das erschlagene Playmate des Jahres 1980. Die Kollegen nannten ihn El Muerto.

Eine Bohrmaschine. Darauf ein rundes, oszillierendes Sägeblatt. Das Geräusch erinnert an den Zahnarzt. Herrera schneidet die Hirnschale auf. Vorher hat er die Kopfhaut wie einen Skalp von der Stirn aus abgezogen. Wenn die Angehörigen zustimmen, behält er Organe für Forschungszwecke, verkauft sie an die University of California. Für ein Paar Augen zahlt Herrera 100 Dollar. Wie viel er bekommt? Betriebsgeheimnis. Die Organe legt er schon mal in einem alten Gurkenglas ein. Diesmal entnimmt er nur Proben für den histologischen Katalog, der im Fall 99-01627 anlegt wird. Dr. Posey sagt: »Wir haben hier einen Kriminalfall.« Später wird der Mediziner die Tochter des Toten anrufen, sie auffordern, sich einen Rechtsanwalt zu besorgen und die Altentagesstätte wegen fahrlässiger Tötung zu verklagen. Dr. Posey sagt, in 28 Fällen hätten seine Autopsien nachträglich Morde bewiesen.
Auf dem Weg nach Hause steuert Herrera seinen weißen Chevy Astro, Kennzeichen YSPOTUA, auf den Parkplatz einer Shopping Mall. Bei Walgreens holt er einen Satz entwickelter Fotos ab, Hochglanz, 9,95 Dollar. Seinen Auftraggebern wird er dafür 240 Dollar berechnen, zusammen mit etwa 1800 Dollar für die Autopsie. Mit seinen Ärzten wie Dr. Posey macht er fifty-fifty. Wer in L. A. das Medical Examiners Office mit einer privaten Obduktion beauftragen würde, müsste laut medizinischer Gebührenverordnung 2541 Dollar bezahlen. Herrera blättert noch im Supermarkt ungeduldig durch die Fotografien. Sie zeigen die exhumierte Leiche eines Säuglings. 37 Jahre nach dessen Bestattung will die Mutter mittels einer DNA-Analyse eine Vaterschaftsklage anstrengen. Herrera: »Meinen Kunden geht es in neun von zehn Fällen ums Geld.« Johnnie L. Cochran jr., einer von O. J. Simpsons ehemaligen Rechtsanwälten, gehört zu seiner ständigen Klientel.
Als El Muerto vor ein paar Jahren im Viertel La Crescenta,

an der nordwestlichen Peripherie von L. A., in ein Häuschen mit Swimmingpool einzog, fragten die Nachbarn, ob jemand gestorben sei. Als er ihnen erzählte, womit er sein Geld verdiene, seien sie in dieser stockkonservativen, gutbürgerlichen Gegend auf Distanz gegangen. Herrera sagt: »In dieser Gesellschaft bist du, was du tust.« Seit die »Los Angeles Times« erstmals 1993 über ihn schrieb und bemerkte, er sei ein reicher Mann, grüßen sie wenigstens. Herrera: »Die Leute haben die falsche Betrachtungsweise, sie verstehen den Tod nicht.« Der Tod gehöre, so Herrera, zum Leben, er sei ein universelles Phänomen. Jeder, sagt er, müsse sterben, ob arm oder reich. »Ich zeige allen, was der Tod bedeutet«, sagt Vidal. Auf seinem Firmenprospekt steht: Mortius praesdium et vocem dare necesse est. Der Verstorbene muss zum Sprechen gebracht werden.

Abends bei Herreras, 2410 Rockdell Street. Vidal sitzt in der Küche und doziert: »Ein Körper ist ein Körper, insbesondere, wenn er aufgeschnitten ist. Ich agiere nie emotional, nur professionell.« Der heutige Fall? Herrera: »Posey ist ein bisschen empfindlich, ich habe Schlimmeres gesehen.« Seine fleischigen Finger ruhen auf der gekachelten Theke. Am Kühlschrank zwischen mit Magneten festgepinnten Postkarten aus Cancun, Mexiko, und dem Grand Canyon zwei quadratische Pins. Auf dem einen steht »Eat«, auf dem anderen »Die«. Das Telefon klingelt. Dr. Posey. Seine vorläufige Diagnose im Fall Johnson: Leberversagen, Folge der zahlreichen Infektionen. Dr. Posey ergänzt erschüttert, das US-Pflegesystem sei unter aller Sau, jeder Insasse nur eine Nummer, vor allem in den auf weniger zahlungskräftige Kundschaft spezialisierten Einrichtungen. Kurzum, kein Geld, zu wenig Personal, es sei zum Kotzen. Herrera hört scheinbar ungerührt zu. Seine Frau Vicki kommt rein, sagt, die Lehrerin der Glendale High School habe sich gemeldet wegen des Vortrags am nächsten Tag, und die Irre aus Florida auch, die ihren Bruder Sammy 20 Monate lang in der Gefriertruhe konserviert habe. Herrera nickt, sagt: »Später.« Der Geschirrspüler gurgelt. Gleich beginnt »L. A. Law«.

Natürlich hat Herrera das mit dem Leberversagen sofort geschnallt. War doch alles gelb. Er hat 25 000 Autopsien durchgeführt, mehr als ein ganzes Hospital voller Ärzte zusammen. Sie verlangen trotzdem Respekt, sagt Herrera, auch wenn er ihnen manchmal erst beibringen muss, was geschwollene Lymphknoten bedeuten können. Da nutze es nichts, dass er alle Fachbücher gelesen habe und den Unterschied kenne zwischen einer Lungenobduktion nach Rokitansky oder Virchow, Rudolf, 1821–1902, Begründer der Zellularpathologie. In Körpern lese er wie andere in Lexika. »Aber wenn du nicht studiert hast«, sagt Herrera, »bist du der Cadaver King, der Irre, der sich beim Anblick von Leichen einen runterholt.« Das verletze ihn. »Wenn du studiert hast, bist du ein Herr Doktor.« Warum darf er seinen Beruf nicht mit Leidenschaft machen wie jeder andere auch? Vidal sagt: »Ich liebe meinen Beruf.« Dr. Posey: »Vidal ist auf dem Gebiet der Autopsie der Beste, der mir je begegnet ist.«

Die Irre in Florida heißt Loretta Kramer. Ihr jüngerer Bruder Sammy war 65, hatte vier Schlaganfälle und zwei Herzinfarkte hinter sich, als er beim Abendbrot zusammensackte, mit dem Kopf gegen die Tischkante knallte und bewusstlos liegen blieb. Es hatte Maccaroni mit Cheese gegeben und Schinkenbrote. Loretta sagt, der Notarzt sei zu spät gekommen, das Krankenhaus in St. Petersburg habe den Patienten vier Stunden lang vor der Intensivstation liegen lassen. Das sei ein schweres Versäumnis gewesen. 40 Tage später, nachdem seine von Infusionsnadeln und Dopamine entzündete linke Hand amputiert worden war, starb Sammy Kramer. Nun ist 1-800 Autopsy Lorettas letzte Hoffnung. In spätestens vier Monaten muss sie Anklage erheben, sonst sind etwaige Ansprüche verjährt. Sammy habe doch noch leben wollen, sagt Loretta, mit ihr und seinen Freunden im Senior Citizens Club tanzen und ins Kino gehen. »Unsere Familienrechte und Gefühle sind verletzt worden«, sagt die trauernde Schwester.

Am nächsten Morgen hält El Muerto einen Vortrag in der Glendale High School. Die Lehrerin hatte einen Bericht über Herrera im »People Magazine« gelesen und war von seinem Lebensweg fasziniert. Die Schüler der Biologieklasse sind 14, 15 Jahre alt. Vidal erzählt von seiner schweren Jugend, seiner Karriere im Dienste der ultimativen Wahrheit. Und wie er mit 32 zwangspensioniert wurde, weil er sich an einer 284 Pfund schweren Leiche verhoben und drei Rückenwirbel gebrochen hatte. Eine Tragödie. OP, vier Jahre Rollstuhl, Depressionen, sexuelle Probleme, Selbstmordgedanken – erst mit der Firma kam er wieder auf die Beine. Herrera sagt: »Der Tod hat mein Leben gerettet.« Tod bedeute Arbeit. Jeder brauche Arbeit, müsse arbeiten, irgendwie seine Familie ernähren. Daran sollte man schon als junger Mensch denken, und die Autopsie sei ein lukratives und hoch angesehenes Gewerbe. 720 Todesursachen könnten mit ihr bestimmt werden, und die Forschung wüsste ohne sie nur halb so viel von Aids und HIV. Herrera: »Wer kann sich vorstellen, später einmal in diesem Geschäft zu arbeiten?« Keine Hand rührt sich. Die Lehrerin: »Der beste Vortrag, den ich jemals gehört habe.«

Auf dem Weg zurück nach La Crescenta erzählt Vidal, er wünsche sich, dass seine Söhne Zack, 14, und Max, elf, zur Schule gehen, viel lernen. »Bildung«, sagt er, »ist der Schlüssel zu Wohlstand, das habe ich schon frühzeitig begriffen.« Aber er möchte auch, dass seine Kinder wissen, wie schwer ihr Vater es hat. Zack helfe ihm in den Ferien bei der Arbeit, reinige den Darmtrakt der Leichen, könne schon ein Gehirn entfernen und sei stolz darauf. Und, man weiß ja nie, vielleicht wolle der Bengel später doch mal die Firma übernehmen. Die Firma, die zum Imperium werden soll mit 72 Filialen in Amerika und sechs in Europa, wenn alles so läuft, wie er es sich vorstellt. 15,7 Millionen Dollar habe ihm ein Ärztekonsortium aus New York bereits für die Rechte am Namen der Company und der 1-800-Nummer geboten. Er, Vidal Herrera, habe abgelehnt: »Ich mache das nicht wegen des Geldes.« Bei einem Zwischenstopp in einem Lokal der Restaurantkette Sizzler isst er einen Hamburger mit Pilzen und sagt, ein eigenes Lokal zu führen, sei sein Traum. Ob es da Fleisch geben würde? »O ja, viel Fleisch«, sagt Herrera, »nichts ist schöner als Kunden, die deine Arbeit anerkennen.«

Während die sterblichen Überreste von Jeffrey Wiley Johnson in einer Schachtel aus Presspappe verbrannt werden, sind die von Sammy Kramer im Laderaum eines Flugzeuges. Wenn sie in Los Angeles angekommen sind, wird Vidal Herrera wieder einmal sein Sezierbesteck auspacken, einen Schnitt von der Form eines Ypsilon in die Brust machen, die Rippenbögen freilegen und den nächsten Toten zum Sprechen bringen. Zapp, zapp. Sollte es spät werden und er zu müde sein, um sich noch zu duschen, wird er auf dem Sofa im Wohnzimmer schlafen, weil seine Frau den Verwesungsgeruch in seinen Haaren nicht ertragen kann. Er wird weiter ignorieren, dass Zack sich vor Därmen ekelt und sich schämt, in der Schule die Baseballmütze mit einem Totenkopf und dem Firmenlogo (Souvenirversand über www.1800autopsy.com) aufzusetzen. Und er wird auch nicht groß darüber nachdenken, dass er mit Vicki in der Nachbarschaft nie zum Barbecue eingeladen wird.

Vidal, was bedeutet der Tod? El Muerto sagt: »Fünf Millionen plus müssten wohl drin sein im Fall des halbverfaulten

Schwarzen aus Riverside.« Nein Vidal, was bedeutet der Tod, Sterben für Sie selbst? Herrera blickt verstört, fragt: »Was soll er bedeuten? Ich glaube nicht an Gott. Wenn ich gehen muss, gehe ich.« »Ich habe mein Schicksal gemeistert«, sagt Vidal. Man dürfe nicht aufgeben, sich nicht unterkriegen lassen. Das sei alles, was zähle, mehr könne man nicht erwarten vom Leben. Der mexikanische Schlager, dessen Melodie Herrera so gerne summt, ist von Vincente Fernandez. Der Refrain: »Llorando llegamos al mundo y llorando vamos a morir.« Weinend kommen wir zur Welt und weinend werden wir sterben.

## Der Geruch von Handschellen

Amerikas härtester Sheriff

Die neongelbe Nadel des Tachometers vibriert um die Zahl 140, der Chevy Impala scheint zu fliegen, die Landschaft verkommt zum Zerrbild. Für Gerald K. Hege der geeignete Moment zu zeigen, was ein LT4 Corvette-Motor mit 410 PS zu leisten imstande ist bei fachgerecht angebrachten Spoilern, tiefer gelegtem Rahmen und P175/50-R13 Yokohama-Reifen A008. Die restlichen Vorzüge seines Dienstwagens kennen wir nämlich schon: die Videokamera, mit der er seine rasanten Spritztouren durch Davidson County dokumentiert, sowie Funkgerät und Autotelefon, mittels derer er Kontakt zu seinen Beamten hält. »Festhalten«, sagt Hege, während er nach seinem Mobiltelefon kramt, »jetzt werden wir zur Rakete.« Heges Gesicht im Rückspiegel, grauer Schnauzbart, bleckende Zähne. »Wissen Sie, ich war ein großer Verehrer von Dale Earnhardt.«

Earnhardt. Auch das noch. »The Intimidator«, Einschüchterer, nannte man den Superstar der amerikanischen Rennsportserie NASCAR. Earnhardt galt als rücksichtsloser Rabauke am Steuer, arrogant und selbstsüchtig; seinen Sohn Dale jr. soll er behandelt haben wie einen dressierten Hund. Heges Gefährt ist dasselbe Modell wie Earnhardts, das auch pechschwarz lackiert war. Wenngleich Rennfahrer bloß Heges Traumberuf Nummer zwei war. Geworden ist er, was er schon als Kind werden wollte: Sheriff. Auf der Motorhaube seines Impala prangt das Piktogramm einer Schwarzen Witwe samt Spinnennetz und den Buchstaben DDT. »Ich weiß alles, ich bin die klebrige Falle, in der sich das Ungeziefer verfängt«, sagt Hege, und gibt Gas. Earnhardt ist übrigens tot. Genickbruch bei einem Rennen in Daytona Beach.

Wir sind auf der Interstate 85 außerhalb von Lexington, einer Kleinstadt südöstlich der Blue Ridge Mountains. Hier ist Hege aufgewachsen, hier hat er seine Jugendliebe Geri getroffen und geheiratet, hierher kam er nach Vietnam zurück. Es ist ein vergessener Landstrich, in dem ein wenig Tabak angebaut wird und gescheckte Kühe auf den Wiesen stehen. Über den bescheidenen Ruf, ihre gut genährten Schweine in schmackhaftes Barbecue zu verwandeln, sind sie in Davidson County nicht hinausgekommen. »Die Welt hätte nie von uns erfahren«, sagt Bob Stiff, Chefredakteur der Tageszeitung »Lexington Dispatch«, »wäre da nicht Hege, er ist unsere einzige Nachrichtenquelle.« Kein Tag ohne Meldung über den Mann, der es zum Moderator einer lokalen Radiosendung, einer landesweiten Fernsehshow und sogar zur Touristenattraktion gebracht hat. Und wer Sheriff Hege besucht, geht nicht nach Hause ohne Poster und Autogramm.

Gerald Hege gilt als härtester Sheriff Amerikas. Und deshalb sind viele Storys geschrieben worden seit seinem Amtsantritt vor sieben Jahren, sie erschienen überall in den USA, aber auch in Europa, sogar in Neuseeland. Sie alle handeln von seinem aufgemotzten Boliden, seinen unorthodoxen Methoden und insbesondere von Heges Gefängnis, das rosarot gestrichen ist und innen verziert mit Zeichnungen von taubenblauen Teddybären, die große taubenblaue Teddybärentränen weinen. Zitat Hege: »Würden Sie sich nicht genieren, hier einzusitzen?« Auf den Fotostrecken der Magazine präsentiert er sich stets im Kampfanzug und mit verspiegelter Sonnenbrille, die Maschinenpistole im Anschlag. Das ist schön schrullig, erst recht in Verbindung mit martialischen Parolen. »Ich bin ein Gesetzeshüter von Gottes Gnaden«, sagt Hege, oder: »Ich liebe den Geruch von Handschellen am Morgen.« Dirty Gerry – der Clint Eastwood des richtigen Lebens.

Montagmorgen, acht Uhr. Hege hat seine erste Patrouille hinter sich und ist bester Dinge. Vor dem nahe gelegenen Gerichtsgebäude herrscht wüstes Gedränge. Sein Werk. »Alles Scumbags«, wie er feststellt. »Scum« steht für Abschaum. »Scumbag« kann man nicht übersetzen, aber es ist Heges unbestrittene Lieblingsvokabel. Ein Land voller »Scumbags«, schwadroniert Hege. Nichts als Diebe, Einbrecher, Drogenhändler, Vergewaltiger. »Wir sind eine Nation von weinerlichen Schwächlingen. Inklusive der Politiker«, schimpft Hege. Lügner, Selbstdarsteller, Winkeladvokaten, Phrasendrescher, »und die Reichen sind das schlimmste Übel, die haben das Geld, sich überall herauszulavieren«. Das alles und noch viel mehr werde in den drei Büchern stehen, die er noch schreiben werde: seine Biographie, eine Anleitung zur Verbrechensbekämpfung und einen Bericht zur Lage Amerikas. »Wartet auf meine Fernsehshow«, sagt Hege, »sie wird morgen wieder aufgezeichnet.«
Man blickt sich um. Leere Limonadenflaschen. Eine Bibel. Baseballmützen. Ein Album mit der Landkarte von Vietnam auf dem Buchdeckel. Zwei Schnellfeuergewehre in der Ecke. Spielzeugfiguren. Kartons mit Barbecuesoße, hergestellt aus Melasse und Anchovis nach Heges Rezept. Earnhardts Wagen ist als Matchbox-Version vertreten, und an der Garderobe Kutten, die der Sheriff mal Mitgliedern des Ku-Klux-Klan abgenommen hat. Das Chaos in Heges Büro übertrifft selbst das Tohuwabohu seiner Referate. Was einem aber am meisten ins Auge sticht, sind die gerahmten Fotos. Sie zeigen Kriegshelden, Generäle, Teddy Roosevelt, Muhammad Ali, den Indianerhäuptling Geronimo und Buford Pusser, einen legendären Sheriff aus Tennessee, der vor langer Zeit mit nichts als einem armdicken Holzstock sein County regierte. »Wahre Führer, Strategen, Vorbilder«, sagt Hege, »die Menschen lieben Männer mit Rückgrat und Charakter, deshalb mögen sie auch mich.«

Hege war zwölf, als er ahnte, dass auch er zu Großem berufen sein würde. Es war Sommer, und der kleine Gerry spielte mit seinen Kumpels Football. Das Lederei flog über den Zaun und dem Hilfssheriff vor die Füße. Hege erinnert sich: »Er trug einen Hut, Cowboystiefel, sein Hemd hing aus der Hose und er kaute auf einer Zigarre.« Der Hilfssheriff brüllte ihn an, er bekam fürchterliche Angst, weinte Rotz und Wasser. Die Demütigung schmerzte ihn mehr als des Vaters Weidenrute, die oft genug auf seinen Rücken niedersauste. »Meine Freunde sahen mich heulen, nie habe ich mich mehr geschämt.« Als der Mann gegangen war, sagte er trotzig zu sich: »Wenn ich groß bin, werde ich der Sheriff sein, ich werde für Ordnung sorgen wie kein anderer, und so eine Type wird ganz bestimmt nicht für mich arbeiten.«

Daran muss er ein halbes Leben später immer noch denken, wenn er frühmorgens in seinen Impala steigt und durch die verwaisten Straßen kurvt, stets auf der Suche nach verdächtigen Gestalten, Indizien, die auf ein Verbrechen hindeuten. Und wenn nichts seine Aufmerksamkeit erregt, biegt er auf die Interstate ab und observiert die Grünstreifen. Abfall oder Sperrmüll kann er später von den Häftlingen seines Gefängnisses wegräumen lassen. Strafe muss sein, Ordnung sowieso, und er kann die Sache jetzt nicht lax angehen. Er hat zu lange gewartet, all die verplemperten Jahre als Bauarbeiter, Gemüsehändler und Schienenwärter bei der Southern Railway. »Schon als ich in Vietnam nachts schlaflos im Busch lag«, sagt er, »wusste ich, dass es so kommen würde.«

Am Abend hat der Sheriff wieder seine klebrige Falle ausgelegt, seine Beamten haben an zwei Kreuzungen Stellung bezogen. Hege ist auf dem Weg zu ihnen, er ist seit 13 Stunden im Dienst und hat mittags nur ein labbriges Brötchen mit fettiger Wurst gegessen. Vor Mitternacht wird er nicht nach Hause kommen. Als Heges Wagen einen schäbigen

Trailer im Wald passiert, raunt er: »Hier wohnt ein Schmuggler, der handelt mit Drogen, den erwische ich schon noch.« Woher er weiß, dass der Mann kriminelle Handlungen begeht? Hege: »Er arbeitet nicht.« Und wie es der Zufall so will, begegnet ihm der vermeintliche Dealer eine Stunde später am zweiten Kontrollposten. Der Mann sitzt betrunken in einem zerbeulten Mercury, den seine ebenfalls nicht ganz nüchterne Freundin gesteuert hat. Heges Personal bringt den Spürhund, die Frau wird in Handschellen abgeführt, das Auto konfisziert. Hege grinst: »Wir sperren sie erst mal ein, bis wir wissen, was gegen sie vorgebracht werden kann.«

Sheriff Heges Welt besteht aus Vorschriften und Verboten. In Davidson County werden monatlich 200 Straßenkontrollen durchgeführt, jährlich 57 000 Pkws gestoppt. Hege lässt die Gegend vom Hubschrauber aus nach Marihuanaplantagen absuchen, bislang erfolglos, und selbst Briefkästen rund um die Uhr überwachen. Seine 190 Angestellten bleiben ebenfalls nicht von seinem unerbittlichen Eifer verschont. Wer zu spät zum Dienst erscheint, muss den Tag als unbezahlten Urlaub verbuchen; bei Wiederholung Kündigung. Wer keine Mütze trägt, öffentlich Alkohol trinkt, in seiner Gegenwart flucht, bezahlt ein Bußgeld; bei Wiederholung Kündigung. Und es kommt häufiger vor, dass Eltern ihre unfolgsamen Kinder ins Büro des Sheriffs schleppen, der den Kids lautstark die Leviten liest und mit einem Rundgang durchs Gefängnis die Flausen austreiben will. »Richtig ist richtig«, bläut Hege den verschüchterten Kindern ein, »und falsch ist falsch.«

»Konservativ bis reaktionär«, nennt Chefredakteur Stiff die Bewohner seines Landkreises. Und weil Hege eine imposante Bilanz vorzuweisen, die Kriminalitätsrate seit 1994 um fast zwei Drittel gesenkt hat, glaubt Stiff, man würde den Sheriff wählen, so lange er kandidiere. Schließlich glaube man in North Carolina wie überall in den Südstaaten an den guten, alten Mythos des Gesetzeshüters: hart, aber gerecht, auf der Seite des einfachen Mannes und unerbittlich im Kampf gegen Gesetzlosigkeit, Korruption und Mauscheleien der Mächtigen. Genau so sieht sich Hege, der fragt: »Was tun Politiker wirklich für uns? George W. Bush ist der Sohn eines berühmten, wohlhabenden Vaters, der interessiert sich nicht für uns.« Da mag er schon Recht haben. Und man kann ihm nicht widersprechen, wenn er sagt: »Die Leute kennen die Regeln. Wenn es nicht dein Auto ist, fahr nicht damit, wenn es nicht dein Geld ist, nimm es nicht, das Straßenschild sagt 55 Meilen Höchstgeschwindigkeit, nicht 56.« Ob man dafür eingesperrt werden muss, ist eine andere Frage.

Am nächsten Morgen im Gefängnis von Davidson County. Die verhaftete Frau vom Vortag trägt gestreifte Häftlingsmontur, die Hege sich aus den Comics mit Lucky Luke abgeguckt hat, und sieht ein wenig derangiert aus. An ihrer Brille fehlt ein Bügel. Ob sie geschlagen wurde? Sie schüttelt stumm den Kopf. Eine Zelle weiter beschwert sich eine junge Schwarze, sie sei seit zwei Monaten hier ohne zu wissen warum. Die Gestalten in Heges rosarotem Knast sehen nicht wirklich aus wie Schwerverbrecher. In den Zellen Landstreicher und vor allem junge Männer, die betrunken ihre Freundinnen verprügelten oder mit der Zahlung von Alimenten im Rückstand sind. Sie müssen 23 Stunden täglich hinter Gittern verbringen, erhalten nur sporadisch Seife, Rasierklingen und Klopapier, sie dürfen nicht fernsehen, keine Erotikhefte lesen. Ein Mann, der im Vollrausch gegen Heges Leute handgreiflich wurde, jammert durch das winzige Fenster einer Einzelzelle, er wolle doch nur telefonieren, seit vier Tagen sei er hier, Frau und Kind hätten keine Ahnung. »Schweigen ist Gold«, sagt Hege, und marschiert vorbei.

Wer den »Lexington Dispatch« aufmerksam studiert, stößt immer wieder auf Leserbriefe, in denen Hege Machtmissbrauch und überzogene Härte vorgeworfen wird. Stiff sagt: »Es gibt ständig Klagen, aber es ist besser, sich nicht mit dem Sheriff anzulegen.« Weshalb wohl auch keiner über Hege sprechen will, nicht in John Wayne's Barbecue, nicht im Antiquitätenladen, nicht bei der First Union Bank. Und wenn jemand Fragen beantwortet, will er anonym bleiben. Doch die Leute fragen sich, was wirklich mit dem Geld passiert, das Hege für seine Fernsehshow bekommt und angeblich seiner Stiftung Blue Line Foundation zugunsten in Not geratener Polizisten überweist. Man fragt sich, ob er die beiden mit Steuergeldern erworbenen Harley-Davidson-Motorräder nicht privat nutzt, warum das Tempolimit nicht für ihn gilt und Hege bei jeder Gelegenheit Warnschüsse abfeuert. Dass er seit drei Jahren den Reportern des »Dispatch« keine Interviews gibt, weil ihm deren Fragen nicht gefallen, nur nebenbei.
Die Jugendlichen, die am Montag vor dem Gerichtsgebäude standen, machten kollektiv ein angewidertes Gesicht, als der Name Hege fiel. Einer sagte: »Der Typ hat einen Knall, der rächt sich an der Welt.« Ein anderer meinte: »Dem geht es nur um seinen Ruhm, Hege hat ein völlig kaputtes Ego.« Und dann erzählten sie, dass Hege früher selber gesoffen habe, dass er einmal sogar in eine Verfolgungsjagd verwickelt war, als ihn eine Streife stoppen wollte. Hege war damals 29 und hatte seine erste Karriere als Gesetzeshüter bereits hinter sich. Nach seiner Rückkehr aus Vietnam war er Hilfssheriff geworden, wurde jedoch gefeuert, weil ein Häftling nach einem Wortwechsel mit Hege einen Stiefelabdruck auf der Brust trug. Es stimme schon, sagt der Sheriff,

er sei ein bisschen wild gewesen früher. In Vietnam hätten sie ihn erst »Local« genannt, weil er aus der Provinz kam, später »Loco«, Irrer, weil er toten Vietcong die Ohren abschnitt und sie an einer Halskette trug.

Man kann es nur ahnen, aber irgendwas muss schief gelaufen sein mit Sergeant Hege vom 25. Infanterieregiment. »Ich träume oft von Vietnam«, sagt er, »noch heute, in Technicolor, klar und deutlich.« Von toten Kindern träume er, zerfetzten Kameraden, Ratten, Blutegeln und schleimigem Wasser. Das ganze Elend, die Todesangst tobe dann wieder in seinem Hirn. »Das Gesicht eines Menschen, den man getötet hat, vergisst man nicht, das bleibt für immer.« Und weil er unter Schlafstörungen leidet, steigt er selbst an Wochenenden schon vor dem Morgengrauen in die gewichsten Springerstiefel und greift nach seinem Pistolengurt mit der Glock G 35, vollautomatisch, 40 Millimeter, Made in Austria, auf seiner schwarzen Militärkluft ein Abzeichen mit Totenkopf und der Abkürzung seines Credos: KATN. »Kicking Ass, Taking Names«.

Der Sheriff, der Hege damals rauswarf, heißt Fred Cink und ist nun County Commissioner, eine Art Landrat. Auf die Nachricht auf seinem Anrufbeantworter im Büro reagiert er nicht; seine Frau behauptet, er sei nicht zu Hause. Schade, man hätte ihn nicht nur nach Heges Vergangenheit befragen wollen. Im Juni 1999 wurde nämlich ein 17-Jähriger leblos in seiner rosaroten Zelle aufgefunden. Die offizielle Todesursache: Selbstmord durch Erhängen. Wieso die Obduktion Verletzungen an Kopf, Mund und Oberkörper des Opfers ergab, blieb ungeklärt. Wie kann sich jemand im Sitzen erhängen, noch dazu bei pausenloser Videoüberwachung? Und weshalb wurde einer von Heges Beamten, der den Sheriff in diesem Zusammenhang kritisierte, degradiert? Hege sagt: »Das Kid wollte sterben.« Das Kid war Anhänger des Schockrockers Marilyn Manson und hatte zusammen mit Freunden Grabsteine umgeworfen. Der Arzt, der die Leiche untersuchte, ruft nicht zurück; die Mutter des Teenagers legt den Hörer auf, als man sich als Reporter vorstellt.

Am Nachmittag kommt das Fernsehen. Court TV rückt an mit drei Ü-Wagen und einem Dutzend Technikern. Einige Stunden später ist das Gefängnis ein hell erleuchtetes Aufnahmestudio. Der Produzent des Senders erzählt, wie sie auf Hege kamen. Ein Kollege habe den Sheriff im Autoradio gehört. Es handelte sich um die Übertragung seiner wöchentlichen Show auf WLXN 1440 AM, in der Hege Häftlinge interviewt und deren Aussagen mit Kommentaren und Weisheiten garniert. »Schuld bringt Strafe«, sagt er dann etwa, »das darf man nie vergessen.« Man lud Hege zu einer Podiumsdiskussion auf Court TV ein. Alle Anrufer an diesem Abend, sagt der Produzent, seien begeistert gewesen von dem baumlangen Mann mit den gnadenlosen Ansichten. Und deshalb kreierten sie die Sendung »Live from Cellblock F«, bei der Hege einige seiner Inhaftierten befragt. »Es ist die einzige Talkshow Amerikas«, schmunzelt der Produzent, »die keine Probleme hat, Gesprächspartner aufzutreiben.«
Heute fällt die Wahl auf James Kearney, der in East Los Angeles aufwuchs, mit neun von einer Street Gang angeworben wurde, mit zehn Kokain und Marihuana dealte, mit zwölf erstmals angeschossen wurde und dann den Fehler machte, in Davidson County mit einer Crackpfeife herumzulaufen. Hege gibt sich tolerant und kumpelhaft: »Du bist ein harter Hund, Kearney, ich respektiere das.« Ein Rechtsanwalt aus der New Yorker Bronx ist per Satellit zugeschaltet und spricht über die Verelendung der Jugend im Ghetto, sagt, man könne Menschen nicht aburteilen, bevor man nicht ihre Herkunft verstehe. Hege sagt zu Kearney: »Du

hast ehrliche Menschen betrogen.« Kearney sagt zu Hege: »Nein, ich habe Drogenabhängige ausgenutzt.« Hege lässt Kearney seine Tätowierungen präsentieren und fragt: »Wie fühlt man sich, wenn man mit zwölf angeschossen wird?«
Im Nu macht Hege aus dem Diskussionsforum eine Freakshow. Sachliche Kommunikation erstickt der Sheriff im Keim. Bei kritischen Kommentaren winkt er ab. »Warum redest du wie ein Schwarzer, Sohn, du bist doch Puertoricaner?« Kearney: »Wie würden Sie reden, wenn Sie mit Schwarzen aufwachsen?« East L. A., die Welt des Ghettos, vaterlos, gewalttätig, depressiv, eine desaströse Subkultur, in der Kriminalität der einzige Ausweg ist? Kann Hege gar nicht verstehen, er hat keine Ahnung. Der Sheriff kennt nur Davidson County und Vietnam, ist nie auf eine weiterführende Schule gegangen und leidet unter Lese- und Rechtschreibschwäche. Und mit Charakter, Rückgrat oder gar Lebensweisheit hat sein Koordinatensystem aus Legenden, Volkshelden, Comicfiguren, platter Symbolik und seichten Phrasen auch nichts zu tun. Hege ist ein Mann ohne Eigenschaften. Nach der Fernsehaufzeichnung sagt er: »Der Staat kann für Kearney nichts tun außer ihm 30 Jahre Gefängnis zu geben.« Kearney ist 21.

2002 sind wieder Wahlen in Davidson County, auch der Posten des Sheriffs ist ausgeschrieben. Hege wird gewinnen. Und ob dann bei seinem Kreuzzug im Namen von Recht und Ordnung weiterhin Problemfälle zu Kriminellen gestempelt werden, ist nicht die Frage. Die Frage ist, wie es weiter geht mit Gerald K. Hege. In Lexington munkelt man, er gehe vielleicht nach Hollywood und drehe einen Film über sein Leben. Und im »Dispatch« stand neulich, die republikanische Partei ziehe ihn als Kandidaten für den Posten des Gouverneurs in Erwägung. Die große Politik würde ihn reizen, sagt er. »Ich würde mit einem Wohnmobil durch den Staat ziehen und öffentlich Hinrichtungen vornehmen lassen.« Hege plädiert für Vergasen. Er hat einmal zugesehen, wie ein Triebtäter auf diese Weise exekutiert wurde; 18 Minuten dauerte dessen qualvolles Sterben. Hege: »Wenn Kinder so was zu sehen bekämen, wäre es das Ende der Kriminalität.«

## Die Faust, nichts als die Faust

Los Angeles' Pornoindustrie

Der Weg in die Abgründe einer verruchten Industrie führt ins dritte Untergeschoss der Parkgarage Nummer 611 Figueroa Avenue, Downtown Los Angeles. Dort dreht die Firma Vivid einen Film zum Thema sexuelle Phantasien. Und weil man nicht weiß, ob darüber jeder die Wahrheit erzählt, kommt auch ein Lügendetektor zum Einsatz. So will es das weitestgehend textfreie Script. Eine junge Frau sitzt vor dem Gerät. Kamera läuft. Die Frau sagt: »Ob ich es mal auf einem Autodach gemacht habe? Klar.« Cut. Der Beleuchter liest Zeitung und fragt: »Spielen die Laker eigentlich heute oder erst morgen?« Draußen strahlend blauer Himmel, ein Samstag im Februar. »Also, Kinder«, sagt der Regisseur, »wir machen dann auf dem Volvo weiter.« Natürlich hat der Parkwächter an der Einfahrt komisch geguckt, als man sagte, wohin man will.

Die Hauptdarstellerin nennt sich Nikita Denise; in ihrem tschechischen Pass steht was anderes. Sie kam als Stripperin nach Kalifornien. Ihr männliches Pendant heißt Jason McCain. Sonnyboy, strammer Body, nie einen Beruf gelernt. Regie führt Paul Thomas, der früher beim Musical gearbeitet und auf dem Broadway getanzt und gesungen hat. Jesus Christ Superstar. Hair. Lange her. Er macht zwischen zwei Einstellungen ungefragt eine Pirouette in Turnschuhen. Soll bloß keiner denken, er habe etwas verlernt. Thomas: »Wir sind alle Exhibitionisten.« Während der Mittagspause, bei Roastbeef und Nudeln, räsoniert Jason, 23: »Es ist ein Traumjob, täglich bezahlter Sex, ein lockeres Leben, was will man mehr?« Wenn der Streifen im Kasten sei, werde er alles erzählen, von der Gewerkschaft für Sexworker, die er gründen wolle, von seinem großen Ziel Hollywood.

Bleibt also reichlich Zeit, sich Gedanken zu machen, während die Inszenierung verschärfter Erotik ihrem Höhepunkt entgegenächzt und -stöhnt. Etwa darüber, ob Nikitas Vagina von Chlamydia trachomatis befallen ist; Statistiken zufolge verbreitet sich der dazugehörige Bazillus in Amerika epidemisch und grassiert gerade unter Frauen mit häufig wechselnden Sexualpartnern. Jasons Penis könnte von Syphilis oder Gonorrhöe befallen sein; nur 17 Prozent aller amerikanischen Pornodarsteller benutzen Kondome, Geschlechtskrankheiten verbreiten sich in der Pornoszene rasant: innerhalb einer Woche auf bis zu 200 Menschen. Was das hinsichtlich HIV bedeutet, mag man sich nicht ausmalen. Und darüber hinaus hatte Sharon Mitchell gesagt: »Der Körper ist nur das eine Problem. Wer so sehr nach Aufmerksamkeit giert, dass er öffentlich Sex hat, ist in 90 Prozent der Fälle auch psychisch krank.«

Sharon hatten wir vor unserem Besuch in der Tiefgarage getroffen. Sie war auch mal Sexworker. Ihr Spitzname in über 1200 Produktionen: Queen Bitch. Königin der Huren. »Ich war ein guter Fick«, sagte sie, lachte bellend und rieb sich die dreimal operierte Nase. Sharon, eine große, schlanke Frau, burschikose Gesichtszüge, lacht oft. Nebenher eilt sie mit großen Schritten scheinbar rastlos durchs Leben. Sharon ist immer in Eile, auf dem Weg zum Restaurant, auf dem Weg zum Parkplatz, rein ins Büro, raus aus dem Büro. Kann nicht stillsitzen. Vor zehn Jahren hat ihr ein gestörter Mann aufgelauert und versucht, sie zu vergewaltigen. Der Mann, ein religiöser Spinner, biss Sharon in Hals, Gesicht und Brüste, »er würgte mich, schlug mir die Zähne aus, bis ich mein eigenes Blut schmeckte und dachte: ›So krepierst du nicht!‹« Wie es ihr gelang, ihn bewusstlos zu schlagen, weiß sie nicht mehr.

Sie ist in New Jersey aufgewachsen. Adoptivkind. Ihre Eltern hatten sie als Säugling einem Polizisten und dessen

Frau zur Obhut überlassen. »Fast jeder, der in Pornos landet, wurde als Kind sexuell missbraucht«, sagt Sharon, »ich musste da raus.« Mit 16 flüchtete sie sich in eine unglückliche Ehe. Da musste sie auch raus. Als Bedienung oder Prostituierte wollte sie nicht enden und so landete sie im Pornogeschäft. »Was anderes traute ich mir nicht zu.« Ihre Heroinrationen verschlangen täglich 300 Dollar. Als sie nach der Attacke des Wahnsinnigen vor dem Spiegel stand, sah sie eine zerbeulte Visage und eine geschundene Seele: »Mir war klar, dass ich mir jahrzehntelang vorgemacht hatte, mein Leben im Griff zu haben. Ich war eine Ruine.« Nochmal raus. Sharon wurde Therapeutin, Spezialgebiet Drogenabhängige, und gründete 1996 die Adult Industry Medical Health Care Foundation, eine gemeinnützige Einrichtung, kurz AIM.

AIM befindet sich in fünf engen Zimmern am Ventura Boulevard. Neben dem Eingang eine Garderobe mit Kleiderhaken aus Gummidildos, auf dem Tresen davor ein Glasbehälter mit Gleitcreme für zwei Dollar die Tube sowie Visitenkarten von Psychologen, Chiropraktikern und Steuerberatern. 400 Sexworker lassen sich bei AIM monatlich für HIV-Tests Blut abnehmen oder gegen Hepatitis impfen, eine weit verbreitete Seuche im Geschäft, weil übertragen durch Blut und Exkremente. Frauen unterziehen sich Pap-Tests am Muttermund oder Unterleibsspülungen, Männer geben Urin ab. Neben Behandlungen gegen Filzläuse, Warzen und Vaginitis werden auch Gruppentherapien für Sexworker mit Alkohol-, Drogen oder Partnerschaftsproblemen angeboten. AIM notiert überdies, soweit möglich, wer wann mit wem gearbeitet hat und informiert Produzenten über positive HIV-Fälle. »Ich bin das Gewissen der Branche«, sagt Sharon.

2000 wurden in den USA 11 041 Pornofilme produziert; neunmal mehr als noch vor zehn Jahren. Mit Titeln wie »Boobsville.com«, »Fat Chicks in Bondage« oder »Lust in Paradise« wurden vier Milliarden Dollar umgesetzt; alleine in den USA 721 Millionen Bänder verliehen. Von Werken wie »The Houston 500«, in dem eine Frau, nicht schwer zu erraten, auf 500 Penisse trifft, gingen am ersten Tag 100 000 Stück weg. Wie viel Unternehmen wie Vivid, Metro, VCA oder Wicked, die alle in Los Angeles ansässig sind, darüber hinaus mit DVD, Pay per view, Satellitenfernsehen, Kabelkanälen und Export einnehmen, lässt sich nur schätzen. »The Morality in Media Newsletter«, herausgegeben von mehreren New Yorker Kirchengemeinden, glaubt, der Jahresumsatz der Branche liege zwischen acht und zwölf Milliarden: »Mehr als Hollywood oder das, was Rock 'n' Roll und Countrymusik zusammen einspielen.« Von den 500 Typen in Houston hatte die Hälfte keinen HIV-Test.
»Es ist alles verrückt geworden«, sagt Jim South, Chef der World Modeling Talent Agency, »das Geschäft ist explodiert, und glauben Sie bloß nicht, dass ich das nur gut finde.« South, ehemaliger Versicherungsvertreter und Soldat der US Air Force, vertritt 1000 Klienten, darunter Männer mit verstümmelten Penissen, Zwerge und eine Frau mit Cup Size 8. »Stellen Sie sich große Wassermelonen vor«, sagt South, »für Frauen finde ich immer Arbeit, egal wie sie aussehen.« Er sitzt hinter einem Berg von Polaroids und Karteikarten, unablässig bimmelt das Telefon, South verhandelt nonstop. Die Damen bekommen von 300 Dollar pro lesbischer Szene bis zu 2500 Dollar für Triple Penetration. Triple was? »Wie viele Körperöffnungen hat eine Frau?« South ist freundlich im Umgang, knallhart im Ton. »Porno«, sagt er, »kann schrecklich unappetitlich sein.« Einer der jüngsten Kassenschlager: »The Fist, the Whole Fist and Nothing but the Fist«.

Jims Büro, 4523 Van Nuys Avenue, erster Stock links, ist ein Fixpunkt des Gewerbes, Nachrichtenbörse und erste Anlaufstelle. »Frisch vom Bus« heißt eine Rubrik im Fachblatt Adult Video News, in der weibliche Newcomer vorgestellt werden, die in etwa dem Profil der Begleiterin von Max Hardcore entsprechen, der gerade zu Besuch kommt: nicht zu hübsch, nicht zu schlau, zu verlebt für ihr Alter. »Drehst du mal wieder?«, fragt South. Hardcore deutet schmunzelnd auf das Mädchen. Die Aktricen können, Stripteasetourneen und Einsätze auf Websites eingerechnet, bis zu 500 000 Dollar pro Jahr verdienen, Männer hingegen arbeiten häufig und am Anfang fast immer umsonst. »Wir sind«, sagt Ron Jeremy, einer der wenigen Superstars der Szene mit hochdotiertem Vertrag, »nur Pfosten, Fleisch, Ware, wir sind abhängig davon, dass Frauen uns am Set akzeptieren.« Jeremy meint, sein Erfolg liege an seiner Persönlichkeit: »Ich bin ein netter Kerl.« Sonst noch was? »Ich kann meinen Penis küssen und meinen Orgasmus per Countdown steuern.«

Das Epizentrum der Branche liegt, zwischen Hügelketten und Pazifik, im San Fernando Valley. Ähnlich Silicon Valley hat das Business seine Prosperität einer technischen Erfindung zu verdanken. Dort der Microchip, hier die Videokassette. Diese hat aus einer Branche, die einst nur in dubiosen Programmkinos blühte, ein kommerzielles Monster kreiert. 450 000 Bänder verpackt und versendet etwa der Marktführer VCA wöchentlich auf seiner 80 000 Quadratmeter umfassenden Anlage; 3 000 Kopiermaschinen spucken täglich bis zu 40 000 Kopien aus, oftmals zusammengefummelt aus bereits vorliegendem Material. Und dies, obwohl in den Studios neben den Lagerhallen regelmäßig neue Ware produziert wird mit einem Dutzend hauseigener Sexstars, kurzfristig engagierter Aushilfskräfte und Kleiderkammern voller Reizwäsche, Lederpeitschen und Sexspielzeug.

Der Chef von VCA heisst Russell Hampshire. Er empfängt einen in seinem penibel aufgeräumten Büro. An der Wand gerahmte, mit Autogrammen veredelte Trikots von Sporthelden. John Elways Jersey ist dabei, Wayne Gretzkys auch. Russell ist Hobbybowler in der Woodland Hills League; seine Frau Betty hat dort neulich das Traumresultat von 600 Pins erzielt. Er trägt eine Baseballmütze des elitären Pebble Beach Golf Club, Hawaiihemd und Shorts. Angefangen hat er als Manager eines McDonald's-Restaurants, heute fährt er Mercedes und Porsche. Er sagt: »Unsere Branche funktioniert nicht anders als der Verkauf von Hamburgern: Du musst Qualität anbieten und dich geschickt vermarkten.« Auf seinem Computerschirm blinken die Aktienindizes aus aller Welt. Wenn der Yen einbricht, Koreas Wirtschaft ins Stottern gerät, schrumpfen Hampshires Profite. »Wir stehen unter Druck«, sagt er, »wer weiß, was dieser Bush als Präsident noch alles anstellt.«
Hampshire wurde mal verklagt in Mobile, US-Bundesstaat Alabama, tiefster Süden, tiefste Provinz. VCA hatte an einen Videoshop dort geliefert. Es gibt in den USA keine juristische Definition, was zulässig ist im Handel mit nackten Tatsachen. Im Wesentlichen legt jeder Verwaltungsdistrikt seine Richtlinien selbst fest. Hampshire: »Im Prinzip bist du den moralischen Ansichten von Richtern und Geschworenen ausgeliefert.« Sie haben ihn wegen Transports von obszönem Material zu zwei Jahren Gefängnis und zwei Millionen Dollar Geldstrafe verdonnert. Es war ein Deal. Hampshire bekannte sich schuldig und ersparte damit zwei Angestellten Knast. Er ist ein robuster, kumpelhafter Mann, rau, aber herzlich, zahlt seinen mexikanischen Hilfsarbeitern neun Dollar Stundenlohn plus Kranken- und Rentenversicherung. »Von den Steuern auf unsere jährlich drei Millionen Dollar Gehälter werden die Schulen der Umgebung finanziert, trotzdem wird man behandelt wie ein Kinderschänder.«

Es könnte an einem neuen Genre im Pornogeschäft liegen, das den Markt umgekrempelt hat. Manche sagen zerstört. Früher, als Filme über den Postmann, der zu oft klingelte, noch 300 000 Dollar kosteten, auf 15 Minuten Handlung maximal fünf Minuten Sex kamen, »da konnten wir noch auf Qualität achten«, sagt Hampshire. Doch 1989 griff sich ein gewisser John Stagliano einen Camcorder und drehte »The Adventures of Buttman«, ein Video ohne Drehbuch. Die Darsteller sprachen mit dem Kameramann, taten was und tobten, wie sie wollten. Es war ein bisschen wie Papas verwackelte Bilder vom Kindergeburtstag. »The Adventures of Buttman« wurden ein grandioser Hit. Sie nannten die Stilrichtung Gonzo. »Seither kann jeder Trottel einen Porno drehen«, murrt Regisseur Thomas. Und sogar Amateure tun es mit Freunden, Bekannten, wobei gelegentlich abgeschnittene Pferdeköpfe und geschmacklose Cocktails zum Einsatz kommen. Verramscht werden die Kassetten anschließend für eine Hand voll Dollar. Zwei Drittel aller Pornos sind inzwischen Gonzos. Sharon von AIM sagt: »Damit ist die Szene nicht mehr zu kontrollieren.«

Einer der weiblichen Superstars von VCA ist Chloe. Man trifft sie bei AIM, wo sie Blut zapft und Anfängern das Einmaleins des Milieus beibringt. »Ich sage ihnen, dass sie nur mitmachen sollen, was sie mitmachen wollen, und sich Pausen gönnen müssen. Wer sich ausbeuten lässt, ist selber schuld.« Chloe, brünett, hautenge Jeans, ist ausgesprochen hübsch, Typ Frau, die ständig nach ihrer Telefonnummer gefragt werden. Man sieht ihr nicht an, dass VCA sie als »The Fellatio Goddess« anpreist. »Ich habe Spaß an Sex mit zwölf Männern«, sagt sie, »das war immer mein geheimer Traum.« Chloe war ebenfalls heroinsüchtig und glaubt, sie wäre ohne das Pornogeschäft längst tot. Deswegen sei sie allerdings noch lange keine hilflose, missbrauchte Person. »Bullshit. Ich bestimme selbst, was ich bin. Es kotzt mich an, dass Laien nur Klischees im Kopf haben.« Sharon verdrückt sich in ihr Büro. Hat Chloe eine schwierige Kindheit gehabt? Ja. Habe sie später darunter gelitten? Ja. »Aber spielt das jetzt noch eine Rolle? Die Szene ist meine erste wahre Familie.«

Es ist eine lustige, herzliche Familie. Jeder, der bei AIM durch die Türe kommt, wird postwendend an geliftete Wangen und Silikonbrüste gedrückt. Küsschen. Welcome. Sweetie hier, Honey da. Sharon will, dass man ihren BH mit Wasserpolstern begrabscht, Chloe kontert barbusig mit gelüftetem Pullover. »Sind sie nicht schön?« Berührungsängste scheinen ihnen fremd zu sein, und sie laden einen, wie Kim Chambers und Scott Styles, anstandslos ein, sie im Keller ihres Hauses zu besuchen, wo beide inmitten von Plüschtieren anzügliche Turnübungen machen. Einfach so. Oder weil sie für ihre Website www.teamshag.com werben wollen? Die Öffentlichkeit, glaubt Scott, »belegt uns schon lange nicht mehr mit einem Stigma«. Kim meint sogar: »Unser Milieu ist chic geworden.« Über Ron Jeremy wurde jüngst ein Dokumentarfilm gedreht, an US-Universitäten werden Seminare über Pornofilme gehalten und eine landesweite Volkshochschule lockt mit dem Kurs »Breaking Into Adult Movies«. Wie werde ich Pornostar.

»Die Frage ist, wer will das und warum«, sagt Dr. Donald Etkins, der ein Buch über Sexpraktiken geschrieben hat und als Koryphäe in der psychologischen Betreuung von Sexworkern gilt. »Ich habe früher mal mit Triebtätern gearbeitet, solchen, die ihre Opfer in Stücke geschnitten haben. Ich bin einiges gewöhnt.« Das ist gut so. Etkins lauscht häufig Geschichten von Inzest und Sodomie, Erektionsproblemen und Selbstmordversuchen. Neulich erzählte ihm eine Klientin: »Warum soll ich nicht für Geld Sex haben? Mein Vater hat mich nie bezahlt.« Etkins sagt: »Liebe ist für diese Men-

schen oft ein nebulöser Begriff.« Soziale Vereinsamung hingegen der Normalfall. Sharon meint: »Erklär mal deinem Partner, dass du zur Arbeit gehst und dabei Sex hast mit fünf Männern, sechs Frauen und zwölf Affen.« Hat nie funktioniert bei ihr, Freunde hat sie nur in der Szene. Das einzige männliche Wesen in ihrem Privatleben heißt Boo, ein Papagei, der Pizza liebt und die Klappe nicht halten kann. Sharon: »So gesehen ein typischer Kerl.«
Dr. Etkins hat eine Praxis in Sherman Oaks, nicht weit von der Traumfabrik Hollywood. Auf seiner Couch lagen Schauspieler aller Genres und Güteklassen. Herausgefunden hat er dabei, »dass sie alle, egal wie erfolglos sie sind, an ihr Talent glauben, Sexworker machen da keine Ausnahme«. Auch die hofften, eines Tages von Steven Spielberg entdeckt zu werden. Und das, obwohl Thomas sagt, er langweile sich ständig am Set: »Ich habe von meinen Darstellern nicht viel zu erwarten, manche können nicht mal auf Kommando husten.« Und das wäre nicht das einzige Handicap auf dem Weg ins Rampenlicht. Sharon sagt: »Einmal Porno, nie mehr Hollywood.« Etkins: »Das Geschäft ist eine Sackgasse. Nach spätestens zehn Jahren sind die meisten erledigt, und was dann? Manche kaufen sich Perücken und verschwinden in der Provinz, andere landen im Burger King an der Kasse. Seien wir ehrlich, Sexstars vergehen schnell.« So wie Savannah, die Queen of Porn schlechthin. Als ihre Zeit abgelaufen war, Rockstars sie nicht mehr umschwärmten, brachte sie sich um.

Es passiert auf dem Dach des Volvo. Jason macht schlapp. Zu heiß hier unten, zu viel Asbest in der Luft, jammert er. Thomas dreht sich zu seinem Assistenten und flüstert: »Fuck, erst geht er mir mit seinem großkotzigen Gelaber auf die Nerven, und jetzt das.« Der Assistent: »Sorry, Nikita wollte nur ihn.« Hinterher sollten sie frotzeln: »If HE is not

erect, take Caverject.« Caverject ist ein urologisches Präparat, das mit der hormonähnlichen Substanz Prostaglandin E 1 hergestellt und in den Penis injiziert wird. »Wirkt schneller als Viagra«, so Etkins, »führt aber zu Erektionsstörungen, wenn es zu häufig benutzt wird.« In der Pornobranche ist neben Kokain daher auch Gammahydroxibutric Acid (GHB) gebräuchlich, ein Mittel, das jene Gehirnzellen aktiviert, die sexuelle Erregung steuern. GHB kann in Verbindung mit Alkohol und Drogen zu Atemnot und Koma führen, Todesfälle sind bereits bekannt geworden. Es gäbe also eine Menge zu bereden mit unserem jungen Helden: Doch Jason will jetzt nicht mehr reden. Morgen? Da müsse er zur Grammy-Verleihung. »Könnt ihr mir nicht eine Akkreditierung besorgen? Als Journalist kommt man doch in die Nähe der Stars, oder?«
Bei AIM wird oft über Jason gesprochen. Wer kennt ihn nicht? Und man mag ihn durchaus, den umtriebigen, schwatzhaften Burschen, der Nightclubs mietet, für seine Kollegen Partys schmeißt. Nachdem wir unseren Besuch angekündigt hatten, gab seine Website bekannt: »Deutsches Reporterteam begleitet Jason und seinen Penis.« Er beschäftigt sogar einen Agenten, der seinen Namen in den Klatschspalten der Boulevardblätter platzieren soll. Sharon sagt: »Ach, der Süße, irgendwann werde ich ihn wie all die anderen auch mit einer Überdosis von irgendwas einsammeln und ins Hospital schleppen.« Sexworker – ein Traumjob? Die schöne Chloe zuckt mit den Achseln. Sie bestimmt selbst, was sie ist. Irgendwann, sagt sie, werde sie mit einem Mann, der sie liebt, Kinder haben: »Ich wäre bestimmt eine gute Mutter, ich würde verstehen, wie viel Liebe sie brauchen.« Chlamydia trachomatis kann, steht auf einem Merkblatt bei AIM, zu Beckenentzündung, Tubenschwangerschaft und Unfruchtbarkeit führen.

## Hush, hush, little Baby

Elvis' Legende, Gracelands Lüge

### 1

1977 in Amerika. Präsident Carter entschuldigt sich bei den Wehrdienstverweigerern des Vietnamkriegs; die USA verlieren die Verwaltungshoheit über den Panamakanal; und die weltweite Ölkrise stürzt das Land der unbegrenzten Energievernichtung in eine tiefe Bewusstseinskrise. Die Filme des Jahres sind »Krieg der Sterne«; »Unheimliche Begegnung der dritten Art« und »Saturday Night Fever« mit John Travolta als betörenden Tänzer. Es ist nur für die Traumfabrik Hollywood ein gutes Jahr. Denn am 16. August, in seinem Haus, Nummer 3764 des Boulevards, der seinen Namen trägt, einige Meilen entfernt von Sun Records, wo er seine erste Schallplatte aufgenommen hat, stirbt der König des Rock 'n' Roll, Carter schreibt: »Sein Tod beraubt dieses Land eines Stücks seiner Selbst.«

### 2

2001 in Memphis. Die Hitze unerträglich, ein trüber, flimmernder Glast liegt über dem Mississippi. Wie damals, als Elvis Presley um 14.15 Uhr leblos vor der Toilettenschüssel des Badezimmers im ersten Stock von Graceland gefunden wurde, die Hosen seines grünen Pyjamas heruntergelassen, das Gesicht versunken in einem struppigen Vorleger. Wer ihn zuerst entdeckte, ist bis heute unklar; dass er vor seinem Ableben in dem Buch »The Search for the Face of Jesus« gelesen haben soll, wie gerne behauptet wird, unwahrscheinlich. Der King pflegte seine Notdurft bei der Lektüre von Comics zu verrichten. Er war 42, wog 215 Pfund, hatte Darmverschlingung, Hämorrhoiden und ein vergrößertes Herz, zu dem zwei verhärtete, mit Talgklumpen verstopfte

Arterien führten, seine Leber war verfettet, am Kehlkopf befand sich ein Geschwür und in den Ohren von Eiter durchtränkte Baumwollstöpsel.

Will jemand darüber reden, jetzt, kurz vor Mitternacht, zwischen den Toren Gracelands und Elvis' Grab hinter dem Haus? Man wagt nicht zu fragen. Nicht der passende Moment. Wir sind umgeben von rot, weiß und blau illuminierten Bäumen, tragen Kerzen und stehen in einer kilometerlangen, zäh sich bewegenden Menschenschlange. Vor mir Dolores und Darlene, Mutter und Tochter aus Baltimore, Maryland, in Trauer vereint. Dolores ist 65 und sagt: »Wenn ich sterbe, sollen sie Elvis' Musik spielen.« Hinter mir John und Wanda, Ehepaar aus Texarkana, Texas, in nostalgischen Gedanken verbunden. »Jeder Mann wollte Elvis sein«, sagt John. »Jede Frau wollte mit Elvis zusammen sein«, sagt Wanda. Vor drei Stunden hatte ein Priester am Eingang des Anwesens geunkt: »Es wird eine einsame, lange Nacht, aber wir können sie gemeinsam gehen.« Und das taten wir, begleitet von Hubschrauberlärm und Polizeisirenen, nachdem die improvisierte Predigt geendet hatte mit einem Gebet: »Ich dachte, ich höre eine kleine Stimme weinen, bis ich erkannte, es war meine.«
Jedes Jahr kommen zehntausende von Menschen nach Memphis zur Elvis Week. Es ist die Karwoche der Popmusik mit Elvis-Konzerten, Elvis-Partys auf Schaufelraddampfern und Diskussionsabenden im Center of Southern Folklore, wo ein Elvis-Darsteller kostümierte Pärchen traut. Unbestrittener Höhepunkt ist der so genannte Vigil, der Trauermarsch zu Elvis' Todestag, ein Härtetest für Fußsohlen, Rückgrat und sentimentale Gemüter, die sie alle haben, die Verehrer der verblichenen Ikone. »Er war ein guter, braver Südstaatenjunge«, schluchzt Dolores, »hat viel Gutes getan.« Einer alten Frau habe er mal einen Rollstuhl ge-

schenkt. Hat nicht sogar Lisa Marie, seine Tochter, neulich in Memphis ein Haus für sexuell missbrauchte Frauen eröffnet? Darlene: »Sie wirkt Wunder.« Paraffin mischt sich mit Tränen. Und John, pensionierter Ingenieur der US Army, bleibt es unvergessen, dass Elvis in Honolulu ein Denkmal spendierte für die Gefallenen der U.S.S. Arizona beim japanischen Angriff auf Pearl Harbour. Aus Lautsprechern der Bariton des King: »Take me home, precious Lord«, ein Gospel. Beantwortet wird er mit einem kollektiven Seufzer.

## 3

Der King war einmal der coolste Typ des Universums. Die Chuzpe eines Straßenmusikanten, Schmalzlocke und dazu Verrenkungen, die Amerikas Verhältnis zum Unterleib neu definierten. Elvis The Pelvis. Immer wenn sich Elvis' Todestag jährt, werden wieder tiefsinnige Artikel verfasst, die sich zwischen Ehrerbietung, Zynismus und gestelzten Thesen verlieren. »Um so cool zu sein wie Elvis, muss man sich jenseits jeden sterblichen Diskurses befinden«, so die »New York Times«. Wie auch immer, aus dem Mann, der zum Ende seiner Karriere mit aufgedunsenem Gesicht und in phantastischen Paillettenkostümen, rülpsend, halb im Delirium, Lieder abbrach, weil er die Texte vergessen hatte, wird in jedem Nekrolog der Erfinder des modernen Rockstars, ein romantischer Rebell, sexy Provokateur. Todd Morgan von Elvis Presley Enterprises (EPE) meint: »Dieser Junge war, als wäre er von einem anderen Planeten gefallen.« Schon wahr, John Lennon sagte: »Ohne Elvis wären die Beatles nicht möglich gewesen.« Allerdings spielte man vorher im Radio Lieder wie »How Much Is The Doggie In The Window?«

1997 war ich schon mal in Memphis gewesen, auf der Suche nach Erklärungen. Viel kam nicht heraus, außer dass Sam Phillips, der Elvis entdeckte und seine erste Platte produzierte, ein stundenlanges Referat hielt über die Symbiose von schwarzer Musik und weißen Interpreten, die ihn bei Elvis primär interessierte, und dass er Carl Perkins, Johnny Cash und Jerry Lee Lewis im Vergleich zu Elvis für musikalische Genies hält. Joe Klein, ein Mitglied von Presleys Memphis Mafia, dem harten Kern seiner Kumpels und Claqueure, verwies auf Elvis' Großzügigkeit, die die Kosten für Kleins Nasenoperation einschloss. Und Will McDaniel, Präsident des Elvis World Wide Fan Club, erzählte davon, wie sie einmal bei einer Sause in Graceland mit Feuerwerkskörpern den Teppichboden ruiniert und die mitgebrachten Mädels Teddybären geklaut hatten. McDaniel lag auf dem Wasserbett seines Schlafzimmers, die Gegend, in der er wohnte, war ein besserer Slum. Bei Mary Jenkins, Elvis' ehemaliger Köchin, wurde ich abgewiesen; die Tochter sagte: »Mama spinnt, sie behauptet, Elvis' Geist wohne in ihrem Schlafzimmer.«
Aber was heißt hier spinnen? Zum erstenmal nach seinem offiziellen Ableben wurde der King Ende August 1977 in einem Supermarkt in Vicksburg, Mississippi, gesehen; danach in einem Burger King in Kalamazoo, Michigan; anschließend in einer Bar in Riverhead, New York. Darlene schwört, dass sie ihn an diesem Nachmittag bei der Tour durch Graceland »gespürt hat, er stand im ersten Stock am Fenster«. Sie kann sich, während wir stocksteif den Hügel zu Graceland hinaufstolpern, vorstellen, er bereite sich gerade in der Küche sein geliebtes frittiertes Sandwich mit Erdnussbutter und Bananenpampe zu. Wie so oft um diese Uhrzeit. »Vielleicht guckt er auch fern im Jungle Room.« Es wäre ein groteskes Bild: ein 65-jähriger, beleibter Mann mit wuchernden Koteletten in einem Raum wie eine

menschliche Aorta. Die Möbel aus Wurzelholz, der rote Flokatiteppich knöcheltief, dazu mit Kunstleder bezogene Lampenschirme vor einem Wasserfall – im Jungle Room ist die Schockwirkung von Elvis' Geschmacksverirrungen am eindrucksvollsten. Womöglich hat ihn der CIA deshalb gekidnappt und versteckt. Glaubt John. Als wir endlich vor dem Grab stehen, deutet er auf die Bronzeplatte und sagt: »Na, warum steht hier ›Aaron‹? Zwei A, da stimmt was nicht.«

## 4

Elvis Aron Presley wurde am 8. Januar 1935 in einem armseligen Zweizimmerhaus in Tupelo, Mississippi, geboren; sein Bruder Jesse Garon kam tot zur Welt. Mutter Gladys Love nahm es als Allegorie. »Wenn ein Zwilling stirbt, bekommt der andere die Kraft von beiden.« Eine weitere Fehlgeburt ließ die Zuneigung zu ihrem einzigen Kind abgöttisch werden. Die Nachbarjungen nannten Elvis noch als Teenager »Mama's Titty Boy«, nach ihrem Tod 1958 schloss er sich fünf Tage mit ihrem rosa Bademantel ein und jammerte: »Wach auf, Baby, sprich zu Elvis.« Die Presleys waren bitterarm, den Arzt, der ihn zur Welt brachte, zahlte die Sozialhilfe, die Fürsorge brachte Geschenke zu Weihnachten. Als Vater Vernon einen Scheck über fünf Dollar fälschte, landete er im gefürchteten Tennessee State Penitentiary in Parchman. Es ist auch Elvis' Herkunft, die seine Legende bis heute prägt. »Vom Niemand zum Weltstar«, so Morgan, »er ist das Idol des Fließbandarbeiters, der Vorarbeiter werden will. Er ist der personifizierte amerikanische Mythos, dass jeder alles erreichen kann.« Every Man a King.
Als er im Juli 1953 in Phillips Tonstudio aufkreuzt, arbeitet Elvis als Fahrer und Laufbursche für den M. B. Parker Machinist's Shop in Memphis. Er gilt als schüchtern, höflich, bescheiden, sagt später mal: »Alles, wovon ich jemals träum-

te, ist wahr geworden.« Seine Karriere verläuft wie einer seiner frühen Hits: »Mystery Train«, ein Güterzug, 16 Waggons lang, geheimnisvoll und nicht aufzuhalten. »Unaussprechlich, untalentiert und vulgär«, fand ihn die »Herald Tribune« anfangs; »heulender Hillbilly«, kommentierte »LIFE«; der Reverend Robert Gray ereiferte sich: »Ein neuer Tiefpunkt spiritueller Degeneration ist erreicht.« Tiefpunkt? Nun, Elvis verkaufte zu Lebzeiten eine Milliarde Schallplatten, 111 Alben mit Gold, Platin oder Doppelplatin ausgezeichnet, 18 Songs Nummer eins. Von 1969 bis wenige Tage vor seinem Tod trat er 1100-mal live auf; stets vor ausverkauftem Haus, die TV-Übertragung seines Konzerts »Aloha from Hawaii« sahen mehr Menschen als die erste Mondlandung; in 33, überwiegend von seichter, kitschiger Handlung getragenen Filmen spielte er die Hauptrolle.

Ist Elvis' tragisches Ende letztlich nur ein unpassendes, störendes Detail oder doch die Wurzel seiner Glorifizierung? Selbst Morgan hat darauf auch keine Antwort. Er murmelt in seinem Büro, das sich in einem Trailer neben Graceland befindet, etwas von »Yin und Yang, der Balance des Universums«. Was er damit meint, bleibt unklar. Wer zu hoch fliegt, stürzt umso früher, endet zwangsläufig tragisch? Belegen lässt sich allenfalls, dass die Geschäfte mit dem toten Elvis besser gehen als mit dem lebendigen. »Genaue Zahlen können wir nicht bekannt geben«, meint Morgan, »Sie verstehen?« Eigentlich nein, aber man kann sich das schon zusammenreimen bei etwa einer Million Besuchern jährlich in Graceland, dem am zweithäufigsten besuchten Ausflugsziel Amerikas nach dem Weißen Haus. Die Tour inklusive Elvis' Flugzeugen und einem Museum für seine Cadillacs kostet 20 Dollar, was Tantiemen aus dem Verkauf von Platten und Elvis als Schlüsselanhänger und aufziehbare Puppe einbringen, mal dahingestellt. »Machen Sie mal den Fernseher an«, meint Morgan, »überall finden sie eine Referenz auf Elvis.«

Es heißt, die drei berühmtesten Markennamen weltweit sind Jesus, Coca Cola und Elvis. Nicht unbedingt in dieser Reihenfolge.

**5**

Es ist später Vormittag, noch eine kleine Ewigkeit bis zum Vigil, doch Jeff ist bereits seit Stunden im Besucherzentrum gegenüber von Graceland. Er trägt einen weißen Overall aus Polyester, übersät von buntem Strass und um den Hals eine Kette aus roten Plastikblumen. Erst spielt er vor einer riesigen Leinwand, die Aufnahmen von Elvis' Konzerten zeigt, »Hound Dog« auf seiner Gitarre, dann »Heartbreak Hotel«. Schon kommen zwei Wachmänner und scheuchen ihn weg. »Versteht denn keiner, dass sich mein Leben um Elvis dreht?« Jeff sagt, Elvis hätte alles verkörpert, was dieses Land groß gemacht habe: »Seine Familie, Menschenliebe, Gottgläubigkeit waren ihm das Wichtigste, er ist der größte Amerikaner aller Zeiten, größer als George Washington.« Seine Witwe Priscilla könne von Glück reden, so Jeff, dass er nicht mehr lebe, und Lisa Marie auch. Die eine wolle Elvis-Darsteller nicht mehr zum Trauermarsch zulassen, weil sie deren Aufmachung für pietätlos hält, die andere habe diese »Schwuchtel« Michael Jackson geheiratet. Jeff: »Elvis würde ihnen eine ordentliche Ohrfeige verpassen.«
Woher Jeff aus Lexington, Tennessee, klein, hager, das weiß? »Ich sehe aus wie Elvis, ich fühle wie Elvis, ich bin Elvis.« Zumindest ist er einer von 50 000 Amerikanern, die als Double des King auftreten; zwei Lkws voll mit Kostümen, Büchern, Platten, Videokassetten, Postern und dem Ast eines Baums aus dem Park von Graceland hat er zuhause stehen. »O nein, Schund ist nicht darunter«, knurrt Jeff und guckt plötzlich feindselig. Dabei war die Frage doch bloß, ob er »Elvis – What Happend?« gelesen habe. Darin berich-

ten zwei ehemalige Leibwächter, dass der King sich Frauen gegenüber wie »eine brünftige Sau« verhalten habe, erzählen von Drogenexzessen, Depressionen, seiner Obsession für Waffen und wie Elvis an einer Mischung aus Ruhm, Langeweile, falschen Freunden, Fresssucht und Medikamentenmissbrauch zerbrach. Seine Pobacken und Arme sollen übersät gewesen sein von den Einstichstellen der Spritzen, er habe Windeln getragen, sei impotent gewesen. Elvis' Reaktion nach Erscheinen des Buchs: »Mein Leben ist vorbei.«
5684 Pillen hat Dr. George Nichopoulus seinem berühmten Patienten alleine in den letzten sieben Monaten seines Lebens verschrieben, darunter Valium, Barbiturate, Amphetamine, Betäubungsmittel und ein schmerzstillendes Präparat für Krebskranke im Endstadium. Ein Mitglied der Memphis Mafia sagte: »Er war eine wandelnde Apotheke.« Vernon Presleys zweite Frau Dee meinte: »Jeder um ihn herum lebte eine Lüge.« Elvis' Manager Tom Parker, früher Hundefänger in Florida, der 56 Prozent der Einnahmen seines Klienten kassierte, kam zu seiner Beerdigung in Baseballmütze und blauem Hemd; sein Cousin verkaufte Fotos von der Leiche an eine Klatschpostille. 200 Millionen hatte der King zu Lebzeiten umgesetzt, auf seinem zinslosen Konto befanden sich nach seinem Tod 1 055 173,69 Dollar. »Besser, dass es so endete«, soll Priscilla gesagt haben, »sonst wäre von ihm nur noch lebendes Gemüse übrig geblieben.« Und umso schöner, dass EPE uns nicht nur das vorenthält. Gracelands Elvis war ein Prachtkerl, ein phantastischer Sänger, liebenswerter, großzügiger Spinner, ein bisschen wild vielleicht, doch er war ein treusorgender Vater und hat sich nie von Priscilla scheiden lassen. Am Schluss wurde er dick, schrullig und starb. »Hey«, sagt John, »wir haben alle unsere Macken.«

## 6

Die vorletzte Platte des King trägt den Titel »From Elvis Presley Boulevard, Memphis, Tennessee«. Man hört sie besser nicht, wenn man in der tristen Monotonie des amerikanischen Südens unterwegs und kein unverbesserlicher Optimist ist. Die Armenviertel der Städte, die Melancholie von Menschen und Landschaft ergeben zusammen mit der Musik nämlich eine trübsinnige Mixtur. Die Songs handeln fast ausschließlich von einsamen, verlassenen, betrogenen und leidenden Männern auf der Suche nach Liebe; das erste Lied heißt »Hurt«. Verletzt. Natürlich singt er es auch am Abend nach dem Trauermarsch im Mid-South Coliseum. Das heißt, ein junger, fescher, dynamischer Elvis singt es auf einem Großbildschirm. »Elvis in Concert«, der von EPE vor fünf Jahren kreierte, internationale Kassenschlager. Die virtuelle Wiederbelebung des King wird umrahmt von seiner ehemaligen Band samt Chören, rüstige Damen und Herren mit Bäuchen, grauem Haar und lichter Stirn. Nur der Heros über ihnen ist unverwüstlich, unvergänglich. Schwitzt, lacht, macht dümmliche Witze und Spagat auf der Bühne. Nach »Hurt« ist der Applaus schier endlos.

In Reihe elf, Stuhl zwei, sitzt Betty. Sie hatte ein Ticket für das drei Tage nach Elvis' Tod in Memphis geplante Konzert. 24 lange Jahre gewartet, doch ihre Passion ist ungetrübt. Betty, pensionierte Hebamme, liebt Elvis, seit sie ihn als junges Mädchen einmal auf dem Motorrad vorbeifahren sah. Wollte mit Elvis zusammen sein, auch sie. In der Pause werden Souvenirs verkauft. Im Gedränge LaVera aus Michigan, feuchte Augen, ihre Mundwinkel sind tiefe Falten, der Körper bedeckt von 13 Tätowierungen. Elvis als Engel, Elvis als junger Gott, Elvis mit Cowboyhut. LaVera sagt: »Ich glaube, er hat nie verstanden, was mit ihm passierte.« Denn sie, sagt LaVera, geschieden von einem gewalttätigen, trinksüchtigen Mann, verlassen von ihren drei Kindern, spürte immer, »wie traurig er war, man hört es in jedem Ton«. Und hat er nicht in seinem Lieblingsbuch »Der Prophet« von Khalil Gibran die Stelle unterstrichen: »Wenn du nicht liebst, lebst du nicht.« Einsamkeit, die jeder kennt. Wohl deshalb, findet die »New York Times«, »hat Amerika Elvis nicht aufgegeben, obwohl akademische Studien beweisen, wie fad und unappetitlich seine Legende ist«.

**7**

Am Morgen des 17. August. Jeff sitzt mit seinem dicken Sohn Tony, Erinnerung an eine gescheiterte Ehe, im Diner gegenüber von Graceland. Über dem gewaltigen Parkplatz am Elvis Presley Boulevard dämmert es. Jeff hat Hackbraten bestellt, ausgewiesen auf der Speisekarte als eines von Elvis' Lieblingsgerichten. Er sagt: »Wir lassen ihn nicht sterben, so wie wir den Glauben an dieses Landes nicht sterben lassen.« Die Lieder auf seiner neuesten CD, die er in Eigenregie produziert habe und vertreibe unter www.cosmicradio.com, erzählten davon. »Liebe, Frieden und Güte«, sagt Jeff, »waren Elvis' Ideale, es sind auch Amerikas Ideale. Wir würden nicht in irgendeiner dunklen Ecke der Welt Ärger machen.« Jeff war nie im Ausland, Elvis ist nie außerhalb der USA aufgetreten, und es war vor den Attacken auf World Trade Center und Pentagon. »Elvis machte keine schmutzigen Sachen, wir machen keine schmutzigen Sachen.« Jeff sieht nicht aus wie Elvis; ohne Sonnenbrille, Overall und Pomade bleibt nichts übrig als ein ganz gewöhnlicher, trauriger Mann. Seine CD trägt den Titel »Love me«.

So lümmeln wir noch eine Weile müde und schweigend in den klebrigen Polstern, montiert in einen zersägten Cadillac; 1000 dieser Autos soll Elvis gekauft haben, fast alle verschenkte er neben Häusern, Pferden, Fernsehern, vergoldeten Rosen und allerlei Schnickschnack, damit auch die

Träume anderer wahr werden. Ringsum übergewichtige Menschen, Männer mit speckigen Nacken, stumme, schwer atmende Frauen und rundliche Kids mit kauenden Backen. Sie blicken in den grauenden Tag, während Ahornsirup in Buttermilchpfannkuchen und Kornbrot rinnt. Und natürlich trauern sie um Elvis, während Bedienungen mit falschem Lächeln gezuckerten Eistee nachschenken. Aber vielleicht trauern sie auch um ihr kleines Leben, wenn sie ahnen, dass der große Held keiner war und der amerikanische Traum eine große Lüge ist. Es ist einer dieser Momente, in denen man den King von ferne leise singen hört: »Hush, hush, little Baby don't you cry/You know your Daddy's bound to die/But all my trials, Lord, will soon be over.«

## Das Leben ist ein Home Run

Thanksgiving 2001

18.38 Uhr. Manhattan ist tot. 4th Street. Nichts. Houston Street. Nichts. Humboldt Street, Bluemont Avenue, Claflin Road. Nirgendwo Menschen, keine Autos auf den Straßen, Harry's Uptown Bar & Restaurant stockfinster, nur hinter dem Stadtpark mit seiner gewaltigen Holzskulptur, die einen Weizenfarmer mit Sense darstellt, brennen Lichter in schmucken Häuschen. Ich bin in Manhattan, Kansas, von dessen Handelskammer angepriesen als Little Apple. Es ist eine etwas großspurige Anspielung auf den Namensvetter; und nicht nur, weil die örtliche Zeitung »Mercury« auf ihrer Titelseite berichtet über Doris Klee, die seit 50 Jahren für das Kansas Farm Bureau arbeitet und der zu Kuchen, Punch und Glückwünschen ihres Chefs nur einfiel: »Wie soll ich bei diesem Zirkus meinen Papierkram erledigen?«
Manhattan, Kansas, 48 000 Einwohner, 49 Meilen westlich von Topeka gelegen, ist eine Welt entfernt von Manhattan, New York, wo ich lebe. Hier dreht sich fast alles um Ackerbau und Viehzucht, der Kansas State University und der Armeestation Fort Riley. Bob's Diner? Geschlossen. In Rusty's Next Door Bar stehen die Stühle auf dem Tresen. So irre ich durch Nacht. 22. November 2001. Thanksgiving. Ich höre eine CD von Randy Newman, »Bad Love«, und denke, wie es wohl aussieht hinter den geschlossenen Gardinen oder in Mrs. Klees Büro, das sich in einem zweistöckigen Backsteingebäude befindet, gleich hinter Tankstellen und Shopping Malls mit Filialen von JC Penney, Sears, Dillard's. Newmans rauhe, melancholische Stimme aus dem Lautsprecher. Natürlich haben sie keinen anständigen Flughafen in Manhattan, Kansas.

*Picture a room / With a window / A sofa and some chairs / A television turned on for the night / Picture a woman, two children seated / A man lying there / Their faces softly glowing in the light / This is my country / These are my people / This is the world I understand*

Ich mag Newmans Lieder. Mochte sie schon, als meine Freunde Saturday Night Fever noch für ein Meisterwerk hielten und Michael Jackson eine Nase hatte. Newman ist ein kleinwüchsiger, brillanter Songwriter, der gerne zuckersüße Melodien so kunstvoll mit bitterbösen, zynischen Texten vermixt, dass man sich vor Sentimentalität und Ohnmacht darin verlieren kann. So auch diesmal wieder, während ich unterwegs bin zu meinem Hotel der Kette Comfort Inn mit seinem riesigen Parkplatz und seinen stereotypen Zimmern, die mit ihren Tagesdecken in Pastellfarben, den Möbeln aus Sperrholz und den Vorhängen aus Nylon überall in Amerika gleich aussehen und sich nicht wesentlich unterscheiden von denen der Ketten Motel 6, EconoLodge oder Holiday Express.

Stellen Sie sich einen Raum vor mit einem Fenster, einem Sofa und ein paar Stühlen, der Fernseher angestellt für die Nacht. CNN live. Larry King interviewt Bob Dole, den ehemaligen Präsidentschaftskandidaten der Republikaner. Sie sprechen über den Zweiten Weltkrieg, aus dem Dole eine Tapferkeitsmedaille und einen kaputten Arm mitbrachte. Dole sagt: »Wir werden gewinnen, die Moral in der Truppe ist hervorragend.« King fragt: »Macht Bush einen guten Job?« Dole sagt: »85 Prozent Zustimmung in der Bevölkerung lassen das vermuten.« Am unteren Rand des Bildschirms huschen die letzten News vorbei. … *Zwei weitere Briefe mit Spuren von Anthrax gefunden … 50 Mitglieder von Al Qaeda getötet in den letzten Wochen … Die NBA verhängt Geldstrafen gegen fünf Basketballprofis, die zu kurze*

*Hosen trugen ... Ein Truthahn unter 16 Wochen wird ›Fryer‹ genannt ...* Dole sagt: »Die Soldaten stellen diese Nation, unseren Kampf für Frieden und Freiheit über ihr Leben, sie sind Helden.«

Es war ein großer Herbst. So viel Sonne, Wärme, Licht. Ich erinnere mich an Spaziergänge im Central Park von Manhattan, New York, der grünen Lunge des Big Apple mit der atemberaubend schönen Skyline von Midtown als Panorama. Hunde tollten über die Wiesen, die Schotterwege waren übersät von aufgeplatzten Kastanien; es schien, als würden die Menschen beschwingter flanieren, energischer joggen. Überall auf den Parkbänken verliebte Paare. Ein andermal stand ich an der Ecke 34th Street und Sixth Avenue, gegenüber des Bryant Park, wo zweimal im Jahr mit Pomp und Promis New Yorks Fashion Show zelebriert wird. Der pulsierende Verkehr, der Strom von Passanten, überwuchert von gewaltiger Architektur. Ich musste an einen Satz aus einem Buch von Janice Deaner denken: »Der Himmel voller Häuser, dieser Überfluss, dieser geradezu lächerliche Überfluss, dieses Gefühl der Unendlichkeit, das einen richtig froh machte.«
Es war ein schrecklicher Herbst. Soviel Trauer, Elend, Angst. 9/11, nine-eleven, wie sie es hier nennen. Der 11. September hat alles verändert. »Kennst du das Gefühl, dass etwas von enormer Tragweite geschehen ist«, schrieb mir K. in einer E-Mail, »dass ... du dich fast dankbar deinem Schicksal fügst ..., dass dein (kleines) Leben mit all seinen Gesetzmäßigkeiten plötzlich nicht mehr wichtig ist? Verstehst du, was ich meine?« Ich weiß nicht. Wir schreiben 11/22, ich bin wieder im zurück im Hotelzimmer, sitze zwischen Stapeln von Zeitungs- und Magazinartikeln, Ausdrucken von Aufsätzen und Briefen, die ich nach Themenbereichen geordnet habe: 1. New York danach; 2. Anthrax; 3. Wirt-

schaftskrise; 4. Flugsicherheit; 5. World Series Baseball; 6. George W. Bush; 7. Feuerwehr + Polizei; 8. Antiterrorgesetze; 9. Medienpropaganda; 10. Krieg; 11. Kuriositäten; 12. Vermischtes; 13. Persönliches; 14. Islam + Orient. Und ich frage mich: Was mache ich hier?
Als ich vor zwei Tagen in Kansas City einsam vor dem Fernseher saß, im 40. Stock des Hyatt Crown Center Hotel, die Skyline in der Ferne, schrieb ich eine E-Mail an E. Auch da hörte ich Newmans Musik. In E.s Haus auf Long Island, wo sie mit teutonischem Regiment und unwiderstehlicher Herzlichkeit durch die Küche tobt und monströse Truthähne röstet, habe ich wunderbare Thanksgivings verlebt. »Zurück in Zimmer 4020, hoch über der Seichtigkeit des Lebens und einer Discoparty, frage ich mich, was ich machen würde, wenn ein Flugzeug auf mein Fenster zusteuern würde.« Ein kranker Gedanke? Nicht unbedingt. Nichts ist mehr, wie es war, seit die Türme des World Trade Center nicht mehr stehen.

*I have no one to share my plans, my dreams / My hopes my schemes … / Shame Shame Shame Shame Shame … / You could be right / These are truly desperate times*

Was ich hier mache? Manhattan, Kansas, liegt nicht weit von St. Mary's entfernt, dessen römisch-katholisches College Verbindungen haben soll zum harten Kern von 1500 regierungsfeindlichen Farmern in der Gegend. Wenn man dem Journalisten Joel Dyer glauben darf, war die St. Mary's Academy an dem Anschlag auf das Murrah Building in Oklahoma City beteiligt. »Stellen Sie dort keine blöden Fragen«, sagte Dyer, »es könnte Ihnen nicht gut bekommen.« Dyer wurde bei den Recherchen für sein Buch »Harvest of Rage – Why Oklahoma City Is Only the Beginning« einmal sechs Tage auf einem Bauernhof festgehalten. Man hatte ihm zur

Begrüßung einen Revolver an die Stirn gehalten. Morgen will ich nach St. Mary's, das letzte Puzzleteil recherchieren zu einer Story über den Fall Timothy McVeigh. Es ist die Endstation eines weiteren Streifzugs durch das Amerika, das keiner kennt. Doch wen interessiert schon Kansas, Oklahoma? McVeigh ist tot. Dyer meint: »Unsere Medien sind wie unsere Ernährung, Fast Food in handlichen Happen. Wenn man fertig ist, hat man schon wieder vergessen, was man gegessen hat.«
Ich frage mich, wie ich ihn einfangen soll, diesen großen, schrecklichen Herbst 2001. Bevor ich mich auf die Reise machte, sortierte ich meinen Stapel aus Zeitungen und Magazinen, Briefen und Notizen. Übrig blieb eine prall gefüllte Plastiktüte. Das meiste davon habe ich im Hyatt zurückgelassen; 119 Blätter, Fetzen, Schnipsel sind übrig geblieben. In meinem Kopf toben rasende Buchstabenleisten wie auf CNN. ... *Flugangst sorgt für halb volle Jets an Thanksgiving ... »Ich kann es nicht akzeptieren«, sagt John Constanza, dessen Frau unter den Trümmern des World Trade Center begraben ist ... Ground Zero ist ein toxischer Albtraum von Asbest, Dioxinen, Phenylbenzol, Blei und Chrom ... Bürgermeister Giuliani nennt den Feuerwehrmann Thomas Kelly bei dessen Beerdigung einen Helden: »Er ist nicht umsonst gestorben.« ... »Frieden und Freiheit werden sich behaupten«, sagt Bush, »möge Gott weiterhin Amerika segnen. Danke.«* ... Das war aus seiner Rede zum Angriff auf Afghanistan am 7. Oktober. »Tali-Bam«, titelte die »New York Post«, als endlich geschossen wurde.

Ich kam im Oktober 1996 nach New York; Flug LH 406 aus Düsseldorf, die üblichen Geschichten im Kopf. Dass der Medizinmann der Algonquin Manhattan mit einem Fluch belegt haben soll, als die Holländer es für Tand und Trödel im Wert von 43 Dollar kauften; auf der Insel, so das Vermächtnis der Indianer, werde die Zeit fortan schneller vergehen als an jedem anderen Ort der Welt. Ich wusste, dass ein Sprichwort besagt, New York sitze wie eine Hexe vor dem Tor Amerikas, und ich kannte den Spruch, eingemeißelt im Fundament der Freiheitsstatue: »Give me your tired, your poor, your huddled masses yearning to be free.« Nicht, dass ich müde und arm gewesen oder zusammengekauert angekommen wäre, doch befreien wollte ich mich schon. Von einem unglücklichen Job, dem trögen Alltag, Tennisstars und Fußballer interviewen zu müssen. Aber in Wahrheit ging es um etwas anderes. Ich war 36, mein Leben schien mir zu entgleiten und ich hatte nichts zu verlieren. Und vielleicht habe ich auch an den amerikanischen Mythos geglaubt. Dass Newman an ihn glaubt, darf man bezweifeln.

*The great nations of Europe had gathered on the shore / They'd conquered what was behind them / And now they wanted more / So they took to the mighty ocean / And took to the western sea / The great nations of Europe in the sixteenth century*

Ankunft in der Neuen Welt. Die Ungewissheit eines neuen Anfangs, der Lärm der Stadt, der verregnete Herbst. Doch woran ich mich am meisten erinnere, sind die Play-offs im Baseball. Die New York Yankees spielten gegen die Orioles aus Baltimore. Sie waren dabei, zu verlieren. Doch dann flog ein Ball Richtung Spielfeldumrandung, ein Junge namens Jeffrey Maier hielt seine Hand über die Balustrade, lenkte die Lederkugel auf die Tribüne. Home Run. Das Match drehte sich, der Siegeszug der Yankees begann. Ein ehemals drogenabhängiger Spieler steuerte weitere Home Runs bei, der Bruder des Trainers der Yankees überstand eine Herztransplantation, die Atlanta Braves konnten in der World

Series, der Finalserie, einen Vorsprung von zwei Spielen und sechs Runs im vierten Duell nicht halten. Emotionen. Schlagzeilen. Hysterie. Der kleine Jeffrey wurde durch die Talkshows geschleppt und gefeiert. Ein Held auch er. Es war vielleicht nicht fair, was er gemacht hatte, aber gesagt hat ihm das keiner, schon gar nicht seine Eltern, die stolz hinter den TV-Kameras standen. »Wir sind alle Yankee-Fans«, meinte ein Reporter.

Jedes Mal, wenn ich in New York abends nach Hause komme, treffe ich Jimmy. Jimmy vergöttert die Yankees, und natürlich mag er Bush, dessen Jugendtraum war, Chef der Major League Baseball zu werden. »Wenn die Yankees verlieren«, sagt Jimmy, dessen amerikanische Frau ihn verlassen hat, nachdem er mit zwei Jobs die Schulausbildung der Kinder abbezahlt hatte, »habe ich nichts mehr, woran ich glauben kann.« Und es ist wohl eine Fügung des Schicksals, dass Jimmy nun als Doorman die Schicht von 16 bis 24 Uhr schiebt im Whitby, einem Apartmenthaus, in dem früher eine große Legende der Yankees, Joe DiMaggio, wohnte? DiMaggio war mal mit Marilyn Monroe verheiratet, und zu Beginn ihrer Liaison hat er sie wohl auch ins Whitby mitgenommen. In welches Apartment, lässt sich nicht mehr eruieren, aber ich wohne in Nummer 719, und wer weiß, vielleicht… Jimmy heißt eigentlich Jaime und kommt aus der Dominikanischen Republik, wo er als Kind beinahe verhungert wäre und von seiner Mutter halb totgeschlagen wurde. »Ich wusste immer, da gibt es ein Land, in dem ich es besser habe.«

Ich erinnere mich noch gut an den 23. September. Im Yankee Stadium fand ein Trauergottesdienst für die Angehörigen der Opfer des Anschlags auf das World Trade Center statt. Erzbischof Egan beschwörte das »Land der Freien und Mutigen«. Rabbi Potasnik sagte: »Heldentum wird Ground Zero wieder in den Himmel erheben.« Alle Red-

ner baten Gott, Amerika, Präsident Bush und die Regierung zu segnen. Placido Domingo sang »Ave Maria«. Man schwenkte Plakate mit der Aufschrift »Wir sind dankbar für unsere große Nation«. Doch am meisten Eindruck hinterließ die Rede von Bürgermeister Giuliani, der sagte: »Die USA werden weiter eine Garantie für eine Chance im Leben und für Menschenrechte sein.« Giuliani begründete das mit den New Yorker Feuerwehrmännern und Polizisten: »Sie haben, als sie Leben retteten, nicht gefragt, welcher Rasse oder Nation man angehört, ob man reich oder arm ist.« Die Menschen auf den Tribünen weinten, doch es schwang Trotz, Unbeugsamkeit, Kampfgeist mit, Tugenden, die an selber Stelle die Yankees zu dem machten, was sie sind. Immer wieder, immer noch wird vor jeder Fernsehübertragung aus der Bronx ein alter Radiokommentar eingespielt: »Yankees win, theeeeeeee Yankees win!«
Baseball. Wie soll man es erklären? Wer nicht damit aufgewachsen ist, erkennt seine Feinheiten nicht, versteht nicht das psychologische Element des Spiels, das hier wohl entscheidender ist als in jedem anderen Sport. Selbst ein Jahrhundertathlet wie Michael Jordan ist daran gescheitert. »Man muss Trilliarden von Schwüngen hinter sich haben, Millionen von Treffern, Hundertausende von Würfen«, schreibt Tim Kurkjian in seinem Buch »America's Game«. Doch die Grundidee des Spiels ist simpel: Ein Home Run führt über vier Stationen, einer wirft gegen alle, alle schlagen gegen einen, aber keiner kann alleine gewinnen, keiner kann alleine verlieren. Es ist der homogenste Teamsport, der sich denken lässt, bei dem kleine Fehltritte große Folgen haben, in jedem Moment alles passieren und bei dem keiner bestehen kann, der nicht an sich glaubt. »One, two, three strikes you're out«, heißt es in dem Lied »Take Me Out to the Ball Game.« Kurkjian meint: »Wir lieben Baseball, weil es wie Blumen und Sonnenschein im Frühling be-

ginnt; wenn Baseball anfängt, muss der lange, kalte Winter vorbei sein.« Ach was, das Leben ist ein Home Run.

Stille, rabenschwarze Nacht in Manhattan, Kansas. Nur ab und an das Rumpeln eines Güterzugs in der Ferne. Ich wühle mich durch meine Papierhaufen, bei George W. und Barbara in Camp David müssten sie inzwischen beim Nachtisch sitzen. »Haben Sie keine Familie oder Freunde?«, fragte die Dame an der Rezeption, als ich eincheckte. Was für ein Thanksgiving. Thanksforgiving, wie es Bush diesmal genannt hat. Oder besser gesagt, wie es eine Werbeagentur genannt hat, die der US-Regierung hilft, ihre Politik zu vermarkten. Amerika muss zusammenhalten und spenden in diesen schweren Zeiten, lautet die Botschaft. Schwere Zeiten? Sagt Bush nicht immer: »Amerika ist stark, wir werden das Böse besiegen«? ... *Die Arbeitslosenquote steigt rapide ... Düstere Aussichten an der Börse ... Die Menschen können ihre Kreditkartenschulden nicht mehr bezahlen ... Die Kooperation von FBI, CIA, Justizministerium, Einwanderungsbehörde und Polizei ist katastrophal ... Anthrax offenbart eklatante Mängel im Gesundheitssystem ... Die Privatfirmen, die für Sicherheitskontrollen an Flughäfen zuständig sind, beschäftigen illegale Einwanderer und verurteilte Verbrecher zu Mindestlöhnen ... Weitere Terrorattacken befürchtet* ... »Der Boom ist vorbei«, schreibt die »New York Times«, »keiner wünscht sich jetzt eine dumme Regierung.«
Wann genau es war, weiß ich nicht mehr, aber eines Nachmittags lief auf CNN eine Podiumsdiskussion zu der Frage: »Ist es unpatriotisch, gegen den Krieg zu sein?« Ich schaltete ab, als ein zu jeder Diskussion unfähiger Zeitungskolumnist namens Don Feder sagte: »Sie wollen uns killen, wir müssen uns wehren.« Sie? Wer? Solche Menschen machen täglich Meinung, während die US-Schriftstellerin Susan

Sontag fragt: »Wo bleibt das Eingeständnis, dass es sich nicht um einen feigen Angriff auf die freie Welt gehandelt hat, sondern um die Konsequenz der Politik einer selbst ernannten Supermacht, die immer noch Bomben auf den Irak wirft?« Und dabei auch Kinder tötet ... *Die Verkäufe von Schusswaffen in den USA sind zuletzt um 50 Prozent gestiegen ...* Die »New York Post« kommentierte die Verurteilung der vermeintlichen Attentäter auf zwei US-Botschaften in Afrika mit den Worten: »Es wäre ein perfekter Tag zum Lynchen gewesen.«

Newman singt immer noch in meinem Hotelzimmer, während Bush auf CNN gerade winkend einen Hubschrauber besteigt. Wirtschaftsminister Evans wurde jüngst interviewt und sagte: »George ist ein großer Führer.« Wieso, konnte er nicht begründen. Und welche Demokratie, frage ich mich immer, wenn ich ihn sehe, will dieser durch dubiose Umstände zu seinem Amt gekommene Präsident im Namen der Welt verteidigen? Welche Menschenrechte meint der für seine harte Hand bekannt gewordene Giuliani, wenn man weiß, dass über tausend Menschen derzeit in den USA im Gefängnis sitzen, vor allem Araber, ohne dass man ihnen eine Beteiligung an den Anschlägen vom 11. September nachweisen kann? Und apropos Chancen: Denken die Politiker dabei auch an jenes Fünftel der US-Bevölkerung, das unter der Armutsgrenze lebt, an acht Millionen illegale Einwanderer?

Ist das mein Land, sind das meine Leute? Bin ich dankbar für diese große Nation? Senator Russ Feingold sagte zu den neuen Antiterrorgesetzen der Regierung: »Das ist eine Wunschliste des FBI, die unsere Bürgerrechte bedroht.« Sontag nennt Bush einen »Roboter« und die Politik ihres Landes »selbstgerechten Blödsinn und dreiste Täuschungen«. Die über 70 Milliarden Dollar jährlich, die Bushs neuer Plan zur Bekämpfung der Wirtschaftskrise kostet, fließen überwiegend an Großkonzerne wie General Electric, IBM und Chevron Texaco, die weiterhin ungeniert Profit über Ideale stellen dürfen; der Präsident hat sie jedenfalls nicht aufgefordert, patriotisch zu denken und Menschen Entlassungen zu ersparen in diesen schwierigen Zeiten. 60 Prozent der Steuererleichterungen für 2002 gehen an das reichste Prozent der Bevölkerung.

*An honest man these days is hard to find / I only know we're living in an unforgiving land / And a little lie can buy some a real big piece of mind / Big hat, no cattle / I knew it from the start / Big guns, no battle / Big belly, no heart*

Viel hat nicht gefehlt und die Yankees hätten auch diesmal gewonnen. Im siebten und entscheidenden Match der World Series führten sie im neunten Inning 2:1. One, two, three Strikes hätte Mariano Rivera noch werfen müssen, dann hätte Amerika sein Traumszenario bekommen: die Yankees als Symbol für Unbeugsamkeit und Glorie einer ganzen Nation. Wie sagte doch Coach Joe Torre, nachdem seine Truppe zum fünftenmal in sechs Jahren in die Finalserie eingezogen war: »Wir haben begriffen, dass wir nicht nur eine Verpflichtung unseren Anhängern gegenüber haben, sondern auch dieser Stadt und Amerika gegenüber.« Beim ersten Heimspiel der Finalserie wehte eine zerfledderte Fahne über dem Stadion, die aus Ground Zero geborgen worden war, Bush warf den ersten Ball, und der Weißkopfadler Challanger schwebte ein zu »God Bless America«.
Es war 9.11 Uhr Ortszeit in Phoenix, nine-eleven schon wieder, als Pitcher Riveras der rechte Arm versagte und die Arizona Diamondbacks zwei Runs erzielten. Ich erlebte es in einer Bar in Manhattan, New York, gleich neben einer Feuerwehrgarage an der Eight Avenue, der die Yankees den Triumph unter anderem hätten widmen wollen. »Sie haben

versagt«, sagte der Mann neben mir verbittert. »Eine Ära ist zu Ende«, stand anderntags in der Zeitung. Kalender hin oder her, der Herbst war vorbei, der Winter hatte begonnen. Und Jimmy gab mir zu Hause wortlos einen Zettel, auf dem ein Sprichwort aus seiner Heimat stand: »Arbol que crece trocido nunca su rama endereza.« Ein Baum, der gekrümmt wird, kann nie aufrecht wachsen. Kein Land für Verlierer. Kein Radioreporter, der jemals gegrölt hätte: »Yankees lose, theeeeeeee Yankees lose!«

Nein, es ist nicht mein Land, es sind nicht meine Leute, es ist nicht die Welt, die ich verstehe. Heute ist Thanksgiving, das gefeiert wird in Erinnerung an die erste Ernte der Siedler aus Europas großen Nationen, die verhungert wären, hätten ihnen die Indianer nicht beigebracht, mit Saatgut umzugehen. Wie das Thanksforgiving damals ausging, weiß man. Auch da regierten die Bibel, Parolen und Pistolen. Während ich heute durch Manhattan, Kansas, fuhr, habe ich Randy Newman gehört und mich nach zu Hause gesehnt.

*I will cross the sea / I will cross the sea / I am going home forever / I'm going home*

## Credits

Die in diesem Buch abgedruckten Texte entstanden zwischen März 1997 und November 2001 für »Brandeins«, »GEO«, »MAX«, »Maxim«, »Spiegel special«, »stern«, »Zeit magazin« und »Süddeutsche Zeitung«; sie wurden überwiegend neu bearbeitet, aktualisiert bzw. wieder in ihre ursprüngliche Form gebracht.

*Thanks*
Rick Bragg für die Inspiration zu »Schwarzes Requiem«; Chien-Chi Chang für die Recherche zu »Endstation Kastenland«; Joel Dyer für die Beratung zu »Säen und Ernten«; Günther Menn für die Idee zu »Ungute Besserung«; Jörg Burger; Stephan Burgdorff; Gabriele Fischer ;Sabine Kartte; Peter Lewandowski; David Pfeifer; Klaus Podak; Johanna Romberg; Michael Schaper; Hajo Schumacher; Christof Siemes; Wolfgang Zahner für die redaktionelle Unterstützung.

*Many Thanks*
Evelyn Boos für konzeptionelle Beratung und Koordination mit dem Verlag; Lutz Dursthoff für das kompetente und feinfühlige Lektorat; Andrian Kreye für Idee, Vorarbeit und Überlassung des Auftrags, der zu »Maskenball im Untergrund« führte; Karin Steinberger für wiederholte Ermunterungen, Seelenmassage und treue Freundschaft; Achim Zons für langjährige Zusammenarbeit und die Anregungen für »Das Leben ist ein Home Run«

*Many, many Thanks*
Andrew Lichtenstein, Johannes Kroemer und Tomas Muscionico für die Ideen zu »Der Geruch von Handschellen«; »Dein Feind, kein Helfer; »Dead men talking«; »Aliens welcome«; »Bei Anruf Sektion« und »In der Mitte von Irgendwo« – vor allem aber für die bedingungslose Unterstützung während der Recherchen und die Geduld, mich immer wieder ertragen zu haben.